新编 大学语文

赵昂◎主编

XINBIAN
DAXUEYUWEN

北京师范大学出版集团
BEIJING NORMAL UNIVERSITY PUBLISHING GROUP
安徽大学出版社

图书在版编目(CIP)数据

新编大学语文/赵昂主编. —合肥:安徽大学出版社,2019.9
ISBN 978-7-5664-1933-0

Ⅰ. ①新… Ⅱ. ①赵… Ⅲ. ①大学语文课—高等学校—教材 Ⅳ. ①H193.9

中国版本图书馆 CIP 数据核字(2019)第 208209 号

新编大学语文 赵 昂 主编

出版发行: 北京师范大学出版集团
安 徽 大 学 出 版 社
(安徽省合肥市肥西路 3 号 邮编 230039)
www.bnupg.com.cn
www.ahupress.com.cn
印 刷: 合肥远东印务有限责任公司
经 销: 全国新华书店
开 本: 184mm×260mm
印 张: 17
字 数: 305 千字
版 次: 2019 年 9 月第 1 版
印 次: 2019 年 9 月第 1 次印刷
定 价: 45.00 元
ISBN 978-7-5664-1933-0

策划编辑:李晨霞 胡国娥
责任编辑:李晨霞 马晓波
责任印制:陈 如 孟献辉
装帧设计:李伯骥
美术编辑:李 军

前　言

中华文化源远流长、博大精深，在五千年文明发展历程中诞生了许多脍炙人口、广为流传的文学作品。这些优秀作品是中华文明孕育的宝贵财富，是中华文化精髓的集中展现，是中华民族精神的生动阐释，其中所蕴含的优秀文化传统、中华传统美德是中华民族生生不息、团结奋进的不竭动力。不忘历史才能开辟未来，善于继承才能善于创新。只有坚持从历史走向未来，从延续民族文化血脉中开拓前进，我们才能实现民族复兴、国家强盛的中国梦。

作为专门为公安机关培养后备人才的公安院校，一肩挑着公安事业的未来，一肩挑着公安大学生的未来，使命神圣、责任重大。在公安院校公安专业人才招录培养制度改革背景下，贯彻落实全国高校和全国公安院校思想政治工作会议精神，要求公安院校因事而化、因时而进、因势而新，着眼“大思政”观念，强化“文化育警”职能，充分发挥各门课程学科优势，营造全课程育人、全方位育人氛围。“大学语文”作为一门集工具性、基础性、审美性、人文性、综合性于一体的课程，是公安院校所有专业均开设的一门文化素质教育课程。充分发挥“大学语文”课程在公安大学生人文精神培育、人文素质养成中的作用，对于培育新时期具备“忠诚、为民、公正、廉洁”核心价值观的预备人民警察具有重要意义。

教材是课程教学的重要载体。面对新时期公安队伍建设的新标准、新要求、新期望，编写一本有针对性、系统性、思政性的大学语文教材，已成为公安院校语文教学的当务之急。有鉴于此，安徽公安职业学院组织语文教研室的各位老师，按照习近平总书记在全国教育大会上培养新时代合格人才应在坚定理想信念上下功夫，要在厚植爱国主义情怀上下功夫，要在加强品德修养上下功夫，要在增长知识见识上下功夫，要在培养奋斗精神上下功夫，要在增强综合素质上下功夫的总要求，以增强“四个意识”、坚定“四个自信”为引领，在借鉴其他院校《大学语文》教材编写经验的基础上，筛选了古今中外、各种体裁的经典文学作品，分忠诚爱国篇、勤政为民篇、人生品格篇、人文精神篇、自然山水篇、先贤传记篇、侦查推理篇、古代律法篇八个专题，编写了这本针对公安院校、蕴含思政元素、传承文化基因、弘扬中华精神的《新编大学语文》教材，力求以真来感召学生、以善来感染学生、以美来塑造学生、以情来赢得学生。全书编写分工如下：赵昂、陆迎松编写忠诚爱国篇、人生品格篇，王艳平、赵晨阳编写勤政为民篇、自然山水篇、侦查推理篇，黄蕴雅、魏黄伟编写人文精神篇、先贤传记篇、古代律法篇。

在编写过程中，安徽大学出版社为本教材出版给予了大力支持，在此我们深表感谢！由于编者水平有限，书中难免有不足之处，敬请各位同行和读者批评、指正。

赵　昂

2019 年 6 月

目　　录

忠诚爱国篇

勤政为民篇

人生品格篇

人文精神篇

自然山水篇

先贤传记篇

侦查推理篇

古代律法篇

忠诚爱国篇

寡人之于国也

《孟子》

孟子(约前372—约前289年),名轲,字子舆,邹(今山东邹城东南)人。孟子是战国时期伟大的思想家、政治家、教育家。他与孔子并称"孔孟"。晚年退居讲学,和他的学生一起"序《诗》《书》,述仲尼(即孔子)之意,作《孟子》七篇"。他被尊称为"亚圣"。《孟子》由孟子及其弟子共同编写而成。

《寡人之于国也》是《孟子·梁惠王上》中的一章,是表现孟子"仁政"思想的文章之一。本文论述了如何实行"仁政"以"王道"统一天下的问题。"养生丧死无憾,王道之始也""七十者衣帛食肉,黎民不饥不寒,然而不王者,未之有也"为文章点睛之笔,突出了文章主旨:只有实行仁政,才能得民心;得民心,才能得天下。这种"保民而王"的主张,实际上也是孟子"民本"思想的体现。

梁惠王[①]曰:"寡人[②]之于国也,尽心焉耳矣[③]。河内[④]凶[⑤],则移其民于河东[⑥],移其粟[⑦]于河内;河东凶亦然[⑧]。察邻国之政,无如[⑨]寡人之用心者。邻国之民不加少[⑩],寡人之民不加多,何也?

孟子对曰:"王好战[⑪],请以战喻[⑫]。填[⑬]然鼓之[⑭],兵刃既接[⑮],弃甲曳兵[⑯]而走[⑰]。或[⑱]百步而后止,或五十步而后止。以[⑲]五十步笑[⑳]百步,则何如?"曰:"不可,直[㉑]不百步耳,是[㉒]亦走也。"曰:"王如知此,则无[㉓]望民之多于邻国也。

"不违农时[㉔],谷[㉕]不可胜食[㉖]也;数罟不入洿池[㉗],鱼鳖[㉘]不可胜食也;斧斤[㉙]以时[㉚]入山林,材木不可胜用也。谷与鱼鳖不可胜食,材木不可胜用,是使民养生[㉛]丧死[㉜]无憾[㉝]也。养生丧死无憾,王道[㉞]之始也。

"五亩[㉟]之宅,树[㊱]之以桑,五十者可以衣帛[㊲]矣。鸡豚[㊳]狗彘[㊴]之畜[㊵],无[㊶]失其时,七十者可以食肉矣。百亩之田[㊷],勿夺[㊸]其时,数口之家,可以无饥矣;谨[㊹]庠序[㊺]之教[㊻],申[㊼]之以孝悌[㊽]之义[㊾],颁白[㊿]者不负戴[51]于道路矣。七十者衣帛食肉,黎民[52]不饥不寒,然而不王[53]者,未之有[54]也。

"狗彘食人食[55]而不知检[56],涂[57]有饿莩[58]而不知发[59],人死,则曰:'非我也,岁[60]

也。'是何异于刺人而杀之，曰'非我也，兵也'？王无罪[61]岁，斯[62]天下之民至焉。"

【注释】

① 梁惠王：战国时期魏国的国君，姓魏，名䓨。魏国都城在大梁（今河南开封市西北），所以魏惠王又称梁惠王。

② 寡人：古代国君对自己的谦称。

③ 焉耳矣：焉、耳、矣都是句末助词，重叠使用，加重语气。

④ 河内：今河南境内黄河以北的地方。古人以中原地区为中心，所以黄河以北称河内，黄河以南称河外。

⑤ 凶：谷物收成不好，荒年。

⑥ 河东：黄河以东的地方，在今山西西南部。黄河流经山西省境，自北而南，故称山西境内黄河以东的地区为河东。

⑦ 粟：小米，泛指谷类。

⑧ 亦然：也是这样。

⑨ 无如：没有像……一样。

⑩ 加少：更少。加，副词，更、再。

⑪ 好战：喜欢打仗。战国时期各国诸侯热衷于互相攻打和兼并。

⑫ 请以战喻：请让我用打仗来作比喻。请，有"请允许我"的意思。

⑬ 填：拟声词，模拟鼓声。

⑭ 鼓之：敲起鼓来，发动进攻。古人击鼓进攻，鸣锣退兵。鼓，动词。

⑮ 兵刃既接：两军的兵器已经接触，指战斗已开始。兵，兵器、武器。既，已经。接，接触，交锋。

⑯ 弃甲曳（yè）兵：抛弃铠甲，拖着兵器。曳，拖着。

⑰ 走：这里指逃跑。

⑱ 或：有的人。

⑲ 以：凭着，借口。

⑳ 笑：耻笑，讥笑。

㉑ 直：只是、不过。

㉒ 是：代词，这，指代上文"五十步而后止"。

㉓ 无：通"毋"，不要。

㉔ 不违农时：指农忙时不要征调百姓服役。违，违背、违反，这里指耽误。

㉕ 谷：粮食的统称。

㉖ 不可胜食：吃不完。胜，尽。

㉗ 数（cù）罟（gǔ）不入洿（wū）池：密网不下到池塘里。这是为了防止破坏鱼的生长和繁殖。数，密。罟，网。洿，深。

㉘ 鳖：甲鱼或团鱼。

㉙ 斤：与斧相似，比斧小而刃横。

㉚ 时：时令季节。砍伐树木宜于秋冬时节进行。

㉛ 养生：供养活着的人。

㉜ 丧死：为死了的人办丧事。
㉝ 憾：遗憾。
㉞ 王道：即施行仁政，保民而王。
㉟ 五亩：先秦时五亩合现在的一亩二分多。
㊱ 树：种植。
㊲ 衣帛：穿上丝织品的衣服。衣，用作动词，穿。
㊳ 豚（tún）：小猪。
㊴ 彘（zhì）：猪。
㊵ 畜（xù）：畜养，饲养。
㊶ 无：通"毋"，不要。
㊷ 百亩之田：古代实行井田制，一个男劳动力可分得耕田一百亩。
㊸ 夺：失，违背。
㊹ 谨：意指认真从事。
㊺ 庠（xiáng）序：古代的乡学。
㊻ 教：教化。
㊼ 申：反复陈述。
㊽ 孝悌（tì）：敬爱父母和兄长。
㊾ 义：道理。
㊿ 颁白：头发花白。颁，通"斑"。
51 负：背负着东西。戴：头顶着东西。
52 黎民：百姓。
53 王：这里用作动词，为王，称王，意指使天下百姓归顺。
54 未之有：未有之。之，指代"七十者衣帛食肉，黎民不饥不寒，然而不王者"。
55 食人食：前一个"食"，动词，吃；后一个"食"，名词，指食物。
56 检：检点，制止、约束。
57 涂：通"途"，道路。
58 饿莩（piǎo）：饿死的人。莩，通"殍"，饿死的人。
59 发：指打开粮仓，赈济百姓。
60 岁：年岁、年成。
61 罪：归咎，归罪。
62 斯：则、那么。

【赏析】

本文具体阐述了孟子的王道思想和实行王道的根本措施，围绕"民不加多"和如何使"民加多"分三个部分展开论述。第一部分提出"民不加多"的疑问，第二部分分析"民不加多"的原因，第三部分阐述使"民加多"的初步措施、根本措施和应持的正确态度。三个部分末尾，分别用"寡人之民不加多""则无望民之多于邻国也”“斯天下之民至焉”等语句收束，环环相扣，中心突出，结构严谨。

孟子善用比喻。本文用逃跑者“以五十步笑百步”的比喻，来说明梁惠王的治国方法与邻国没有什么质的差别，用拿刀杀了人却说“非我也，兵也”作比喻，来揭露统治者把“涂有饿莩”归罪于年成不好的观点，形象、生动。此外，排比句的运用，也增加了文章的雄辩气势。

公安院校大学生应继承、发扬孟子以民为本的治国思想，充分认识、领会“水能载舟亦能覆舟”的道理，自觉践行习近平总书记对公安民警提出的“对党忠诚、服务人民、执法公正、纪律严明”的总要求，在谋百姓福祉、守一方平安中建功立业。

白马篇

曹　植

曹植(192—232年),字子建,沛国谯县(今安徽亳州)人。曹操第三子,世称陈思王。早年受曹操宠爱,曹操一度欲立其为太子,后因放纵任性而失宠。曹植的诗歌风格清新,善用对偶,讲究音律,钟嵘称其诗"骨气奇高,词采华茂"。曹植推动了五言诗的发展,且在散文和辞赋上也有突出成就,他的《洛神赋》是流传千古的名作。有《曹子建集》传世。

《白马篇》是曹植前期的代表作品。此诗以曲折动人的情节描写边塞游侠儿捐躯赴难、奋不顾身的英勇行为,塑造了一位武艺高超、渴望卫国立功甚至不惜牺牲生命的游侠少年形象,表达了诗人建功立业的强烈愿望。

白马饰金羁①,连翩西北驰。借问谁家子,幽并游侠儿②。少小去乡邑,扬声沙漠垂。宿昔秉良弓③,楛矢何参差④!控弦破左的⑤,右发摧月支⑥。仰手接飞猱⑦,俯身散马蹄⑧。狡捷过猴猿,勇剽若豹螭⑨。边城多警急,胡虏数迁移。羽檄从北来⑩,厉马⑪登高堤。长驱蹈⑫匈奴,左顾陵⑬鲜卑。弃身锋刃端,性命安可怀⑭?父母且不顾,何言子与妻?名编壮士籍,不得中顾私⑮。捐躯赴国难,视死忽如归。

【注释】

① 金羁:金饰的马笼头。

② 幽并:幽州和并州。今河北、山西、陕西的一部分地区。游侠儿:重义轻生的侠士。

③ 宿昔:向来。秉:操持。

④ 楛(hù)矢:用楛木制成的箭。

⑤ 控弦:开弓。的(dì):箭靶。

⑥ 摧:射毁。月支:箭靶。

⑦ 猱(náo):猿类动物,行动轻捷,攀援树木,上下如飞。

⑧ 散:摧裂。马蹄:箭靶的名称。

⑨ 剽(piāo):轻捷。螭(chī):传说中像龙的黄色动物。
⑩ 羽檄(xí):檄是军事征召的文书,插上羽毛,表示情况很紧急。
⑪ 厉马:扬鞭催马。
⑫ 蹈:践踏。
⑬ 陵:压制。
⑭ 怀:爱惜。
⑮ 籍:名册。中顾私:心里想着个人的私事。中,内心。

【赏析】

《白马篇》是曹植前期诗歌的代表,格调激昂,诗人渴望建功立业的豪情壮志跃然纸上。

全诗慷慨激昂,词语丰采,上半部渲染了游侠少年骑术的高超娴熟,下半部刻画了游侠少年在战场上的英勇无畏。作者采用赋和汉乐府民歌中的铺陈手法,用华美的词句刻画了游侠少年高超的武艺、矫健的身姿、无畏的精神、豪迈的气概,塑造了光彩照人的"捐躯赴国难,视死忽如归"的勇士形象。同时诗歌采用了虚实相间、动静结合的写作手法,营造出强烈的画面感,同时又于静态的描写中介绍了主人公的身份和经历,抒发了个人情怀。

自古英雄出少年。青年是整个社会力量中最积极、最有生气的力量,国家的希望在青年,民族的未来在青年。热爱祖国是立身之本、成才之基。适逢新时代中国特色社会主义建设的盛世,青年大学生都应该像游侠儿那样胸怀远大、慷慨激昂,胸怀忧国忧民之心、爱国爱民之情,听党话、跟党走,以一生的真情投入、一辈子的顽强奋斗来体现爱国主义情怀,让爱国主义的伟大旗帜始终在心中高高飘扬!

燕歌行[1](并序)

高　适

高适(约700—765年),字达夫,一字仲武,唐代渤海郡蓨(今河北景县)人,后迁居宋州宋城(今河南商丘睢阳)。安东都护高侃之孙,唐代大臣、诗人。曾任刑部侍郎、散骑常侍,封渤海县侯,世称高常侍。于永泰元年(765年)正月病逝,卒赠礼部尚书,谥号忠。作为著名边塞诗人,高适与岑参并称"高岑",与岑参、王昌龄、王之涣合称"边塞四诗人"。其诗笔力雄健,气势奔放,洋溢着盛唐时期所特有的奋发进取、蓬勃向上的时代精神。有《高常侍集》。

此诗主要揭露主将骄逸轻敌,不恤士卒,致使战事失利的事实。全诗气势畅达,笔力矫健,主旨深刻含蓄。

开元二十六年。客有从御史大夫张公出塞而还者[2],作《燕歌行》以示适,感征戍之事[3],因而和焉。

汉家烟尘在东北[4],汉将辞家破残贼[5]。
男儿本自重横行[6],天子非常赐颜色[7]。
摐金伐鼓下榆关[8],旌旆逶迤碣石间[9]。
校尉羽书飞瀚海[10],单于猎火照狼山[11]。
山川萧条极边土[12],胡骑凭陵杂风雨[13]。
战士军前半死生,美人帐下犹歌舞[14]。
大漠穷秋塞草腓[15],孤城落日斗兵稀。
身当恩遇恒轻敌[16],力尽关山未解围。
铁衣远戍辛勤久,玉箸应啼别离后[17]。
少妇城南欲断肠[18],征人蓟北空回首[19]。
边庭飘飖那可度[20],绝域苍茫更何有[21]!
杀气三时作阵云[22],寒声一夜传刁斗[23]。
相看白刃血纷纷,死节从来岂顾勋[24]?
君不见沙场征战苦,至今犹忆李将军[25]!

【注释】

① 燕歌行:乐府古题,属相和歌平调曲。

② 张公:指张守珪。

③ 感征戍之事:旧说多以为即指张守珪隐匿败状,妄奏克获之功事。实则诗人所感的征戍之事有更广泛的内容,系对前此数年北游燕赵期间所历边塞情事的集中概括。

④ 汉家:借汉喻唐。烟尘:烽烟战尘,多指边境的寇警、外敌入侵。此指奚、契丹的侵扰。

⑤ 残贼:对敌人的轻蔑称呼。

⑥ 横行:纵横驰骋,指在征战中所向无敌。

⑦ 非常:不同寻常、特别。赐颜色:赏验,赐以礼遇。“非常赐颜色”,当指皇帝对出征的将帅此类厚加礼遇之事。

⑧ 摐:撞击。金:指钲、铎一类金属乐器,行军时敲击,以壮军容军威。下:直指。榆关:即今之山海关,今属河北秦皇岛市。

⑨ 旌:杆头饰以五色羽毛的旗。旆:大旗。旌旆泛指军中旗帜。逶迤:曲折缭绕,连绵不断之状。碣石:山名。在今河北昌黎县北。碣石山余脉的柱状石亦称碣石,自汉末起已逐渐沉没于海中。此句碣石指山。

⑩ 校尉:武官名。羽书:即羽檄。瀚海:指大沙漠。东起大兴安岭西麓,西至天山东麓。

⑪ 单于:匈奴首领的通称。猎火:军事演习中点燃的火把。古代游牧民族作战前,往往举行大规模的校猎,实为军事演习,兼有示威意味。狼山:指狼居胥山,在今内蒙古自治区狼山县西北。此处与上句的瀚海均系泛指敌、我双方边境上的接壤地区。

⑫ 极边土:极边远之地。

⑬凭陵:横行、猖獗。杂风雨:风雨交加。形容敌军来势之凶猛。游牧民族作战多用骑兵奔突驰骤,故用“凭陵杂风雨”形容。

⑭半死生:半死半生,牺牲近半。帐:指汉军主帅营帐。

⑮穷秋:深秋。腓(féi):病。此形容枯萎衰黄。

⑯当:受。“身当恩遇”与前“天子非常赐颜色”呼应。

⑰玉箸:玉制的筷子,用以形容女子的两行珠泪。

⑱城南:长安居民住宅区在城南,此处泛指思妇居处。

⑲蓟北:泛指幽燕一带地区,即战士征戍之地。

⑳边庭:边地。

㉑绝域:极远之地。苍茫:空阔旷远之状。

㉒杀气:杀伐之气。三时:即一整天。阵云:战云。浓重厚积状似战阵的云气。象征战争之兆的云气。

㉓刁斗:军中铜制炊具,白天用以煮饭,夜间击以巡更。

㉔死节:为保全忠于国家的气节而战死。

㉕李将军:指飞将军李广。忆李将军,当兼指其英勇善战与爱护士卒两方面。

【赏析】

作者满怀激情地歌颂了战士们的英勇与爱国精神,揭露了将军和士兵的苦乐悬殊,谴责了将领荒淫、轻敌造成的战斗失利,从而导致士兵的牺牲,也描写了战斗的激烈、艰苦和战士思念亲人的复杂心情,表达了诗人对兵士的同情和对将军的愤恨。

作者将自然环境的荒凉肃杀、战斗气氛的如火如荼、兵士内心活动的复杂变化自然地交织在一起,呈现出一种雄浑畅达、悲壮沉郁的艺术风格。全诗多处运用对比的手法。如:出征时的铺张昂然和战败后的惨痛困苦;“战士军前半死生,美人帐下犹歌舞”的鲜明现实对比;“至今犹忆李将军”的古今对比。全诗多对偶,语句整饬而不呆板,气势跳跃奔放。

士兵们虽然生活艰苦,但是依然奋勇杀敌、以身报国,这种舍生忘死的精神值得青年大学生学习、借鉴。“自信人生二百年,会当水击三千里”。民族复兴的使命要靠奋斗来实现,人生理想的风帆要靠奋斗来扬起。公安院校的学生使命神圣,必然面临艰巨繁重的任务,必然会有艰难险阻甚至惊涛骇浪,特别需要培育“为人民利益而战、为法律尊严而战、为公平正义而战、为人民警察荣誉而战”的职业豪情,锤炼“雷厉风行、英勇善战,纪律严明、令行禁止,踏石留印、抓铁有痕”的优良警风,磨砺“迎难而上、克难攻坚、敢打必胜、勇争一流”的攻坚锐气,在劈波斩浪中开拓前进,在披荆斩棘中开辟天地,在攻坚克难中创造业绩。

摸鱼儿

辛弃疾

辛弃疾(1140—1207年),原字坦夫,后改字幼安,号稼轩,宋济南历城(今山东济南)人。南宋豪放派词人,有"词中之龙"之称。与苏轼合称"苏辛",与李清照并称"济南二安"。其词艺术风格多样,以豪放为主,风格沉雄豪迈又不乏细腻柔媚。现存词六百多首,有词集《稼轩长短句》等传世。

淳熙己亥,自湖北漕移湖南①,同官王正之置酒小山亭②,为赋。

更能消几番风雨③?匆匆春又归去。惜春长怕花开早④,更何况,落红无数。春且住,见说道、天涯芳草无归路⑤。怨春不语⑥。算只有殷勤,画檐蛛网,尽日惹飞絮⑦。

长门事,准拟佳期又误⑧。蛾眉曾有人妒⑨。千金纵买相如赋,脉脉此情谁诉?君莫舞。君不见、玉环飞燕皆尘土⑩!闲愁最苦。休去倚危楼,斜阳正在,烟柳断肠处。

【注释】

① 漕:漕司,宋称主管漕运的转运使为漕。移:调任。

② 王正之:名正己,为辛弃疾旧交。此时王接替辛的职务,故称同官。小山亭:湖北转运使官署内的一座亭子。

③ "更能"句:谓再也经受不起几番风雨。消:经得住。

④ 长怕花开早:花早开便早落,故云。

⑤ 见说:听说。

⑥ "怨春"句:春天没有留住,悄悄地溜走了,故云。

⑦ "算只有"三句:指只有画檐的蜘蛛网,整天在那里沾惹飞絮,似乎想网住春天。

⑧ "长门"二句:指陈皇后失宠住在长门宫,苦苦等待佳音。《长门赋·序》:"孝武皇帝陈皇后时得幸,颇妒。别在长门宫,愁闷悲思。闻蜀郡成都司马相如天下工为文,奉黄金百斤,为相如、文君取酒,因于解悲愁之辞。而相如为文以悟主上,陈皇后复得亲幸。"

⑨“蛾眉”句:《离骚》:“众女嫉予之娥眉兮,谣诼谓余以善淫。”蛾眉:美人的眉毛状如飞蛾的触须,代指美人。

⑩“君不见”句:谓玉环、飞燕得意一时,终有恶报。杨贵妃小名玉环,为唐玄宗最宠爱的妃子。安禄山叛乱后,赐死于马嵬坡。飞燕:东汉汉成帝的皇后赵飞燕,后来废为庶人,自杀。

【赏析】

本篇作于淳熙六年(1179 年)春。

这首词表面上写的是失宠女人的苦闷,实际上却抒发了作者对国事的忧虑和屡遭排挤打击的沉重心情。词中对南宋小朝廷的昏庸腐朽、对投降派的得意猖獗表现出强烈不满。

这首词具有鲜明的艺术特点。第一是通过比兴手法,创造象征性的形象来表现作者对祖国的热爱和对时局的关切。拟人化的手法与典故的运用也都恰到好处。第二是继承屈原《离骚》的优良传统,用男女之情来反映现实的政治斗争。第三是缠绵曲折,沉郁顿挫,呈现出别具一格的词风。从表面上看,这首词写得“婉约”,实际上却极哀怨、极沉痛,写得沉郁悲壮,曲折尽致。

在中华民族几千年绵延发展的历史长河中,爱国主义始终是激昂的主旋律,始终是激励我国各族人民自强不息的强大动力。爱国主义是中华民族的民族心、民族魂,公安院校大学生要厚植爱国主义情怀,要培育为实现中华民族伟大复兴的中国梦,要坚持爱国、爱党、爱社会主义相统一,要坚持知国之理、爱国之情、报国之行相贯通,在实现中华民族伟大复兴的伟大事业中建功立业。

饮 酒

梁实秋

梁实秋(1903—1987年),原名梁治华,字实秋,笔名子佳、秋郎、程淑等,北京人。著名的现当代散文家、学者、文学批评家、翻译家,国内第一个研究莎士比亚的权威。曾与鲁迅等左翼作家笔战不断。一生给中国文坛留下了两千多万字的著作。代表作品有《雅舍小品》《莎士比亚全集》(译作)等。

这是一篇关于酒文化的散文。文中着重阐述了梁实秋对于酒的四条见解:一是酒实在是妙;二是酒不能解忧;三是酒能削弱人的自制力;四是反对强人饮酒。

酒实在是妙。几杯落肚之后就会觉得飘飘然、醺醺然。平素道貌岸然的人,也会绽出笑脸;一向沉默寡言的人,也会议论风生。再灌下几杯之后,所有的苦闷烦恼全都忘了,酒酣耳热,只觉得意气飞扬,不可一世,若不及时知止,可就难免玉山颓欹,剔吐纵横,甚至撒疯骂座,以及种种的酒失酒过全部的呈现出来。莎士比亚的《暴风雨》里的卡力班,那个象征原始人的怪物,初尝酒味,觉得妙不可言,以为把酒给他喝的那个人是自天而降,以为酒是甘露琼浆,不是人间所有物。美洲印第安人初与白人接触,就是被酒所倾倒,往往不惜举土地畀人以交换一些酒浆。印第安人的衰灭,至少一部分是由于他们的荒腆于酒。

我们中国人饮酒,历史久远。发明酒者,一说是仪逖,又说是杜康。仪逖夏朝人,杜康周朝人,相距很远,总之是无可稽考。也许制酿的原料不同、方法不同,所以仪逖的酒未必就是杜康的酒。尚书有《酒诰》之篇,谆谆以酒为戒,一再的说"祀兹酒"(停止这样的喝酒),"无彝酒"(勿常饮酒),想见古人饮酒早已相习成风,而且到了"大乱丧德"的地步。三代以上的事多不可考,不过从汉起就有酒榷之说,以后各代因之,都是课税以裕国帑,并没有寓禁于征的意思。酒很难禁绝,美国1920年起实施酒禁,雷厉风行,依然到处都有酒喝。当时笔者道出纽约,有一天友人邀我食于某中国餐馆,入门直趋后室,索五加皮,开怀畅饮。忽警察闯入,友人止予勿惊。这位警察徐徐就坐，解手枪，锵然置于桌上，索五加皮独酌，不久即伏案酣睡。1933年酒禁废，直如一场儿戏。民之所好，非政令所能强制。在我们中国，汉萧何造律："三人以上无故群饮，罚金四两。"此律不曾彻底实行。事实上，酒楼妓馆处处笙歌，无时不飞觞醉月。文人雅士水边修禊，山上登高，一向离不开酒。名士风流，以为持螯把酒，便足了一生；甚至于酣饮无度，扬言"死便埋我"，好像大量饮酒不是什么不很体面的事，真所谓"酗于酒德"。

对于酒，我有过多年的体验。第一次醉是在六岁的时候，侍先君饭于致美斋（北平煤市街路西）楼上雅座，窗外有一棵不知名的大叶树，随时簌簌作响。连喝几盅之后，微有醉意，先君禁我再喝，我一声不响站立在椅子上舀了一匙高汤，泼在他的一件两截衫上。随后我就倒在旁边的小木炕上呼呼大睡，回家之后才醒。我的父母都喜欢酒，所以我一直都有喝酒的机会。"酒有别肠，不必长大"，语见《十国春秋》，意思是说酒量的大小与身体的大小不必成正比例，壮健者未必能饮，瘦小者也许能鲸吸。我小时候就是瘦弱如一根绿豆芽。酒量是可以慢慢磨练出来的，不过有其极限。我的酒量不大，我也没有亲见过一般人所艳称的那种所谓海量。古代传说"文王饮酒千钟，孔子百觚"，王充《论衡・语增篇》就大加驳斥，他说："文王之身如防风之君，孔子之体如长狄之人，乃能堪之。"且文王孔子率礼之人也，何至于醉酗乱身？就我孤陋的见闻所及，无论是"青州从事"或"平原督邮"，大抵白酒一斤或黄酒三五斤即足以令任何人头昏目眩粘牙倒齿。惟酒无量，以不及于乱为度，看各人自制力如何耳。不为酒困，便是高手。

酒不能解忧，只是令人在由兴奋到麻醉的过程中暂时忘怀一切。即刘伶所谓"无息无虑，其乐陶陶"。可是酒醒之后，所谓"忧心如酲"，那份病酒的滋味很不好受，所付代价也不算小。我在青岛居住的时候，那地方背山面海，风景如画，在很多人心目中是最理想的卜居之所，惟一缺憾是很少文化背景，没有古迹耐人寻味，也没有适当的娱乐。看山观海，久了也会腻烦，于是呼朋聚饮，三日一小饮，五日一大宴，豁拳行令，三十斤花雕一坛，一夕而罄。七名酒徒加上一位女史，正好八仙之数，乃自命为酒中八仙。有时且结伙远征，近则济南，远则南京、北京，不自谦抑，狂言"酒压胶济一带，拳打南北二京"，高自期许，俨然豪气干云的样子。当时作践了身体，这笔账日后要算。一日，胡适之先生过青岛小憩，在宴席上看到八仙过海的盛况大吃一惊，急忙取出他太太给他的一个金戒指，上面镌有"戒"字戴在手上，表示免战。过后不久，胡先生就写信给我说："看你们喝酒的样子，就知道青岛不宜久居，还是到北京来吧！"我就到北京去了。现在回想当年酗酒，哪里算得是勇，直是狂。

酒能削弱人的自制力，所以有人酒后狂笑不置，也有人痛哭不已，更有人口吐洋语滔滔不绝，也许会把平夙不敢告人之事吐露一二，甚至把别人的阴私也当众抖露出来。最令人难堪的是强人饮酒，或单挑，或围剿，或投下井之石，千方百计要把别人灌醉，有人诉诸武力，捏着人家的鼻子灌酒！这也许是人类长久压抑下的一部分兽性之发泄，企图获取胜利的满足，比拿起石棒给人迎头一击要文明一些而已。那咄咄逼人的声嘶力竭的豁拳，在赢拳的时候，那一声拖长了的绝叫，也是表示内心的一种满足。在别处得不到满足，就让他们在聚饮的时候如愿以偿吧！只是这种闹饮，以在有隔音设备的房间里举行为宜，免得侵扰他人。

《菜根谭》所谓“花看半开，酒饮微醺”的趣味，才是最令人低徊的境界。

【赏析】

饮酒这一人世间最为平常的现象，一经梁实秋娓娓道来，就更具艺术情调和人生哲理意味。作者由酒的妙处、历史、个人饮酒体验写到酒的乱性，着重表明，饮酒对人的影响——改变人的精神面貌、让人体会忘我境界，但是，饮酒必须适度。否则，轻者让人兽性暴露、文明丧失，重者消磨意志，甚至如印第安人般，导致人种、国家的衰亡命运。

然而，本文的可贵之处在于作者善于由身边琐事体味人生况味，在历史典故、趣闻轶事的随意阐发中，表现普遍存在的人性痼疾和世俗生活的丑陋现象，启发人们克服不良积习，提高精神品味。

中国酒文化源远流长，一段时间酗酒之风甚嚣尘上。中央改进工作作风以来，有效遏制了公务接待中的不正之风。人民警察任务艰巨、责任重大，一定要妥善处理好饮酒和工作的关系，小酌怡情，酗酒伤身，甚至违法、违纪。在工作之余，“花看半开，酒饮微醺”才是健康饮酒之道。

我爱这土地

艾　青

艾青(1910—1996 年),原名蒋海澄,浙江金华人。1929 年赴法国留学,专攻绘画,兼写诗歌。1932 年回国,在上海加入中国左翼美术家联盟。同年 7 月被捕入狱。在狱中写成诗作《大堰河——我的保姆》,1935 年出狱。1937 年抗日战争爆发后,加入中华全国文艺界抗敌协会。1949 年后曾任《人民文学》副主编,1979 年后任中国作家协会副主席。著有《大堰河》《向太阳》《旷野》《北方》《黎明的通知》《宝石的红星》《归来的歌》《彩色的诗》等。

《我爱这土地》作于 1938 年 11 月,此时正值国难当头,饱经沧桑的祖国又一次遭受日寇铁蹄的践踏。作者通过本诗抒发了那个时代华夏儿女共同的心声,是对祖国的最真挚的爱的表白。

假如我是一只鸟,
我也应该用嘶哑的喉咙歌唱:
这被暴风雨所打击着的土地,
这永远汹涌着我们的悲愤的河流,
这无止息地吹刮着的激怒的风,
和那来自林间的无比温柔的黎明……
——然后我死了,
连羽毛也腐烂在土地里面。

为什么我的眼里常含泪水?
因为我对这土地爱得深沉……

1938 年 11 月 17 日

【赏析】

本诗集中鲜明地表现了诗人对祖国、土地和劳动人民真挚深沉的爱和舍身忘我的奉献精神。诗人要像鸟一样不知疲倦地歌唱祖国大地，即使死了，也要使整个的自己融入祖国的泥土中。

艾青诗歌的两个核心意象是土地与太阳。如果说太阳意象凝结着对理想与光明的向往与追求，而土地意象则凝聚着诗人对大地母亲、对祖国的最深沉的爱，这是艾青咏唱不尽的主题。华夏子孙对于土地总有一种特殊的深情，深受民族文化影响的艾青更是将自己的作品与土地结下了血肉关联。

爱国主义是中华民族最为深厚的历史情感，是我们国家和民族自立自强的强大精神动力，是凝聚和鼓舞各族人民团结奋斗的一面旗帜。爱国主义的本质就是坚持爱国和爱党、爱社会主义高度统一。爱国，不能停留在口号上，而是要把自己的理想同祖国的前途、把自己的人生同民族的命运紧密联系在一起，扎根人民，奉献国家。

勤政为民篇

邵公谏弭谤

《国语》

《国语》是中国古代的第一部国别体著作。该著作记录了自周穆王至鲁悼王(约前990—前440年)共五百多年的历史,以记言为主,故称《国语》。全书21卷,分别记载周、鲁、齐、晋、郑、楚、吴、越八国史事,是各国史料的汇编,成书约在战国初年。司马迁说:“左丘失明,厥有《国语》。”一般都认为《国语》乃左丘明所作。各国“语”在全书中所占的比例不同,每一国记述事迹各有侧重。《国语》主要反映了儒家崇礼重民等观念,西周以来的敬天保民思想在书中得到了继承。《国语》着重记叙了一些公卿大夫的言论,从不同方面反映了列国间的政治、军事、外交、文化等情况,也反映了当时社会人们的苦难和反抗斗争。全书有些篇章内容高度概括,言辞精练生动,说理透辟严密,叙事和刻画人物有一定特色,对后世散文产生了极大的影响。

厉王虐[①],国人谤王。邵公告曰[②]:“民不堪命矣[③]。”王怒,得卫巫[④],使监谤者。以告,则杀之[⑤]。国人莫敢言,道路以目。

王喜,告邵公曰:“吾能弭谤矣[⑥],乃不敢言。”邵公曰:“是障之也[⑦]。防民之口,甚于防川。川壅而溃[⑧],伤人必多,民亦如之。是故为川者决之使导[⑨],为民者宣之使言[⑩]。故天子听政,使公卿至于列士献诗[⑪],瞽献曲[⑫],史献书[⑬],师箴[⑭],瞍赋[⑮],蒙诵[⑯],百工谏,庶人传语[⑰],近臣尽规[⑱],亲戚补察[⑲],瞽、史教诲,耆、艾修之[⑳],而后王斟酌焉。是以事行而不悖[㉑]。民之有口也,犹土之有山川也,财用于是乎出[㉒];犹其原隰之有衍沃也[㉓],衣食于是乎生。口之宣言也,善败于是乎兴[㉔]。行善而备败[㉕],其所以阜财用衣食者也[㉖]。夫民虑之于心而宣之于口,成而行之,胡可壅也[㉗]?若壅其口,其与能几何[㉘]?”

王不听,于是国莫敢出言。三年,乃流王于彘[㉙]。

【注释】

① 厉王:周厉王,夷王之子,名胡,在位37年(前877—前841年),被放逐于彘。
② 邵公:邵穆公,名虎,周王朝卿士。
③ 命:指周厉王苛虐的政令。意指人民受不了厉王的虐政。
④ 卫巫:卫国的巫者。
⑤ “以告”二句:只要卫巫报告,厉王就把被告发的人杀掉。
⑥ 弭(mǐ)谤:消除谤言。
⑦ 障:防水堤,此处作动词用。本句意为这样做不过是勉强堵住人民的口罢了。
⑧ 壅:堵塞。溃:崩溃而泛滥。
⑨ 为川者:治水的人。为,作“治”解,与下文“为民者”同义。决:排除。导:疏通。
⑩ 宣之使言:治民者必宣导人民,使之尽言。宣,作“通”解,有开导之意。
⑪ 列士:古代官员一般都称为士,综言之为列士。献诗:献进讽谏的诗。
⑫ 瞽(gǔ):盲人,指乐官。古代乐官多由盲人担任,所献乐曲多采自民间,能反映人民的意见。
⑬ 史献书:史官献书于王,使其知往古政体,作为借鉴。
⑭ 师箴:乐师向君王进谏箴言,规谏君王得失。师,乐师;箴,一种寓有劝诫意义的文辞。
⑮ 瞍:盲人;赋:有一定音调的诵读,指公卿列士所献的诗。
⑯ 蒙:盲人,有眸子而无所见曰“矇(即蒙)”。诵:不配合乐曲的诵读。
⑰ 庶人:即平民。平民是没有机会见到君王的,因此他们把对政事的意见间接地传达给君王知道。
⑱ 近臣:王身边的大臣。尽规:尽规谏之责。
⑲ 亲戚:与国王同宗的大臣。补:弥补王的过失。察:监督王的行为。
⑳ 耆、艾:国内的元老。六十岁的人叫作“耆”,五十岁的人叫作“艾”。修之:把瞽、史的教诲加以整理。
㉑ 事行而不悖:国王的行事因此才不致违背情理。
㉒ 此句意为人类的财富都是由山川生产出来的。
㉓ 原:高爽而平坦的土地。隰(xí):低下而潮湿的土地。
㉔ “口之”二句:由于人民用口发表言论,国家政事的好或坏才能体现出来。
㉕ 意为凡是人民认为好的就加以推行,认为坏的就加以防范。
㉖ 本句意为这样才能使衣食财用大大增多。阜:增多。
㉗ “成而”二句:人民所发表的言论是考虑成熟之后,自然流露出来的,怎么能加以堵塞呢? 成:成熟。行:自然流露之意。
㉘ 意为这样有什么帮助呢? 与:作“助”之意。
㉙ 本句意为,过了三年,就把厉王放逐到彘去了。彘:晋地,在今山西省霍县境内。前842年,厉王被放逐到彘,因此邵公谏弭谤之事应发生在前845年。

【赏析】

周厉王是西周末期的暴君。他执政时,贪得无厌,残暴无道,使贫民生计陷入绝境,国人痛苦万分,遭到人们的谴责。邵公竭力劝阻厉王,然而厉王非但不思改过，反而采取高压手段堵塞舆论，国人忍无可忍，于是暴动，使之流放于彘。本文记载了周厉王被逐的过程，也通过邵公的劝谏说辞，指出统治者要以人民的利益为重，广开言路，倾听群众意见。

全篇条理清楚，结构严谨，逻辑性强。文章开头，妙语传神，点明事情的起因，“谤”由“虐”起，民“谤”而王“怒”，王“怒”而“弭谤”，“弭谤”而王“喜”，事出必然，既引出邵公苦谏的缘由，也刻画了厉王的凶残和愚蠢，为厉王的可悲结局埋下了伏笔。第二部分详细叙说邵公的劝谏之辞，将矛盾推向高潮。结尾戛然而止，交代弭谤的结果，给后人留下广阔的思考空间。

本文偏重于记言，善于用精彩的对话来描述事件，阐明主旨，文字简洁，具有说服力。文章善用比喻，形象鲜明，含义深刻。先用治水为喻，“防民之口，甚于防川。川壅而溃，伤人必多”，说明“防民之口”的危害；后又以“土”和“原隰”为喻，说明广开言路之利，无论正喻反喻，都发人深思。

齐桓晋文之事

《孟子》

孟子(约前372—前289年),名轲,字子舆,邹(今山东邹城东南)人,著名的思想家、政治家、教育家,孔子学说的继承者,发展了孔子的“礼治”和“德政”思想,提倡“王道”,是儒家学说的重要代表人物。

《孟子》反映了孟子对儒家学说的继承和发展,表现了孟子的“仁政”思想和理论。书中记载了他游说诸侯,积极推行自己的政治主张的言行事迹。其藐视统治者,鄙视权势富贵,希望消除世乱,黎民百姓不饥不寒,提出了“民贵君轻”的民本主义思想。

齐宣王问曰[①]:“齐桓、晋文之事[②],可得闻乎?”

孟子对曰:“仲尼之徒,无道桓、文之事者,是以后世无传焉,臣未之闻也。无以,则王乎[③]?”

曰:“德何如则可以王矣?”

曰:“保民而王,莫之能御也。”

曰:“若寡人者,可以保民乎哉?”

曰:“可。”

曰:“何由知吾可也?”

曰:“臣闻之胡龁曰[④]:‘王坐于堂上,有牵牛而过堂下者,王见之,曰:“牛何之[⑤]?”对曰:“将以衅钟[⑥]。”王曰:“舍之!吾不忍其觳觫[⑦],若无罪而就死地。”对曰:“然则废衅钟与?”曰:“何可废也,以羊易之。”’不识有诸[⑧]?”

曰:“有之。”

曰:“是心足以王矣。百姓皆以王为爱也[⑨],臣固知王之不忍也。”

王曰:“然,诚有百姓者[⑩]。齐国虽褊小,吾何爱一牛?即不忍其觳觫,若无罪而就死地，故以羊易之也。”

曰：“王无异于百姓之以王为爱也[11]。以小易大，彼恶知之？王若隐其无罪而就死地[12]，则牛羊何择焉[13]？”

王笑曰：“是诚何心哉！我非爱其财而易之以羊也，宜乎百姓之谓我爱也。”

曰：“无伤也[14]，是乃仁术也！见牛未见羊也。君子之于禽兽也：见其生，不忍见其死；闻其声，不忍食其肉。是以君子远庖厨也。”

王说曰[15]：“《诗》云：‘他人有心，予忖度之[16]。’夫子之谓也。夫我乃行之，反而求之，不得吾心；夫子言之，于我心有戚戚焉。此心之所以合于王者何也？”

曰：“有复于王者曰[17]：‘吾力足以举百钧，而不足以举一羽；明足以察秋毫之末，而不见舆薪[18]。’则王许之乎[19]？”

曰：“否！”

“今恩足以及禽兽[20]，而功不至于百姓者，独何与？然则一羽之不举，为不用力焉；舆薪之不见，为不用明焉；百姓之不见保[21]，为不用恩焉。故王之不王[22]，不为也，非不能也。”

曰：“不为者与不能者之形[23]，何以异？”

曰：“挟太山以超北海[24]，语人曰：‘我不能。’是诚不能也。为长者折枝[25]，语人曰：‘我不能。’是不为也，非不能也。故王之不王，非挟太山以超北海之类也；王之不王，是折枝之类也。”

“老吾老，以及人之老；幼吾幼，以及人之幼；天下可运于掌[26]。诗云：‘刑于寡妻，至于兄弟，以御于家邦[27]。’言举斯心加诸彼而已[28]。故推恩足以保四海，不推恩无以保妻子。古之人所以大过人者，无他焉，善推其所为而已矣！今恩足以及禽兽，而功不至于百姓者，独何与？权，然后知轻重；度，然后知长短[29]。物皆然，心为甚。王请度之[30]。抑王兴甲兵，危士臣，构怨于诸侯[31]，然后快于心与？”

王曰：“否，吾何快于是！将以求吾所大欲也。”

曰：“王之所大欲，可得闻与？”

王笑而不言。

曰：“为肥甘不足于口与[32]？轻暖不足于体与？抑为采色不足视于目与？声音不足听于耳与？便嬖不足使令于前与[33]？王之诸臣，皆足以供之，而王岂为是哉！”

曰："否，吾不为是也。"

曰："然则王之所大欲可知已：欲辟土地，朝秦、楚[34]，莅中国[35]，而抚四夷也。以若所为，求若所欲，犹缘木而求鱼也。"

王曰："若是其甚与？"

曰："殆有甚焉[36]。缘木求鱼，虽不得鱼，无后灾；以若所为，求若所欲，尽心力而为之，后必有灾。"

曰："可得闻与？"

曰："邹人与楚人战[37]，则王以为孰胜？"

曰："楚人胜。"

曰："然则小固不可以敌大，寡固不可以敌众，弱固不可以敌强。海内之地，方千里者九[38]，齐集有其一[39]；以一服八，何以异于邹敌楚哉！盖亦反其本矣[40]！今王发政施仁[41]，使天下仕者皆欲立于王之朝，耕者皆欲耕于王之野，商贾皆欲藏于王之市，行旅皆欲出于王之途，天下之欲疾其君者[42]，皆欲赴愬于王[43]：其若是，孰能御之？"

王曰："吾惛[44]，不能进于是矣！愿夫子辅吾志，明以教我。我虽不敏，请尝试之！"

曰："无恒产而有恒心者[45]，惟士为能。若民，则无恒产，因无恒心。苟无恒心，放辟邪侈[46]，无不为已。及陷于罪，然后从而刑之，是罔民也[47]。焉有仁人在位，罔民而可为也！是故明君制民之产[48]，必使仰足以事父母，俯足以畜妻子[49]，乐岁终身饱[50]，凶年免于死亡；然后驱而之善，故民之从之也轻[51]。今也制民之产，仰不足以事父母，俯不足以畜妻子，乐岁终身苦，凶年不免于死亡；此惟救死而恐不赡[52]，奚暇治礼义哉！王欲行之，则盍反其本矣！五亩之宅[53]，树之以桑，五十者可以衣帛矣；鸡豚狗彘之畜[54]，无失其时，七十者可以食肉矣；百亩之田[55]，勿夺其时[56]，八口之家，可以无饥矣；谨庠序之教[57]，申之以孝悌之义，颁白者不负戴于道路矣[58]。老者衣帛食肉，黎民不饥不寒[59]，然而不王者，未之有也。"

【注释】

① 齐宣王：田氏，名辟疆。

② 齐桓、晋文：指齐桓公小白和晋文公重耳，春秋时先后称霸，为当时诸侯盟主。宣王有志效法齐桓、晋文，称霸于诸侯，故以此问孟子。

③ 以：同“已”，止。此二句意为，一定要讲而不可止，就谈谈称王天下之道吧。
④ 胡龁(hé)：齐王左右近臣。
⑤ 之：往，到……去。
⑥ 衅钟：新钟铸成，杀牲取血涂其隙，因而祭之，叫衅钟。
⑦ 觳觫(hú sù)：牛临死时恐惧战栗的样子。
⑧ 不识有诸：不知道有没有这件事。诸，作“之乎”解。
⑨ 爱：爱惜，这里有吝啬的意思。
⑩ 本句意为，确实有百姓认为我是吝啬的。诚：确实，的确。
⑪ 无异：莫怪。
⑫ 隐：哀悯。
⑬ 何择：有什么区别。
⑭ 无伤：不要紧，没有什么妨碍。
⑮ 说：通“悦”，高兴。
⑯ “他人”二句：见《诗经・小雅・巧言》。意为别人的心事，我能揣测到。
⑰ 复：白，报告。
⑱ 舆薪：一车薪柴。
⑲ 许：听信，同意。
⑳ “今恩”句后是孟子的话，省去“曰”字，表示语气急促。
㉑ 见：被。
㉒ 王之不王：第一个“王”指齐宣王，第二个“王”即前文“无以则王乎”之王。
㉓ 形：情状。
㉔ 太山：即泰山。超：跳跃而过。北海：即渤海。
㉕ 枝：同“肢”。本句意为，为年长者按摩肢体。或解为对长者屈折腰肢，如今天的鞠躬。又有解为替长者攀折花枝。均指轻而易举之事。
㉖ 运于掌：运转在手掌上，比喻天下很容易治理。
㉗ “刑于寡妻”三句：见《诗经・大雅・思齐》。刑：同“型”，指以身作则。寡妻：国君的妻子。御：治。家邦：国家。这三句意思为为人君者，首先做好妻子的榜样，推及兄弟、国家。
㉘ “言举斯心”句：孟子总结这三句诗的意思，就是说把你爱自家人的心，推广到爱他人罢了。
㉙ 权：秤锤。度：用尺量。
㉚ 度：揣度。
㉛ 抑：或者，还是。构怨：结怨。
㉜ 肥甘：指肥美香甜的食物。
㉝ 便嬖(bì)：指亲近宠爱的人。
㉞ 朝秦、楚：使秦、楚等大国来朝见齐王。
㉟ 莅：临。中国：指中原。本句意为，齐王欲君临中原诸侯之上。
㊱ 殆：恐怕，可能。有：同“又”。本句意为恐怕比缘木求鱼更甚哩。
㊲ 邹：小国；楚，大国。两国强弱悬殊。

㊳ 当时学者如阴阳家邹衍等,说九州外是大海,并假定版图约有九千平方里。
㊴ 集:凑集。本句意为,齐国土地合起来约有一千平方里。
㊵ 盖:同“盍”,何不。反其本:意为回过来寻求根本的办法,即下面所述的施行仁政。反,通“返”。
㊶ 发政施仁:发布政令,施行仁政。
㊷ 疾:仇恨。
㊸ 愬:同“诉”,指申诉。
㊹ 惛:思想昏乱。
㊺ 恒产:固定的产业,可赖以生活者。恒心:安居守分的善心。
㊻ 放:放荡。辟:同“僻”,与“邪”同义。侈:与“放”同义。均指不守法度、越出常轨的行为。
㊼ 罔民:言如张网罗使人陷入。罔,同“网”,此处为动词
㊽ 制:规定。
㊾ 畜:同“蓄”,抚养。
㊿ 乐岁:丰年。
51 轻:容易。
52 不赡:不足。
53 五亩之宅:相传古代一个男丁可分得五亩土地供建制住宅使用。
54 彘:猪。
55 百亩之田:相传古井田制,每个男丁可分得土地一百亩。
56 勿夺其时:不要侵占他耕种的时间。
57 谨:重视。庠序:古代学校名称,周代叫庠,殷代叫序。
58 颁白:指头发半白半黑的人。颁,同“斑”。负:背上背东西。戴:头上顶东西。
59 黎民:此处指少壮者,与上文老者对应。

【赏析】

本文以孟子游说齐宣王为引,阐述了放弃霸道、施行王道的措施,比较系统地阐发了孟子的“仁政”思想。文章通过孟子与齐宣王的对话,指出人皆有“不忍之心”,为国君者,只要能发扬心中这种善端,推己及人,恩及百姓,就不难保民而王,表现了孟子王道思想和富民、教民的政治主张。

文章从明确话题,以问“霸道”开始,转入说“王道”,进而提出“保民而王”的中心论点,肯定齐宣王能够保民而王,剖析齐宣王的仁心未及于民,未成王道,不是“不能”,而是“不为”。紧接着从反面论述“霸道”的危害,敦促齐宣王改弦易辙,放弃“霸道”,实行“王道”。最后阐述施行王道的具体措施,以一幅王道乐土的美好画卷作结。

在写作技巧上:一是长于辩论。二是长于譬喻,在论辩中常用比喻,把抽象问题具体生动地表现出来。三是浩然气势,这种散文风格,源于他人格的力量。孟

子曾说“我善养吾浩然之气”。这种“浩然之气”在精神上先压倒对方，鄙夷物质贪欲，刚正不阿，无私无畏，对自己的主张，坚定不移，气盛则言宜，所以谈起话来理直气壮，辞锋犀利，气势磅礴。

谏逐客书

李 斯

李斯(? —前208年),楚国上蔡(今河南上蔡西南)人。年轻时曾在郡里当小吏,地位很低。他由老鼠得到启示,认为"人之贤不肖譬如鼠矣,在所自处耳"。从此"老鼠哲学"支配了李斯一生。李斯先到齐拜著名思想家荀子为师,学习"帝王之术",学成后他审时度势,决定去秦国建功立业。李斯到秦国后,先在吕不韦门下做舍人,后在秦王嬴政面前崭露头角,纵论天下大势,献计献策,显示了出众的才华,被任为客卿,称为谋臣。公元前237年,李斯针对秦的逐客令写了著名的《谏逐客书》,劝阻了秦王的逐客行为,保证了秦国人才没有流失,对秦国的强盛起了重要的作用。

本文选自《史记·李斯列传》,是李斯写给秦王嬴政的奏章。作于秦王政十年(前237年),即秦统一前16年。文章论证严密,气势磅礴。

秦宗室大臣皆言秦王曰[①]:"诸侯人来事秦者,大抵为其主游间于秦耳。请一切逐客[②]。"李斯议亦在逐中。斯乃上书曰:

"臣闻吏议逐客,窃以为过矣!昔缪公求士[③],西取由余于戎[④],东得百里奚于宛[⑤],迎蹇叔于宋[⑥],求丕豹、公孙支于晋[⑦]。此五子者,不产于秦,而缪公用之,并国二十,遂霸西戎。孝公用商鞅之法[⑧],移风易俗,民以殷盛[⑨],国以富强,百姓乐用,诸侯亲服,获楚、魏之师,举地千里,至今治强[⑩]。惠王用张仪之计[⑪],拔三川之地[⑫],西并巴、蜀[⑬],北收上郡[⑭],南取汉中[⑮],包九夷[⑯],制鄢、郢[⑰],东据城皋之险[⑱],割膏腴之壤[⑲],遂散六国之从,使之西面事秦,功施到今[⑳]。昭王得范雎[㉑],废穰侯[㉒],逐华阳[㉓],强公室[㉔],杜私门[㉕],蚕食诸侯,使秦成帝业。此四君者,皆以客之功。由此观之,客何负于秦哉?向使四君却客而不内[㉖],疏士而不用,是使国无富利之实,而秦无强大之名也。

"今陛下致昆山之玉[㉗],有随、和之宝[㉘],垂明月之珠,服太阿之剑[㉙],乘纤离之马[㉚],建翠凤之旗[㉛],树灵鼍之鼓[㉜]。此数宝者,秦不生一焉,而陛下说之,何也?必秦国之所生然后可，则是夜光之璧，不饰朝廷，犀、象之器，不为玩好；郑、卫之女，不充后宫；而骏马駃騠，不实外厩[33]，江南金锡不为用，西蜀丹青不为采[34]。所以饰后宫、充下陈、娱心意、说耳目者，必出于秦然后可，则是宛珠之簪、傅玑之珥、阿缟之衣、锦绣之饰[35]，不进于前；而随俗雅化、佳冶窈窕赵女不立于侧也。夫击瓮叩缶[36]，弹筝搏髀[37]，而歌呼呜呜、快耳目者，真秦之声也；郑、卫桑间、韶、虞、武、象者[38]，异国之乐也。今弃击瓮而就郑、卫，退弹筝而取韶、虞，若是者何也？快意当前，适观而已矣。今取人则不然。不问可否，不论曲直，非秦者去，为客者逐。然则是所重者在乎色、乐、珠、玉，而所轻者在乎人民也。此非所以跨海内、制诸侯之术也。

"臣闻地广者粟多，国大者人众，兵强则士勇[39]。是以泰山不让土壤，故能成其大；河海不择细流，故能就其深；王者不却众庶[40]，故能明其德。是以地无四方，民无异国，四时充美，鬼神降福，此五帝、三王之所以无敌也。今乃弃黔首以资敌国[41]，却宾客以业诸侯[42]，使天下之士退而不敢西向，裹足不入秦，此所谓'藉寇兵而赍盗粮'者也[43]。夫物不产于秦，可宝者多；士不产于秦，而愿忠者众。今逐客以资敌国，损民以益仇，内自虚而外树怨于诸侯，求国之无危，不可得也。"

秦王乃除逐客之令，复李斯官。

【注释】

① 秦王：秦始皇，此时尚未统一，故仍称"秦王"。

② 客：指其他诸侯国在秦国做官的人。

③ 缪公：指秦穆公。

④ 由余：春秋时晋国人。逃到西戎，秦穆公以礼招其归秦，并用其计统一了西戎各部。戎：古时对西部少数民族的统称。

⑤ 百里奚：原为虞国大夫，后沦落为奴，被秦穆公用五张羊皮赎出，任为秦相。

⑥ 蹇(jiǎn)叔：本岐州(今陕西)人，游于宋国，经百里奚推荐，秦穆公聘他来做上大夫。

⑦ 丕豹：晋国人。其父被晋惠公杀害后，投奔秦穆公，为大将，助秦攻晋。公孙支：字子桑。游于晋，后入秦，秦穆公任他为大夫。

⑧ 商鞅：姓公孙，名鞅。本是卫国公族，又称"卫鞅"。因秦孝公曾封之以商地(在今陕西商州)，故称"商鞅"。任秦相十年间，实行变法，使秦国强盛起来。

⑨ 以：因。

⑩ 治强：国家稳定，军力强盛。

⑪ 张仪：魏国人。曾屡任秦相，主张"连横"策略。

⑫ 三川之地：指黄河、洛水、伊水流经的地方，在今河南西北一带。

⑬ 巴：今四川东部。蜀：今四川西部。

⑭ 上郡:魏国属地,在今陕西西北一带。
⑮ 汉中:今陕西汉中地区。
⑯ 九夷:泛指当时楚地少数民族。
⑰ 鄢:楚国旧都,在今湖北宜城南。郢:楚国都,故址在今湖北江陵。
⑱ 城皋:地名。即今河南荥阳的虎牢。
⑲ 膏腴之壤:土地肥沃的地区。
⑳ 施(yì):延续。
㉑ 范雎:字叔,魏国人。曾被秦昭王任为秦相,提出“远交近攻”政策,秦国领土大为拓展。
㉒ 穰(ráng)侯:即魏冉,昭王母宣太后的异父弟,曾为秦相。
㉓ 华阳:指华阳君。秦昭王舅父芈(mǐ)戎。
㉔ 公室:朝廷。
㉕ 私门:王公贵族的势力。
㉖ 向使:假使。却:拒绝。内:同“纳”。
㉗ 致:收罗。昆山:昆仑山,古代传说这里产玉。
㉘ 随:春秋时的小国,在今湖北随县。传说随侯有一颗名贵的宝珠,称“随侯珠”。和:春秋时楚国人卞和,据说他在山中发现一块璞玉,献给楚王,称“和氏璧”。
㉙ 服:佩戴。太阿(ē):宝剑名。相传春秋楚国人干将、莫邪合铸的宝剑之一。
㉚ 纤离:骏马名,产于北方。
㉛ 翠凤之旗:以翠羽为装饰的旗子。
㉜ 灵鼍(tuó):俗名“猪婆龙”,一种鳄鱼,皮可以蒙鼓。
㉝ 駃騠(juétí):古代北方的名马。外厩:马棚。
㉞ 丹青:红色和青色的颜料。
㉟ 宛(yuān)珠:宛地出产的珠子。傅:同“附”,附着。玑:不圆的珠子。珥(ěr):耳环。阿缟(gǎo):齐国东阿(今属山东)出产的白色的绢帛。
㊱ 瓮(wèng):汲水瓦罐。缶(fǒu):小口大腹的瓦罐。秦国的瓮、缶为打击乐器。
㊲ 筝:弦乐器。搏髀(bó):拍大腿打拍子。
㊳ 桑间:卫国濮水边上的一个地名,是青年男女聚会的地方。这里指桑间之咏、淫靡之音。韶、虞:相传为歌颂虞舜的音乐。武、象:周初表演作战的乐舞曲。
㊴ 兵:武器。
㊵ 众庶:民众。
㊶ 黔(qián)首:百姓。黔,黑色。
㊷ 却:拒绝,排斥。业:成就功业。
㊸ 赍(jī):赠予。

【赏析】

文章开头“臣闻吏议逐客,窃以为过矣”,概括全文主旨,开宗明义指出逐客是错误的。下文紧紧围绕这个论点,从三个方面对“非秦者去,为客者逐”的错误进行了驳斥。一是以秦国任用客卿成功的史实来说明任用客卿有利于秦，暗示逐客之错。二是从秦王爱好的器物、享受的生活来比较论证，暗示秦王重异国之物轻异国之才，对有统一国家的雄心大志的国君来说是错误的。三是从正反两面反复论证，阐明逐客必将导致的恶果。最后晓以利害，总结全文，点明主题，呼应开头。

在写作技巧上：一是善用比喻，增强了议论的形象性和说服力。最突出的就是用秦王取物的态度为喻，说明秦王不应该重物而轻人。二是文章辞采华美，音节流畅，气势奔放。作者多用铺陈、夸饰手法，善用排比、对偶句子和华美辞藻，有极强的理论说服力和艺术感染力。

朋党论

欧阳修

欧阳修(1007—1072 年),字永叔,号醉翁,晚年又号六一居士,吉州吉水(今江西)人,因吉州原属庐陵郡,以“庐陵欧阳修”自居。北宋文学家、史学家,谥号文忠,世称欧阳文忠公。天圣进士,官馆阁校勘。景祐元年(1034 年)因替范仲淹遭贬鸣不平,被贬夷陵县令。仁宗庆历年间,他积极参加范仲淹领导的庆历新政,又被贬滁州等地。48 岁方被召回京师,参知政事。65 岁定居颍州,次年病逝。

欧阳修博学多才,诗文创作和学术著述皆成就卓著。他反对宋初浮华空虚的形式主义,提倡文章切合实用,倡导效法韩愈古文,与韩愈、柳宗元、王安石、苏洵、苏轼、苏辙、曾巩合称“唐宋八大家”。

《朋党论》是欧阳修于仁宗庆历三年(1043 年)写的一篇政论文。当时杜衍、富弼、韩琦、范仲淹等执政,欧阳修、余靖等为谏官,他们同心协力,欲尽除弊政,史称“庆历革新”。但以夏竦、吕夷简等为首的显贵人物因欧阳修等人的弹劾而被罢官,便与其党羽竭力制造舆论,攻击范仲淹等人结为朋党,欲尽去之。对此,欧阳修以谏官之身奋起反击,反驳保守派的攻击诬蔑,写下这篇著名的《朋党论》。

臣闻朋党之说,自古有之,惟幸[①]人君辨其君子小人而已。大凡君子与君子以同道[②]为朋,小人与小人以同利为朋,此自然之理也。

然臣谓小人无朋,惟君子则有之。其故何哉? 小人所好者,禄利也;所贪者,财货也。当其同利之时,暂相党引[③]以为朋者,伪也;及其见利而争先,或利尽而交疏,则反相贼害[④],虽其兄弟亲戚,不能相保。故臣谓小人无朋,其暂为朋者,伪也。君子则不然,所守者道义,所行者忠信,所惜者名节[⑤]。以之修身,则同道而相益;以之事国,则同心而共济[⑥],始终如一,此君子之朋也。故为人君者,但当退[⑦]小人之伪朋,用君子之真朋,则天下治矣。

尧之时,小人共工、驩兜等四人为一朋[⑧],君子八元、八恺[⑨]十六人为一朋。舜佐尧,退四凶小人之朋,而进元、恺君子之朋,尧之天下大治。及舜自为天子,而皋、夔、稷、契[10]等二十二人并列于朝，更相称美，更相推让[11]，凡二十二人为一朋，而舜皆用之，天下亦大治。《书》[12]曰："纣有臣亿万，惟[13]亿万心；周[14]有臣三千，惟一心。"纣之时，亿万人各异心，可谓不为朋矣。然纣以亡国。周武王之臣，三千人为一大朋，而周用[15]以兴。后汉献帝时[16]，尽取天下名士囚禁之[17]，目[18]为党人。及黄巾贼起[19]，汉室大乱，后方悔悟，尽解[20]党人而释之，然已无救矣。唐之晚年，渐起朋党之论[21]，及昭宗时[22]，尽杀朝之名士，或投之黄河，曰："此辈清流，可投浊流[23]。"而唐遂亡矣。

夫前世之主，能使人人异心不为朋，莫如纣；能禁绝善人为朋，莫如汉献帝；能诛戮清流之朋，莫如唐昭宗之世：然皆乱亡其国。更相称美，推让而不自疑，莫如舜之二十二臣，舜亦不疑而皆用之。然而后世不诮[24]舜为二十二人朋党所欺，而称舜为聪明之圣者，以能辨君子与小人也。周武之世，举其国之臣三千人共为一朋，自古为朋之多且大，莫如周；然周用此以兴者，善人虽多而不厌也[25]。

夫兴亡治乱之迹[26]，为人君者可以鉴矣[27]！

【注释】

① 惟：只。幸：希望。

② 大凡：大体上。道：一定的政治主张或思想体系。

③ 党引：彼此勾结，形成私党。

④ 贼害：残害。

⑤ 守：信奉；名节：名誉气节。

⑥ 之：指代上文的"道义""忠信""名节"。修身：按一定的道德规范进行自我修养。济：取得成功。

⑦ 退：排除，排斥。

⑧ 共(gòng)工驩兜(huān dōu)等四人：指共工、兜、鲧(gǔn)、三苗四个部族首领，即后文被舜放逐的"四凶"。

⑨ 八元：传说中上古高辛氏的八个才子。八恺：传说中上古高阳氏的八个才子。

⑩ 皋(gāo)、夔(kuí)、稷(jì)、契(xiè)：传说他们都是舜时的贤臣，皋掌管刑法，夔掌管音乐，稷掌管农业，契掌管教育。

⑪ 更(gēng)相：互相。更，交替。

⑫《书》：《尚书》。

⑬ 惟：语气词，这里表判断语气。

⑭ 周：指周武王，周朝开国君主。

⑮ 用：因此。

⑯ 后汉献帝：东汉最后一个皇帝刘协。逮捕、囚禁"党人"应是桓帝、灵帝时的宦官所为。

⑰ 尽取天下名士囚禁之：东汉桓帝时，宦官专权，一些名士如李膺等二百多人反对宦官被加上"诽讪朝廷"的罪名，逮捕囚禁。到灵帝时，李膺等一百多人被杀，六七百人受到株连，历史上称为

"党锢之祸"。

⑱ 目:此处为动词,看作。

⑲ 黄巾贼:此指张角领导的农民造反军,因头裹黄巾,故称黄巾军。"贼"是对农民造反军的诬称。

⑳ 解:解除,赦免。

㉑ 朋党之论:唐代后期统治集团内形成的以牛僧孺为首的牛党和以李德裕为首的李党,朋党之间互相争斗,历时四十余年,史称"牛李党争"。

㉒ 昭宗:唐朝将要灭亡时的一个皇帝。杀名士投之黄河本发生于唐哀帝天祐二年,哀帝是唐代最后一个皇帝。

㉓ "此辈清流"两句:这是权臣朱温的谋士李振向朱温提出的建议。朱温在白马驿(今河南洛阳附近)杀大臣裴枢等七人,并将他们的尸体投入黄河。

㉔ 诮(qiào):责备。

㉕ 厌:满足。

㉖ 迹:事迹。

㉗ 鉴:动词,意为借鉴。

【赏析】

朋党的祸患由来已久,历来都被关心国事的士大夫所重视。北宋初年,王禹偁有《朋党论》,欧阳修的《朋党论》正是在此文的基础上,依据当时政治斗争的需要加以充实发展的。

文章开篇即提出中心论点:朋党有君子小人之分。所谓朋党并不奇怪,要紧的是分清君子与小人,其标准就是"以同道为朋"还是"以同利为朋"。后文紧紧围绕这一中心论点,层层加以论述。

本文立论有的放矢,论述透辟,剖析深刻,同时引用大量的历史事实,连用排比,正反对比,反复论证阐明事理,增强了说理的气势。

公安院校的大学生,要广交良师益友,精诚团结,通力合作,为公安事业而共同奋斗。

谏太宗十思疏

魏 徵

魏徵(580—643 年),字玄成,巨鹿(今河北)人。唐代文学家、政治家、史学家。少年孤贫,有大志。隋末曾投奔瓦岗起义军,后随李密投唐。太宗即位,授以谏议大夫。魏徵是历史上敢于犯颜直谏的贤臣,一生先后上书二百多次,有数十万言,多被太宗采纳。其言论见于《贞观政要》。

臣闻求木之长[①]者,必固其根本[②];欲流之远者,必浚[③]其泉源;思国之安者,必积其德义。源不深而岂望流之远,根不固而何求木之长。德不厚而思国之治,虽在下愚[④],知其不可,而况于明哲[⑤]乎!人君当神器之重[⑥],居域中[⑦]之大,将崇极天之峻,永保无疆之休[⑧]。不念居安思危,戒贪以俭,德不处其厚,情不胜其欲,斯亦伐根以求木茂,塞源而欲流长者也。

凡百元首[⑨],承天景命[⑩],莫不殷忧[⑪]而道著,功成而德衰。有善始者实[⑫]繁,能克终者盖寡[⑬],岂其取之易而守之难乎?昔取之而有余,今守之而不足,何也?夫在殷忧,必竭诚以待下,既得志则纵情以傲物[⑭]。竭诚则吴越为一体[⑮],傲物则骨肉为行路[⑯]。虽董[⑰]之以严刑,振[⑱]之以威怒,终苟免而不怀仁[⑲],貌恭而不心服。怨不在大[⑳],可畏惟人[㉑];载舟覆舟[㉒],所宜深慎。奔车朽索,其可忽乎?

君人者,诚能见可欲[㉓]则思知足以自戒,将有所作[㉔]则思知止以安人[㉕],念高危[㉖]则思谦冲而自牧[㉗],惧满溢则思江海而下百川[㉘],乐盘游[㉙]则思三驱[㉚]以为度,忧懈怠则思慎始而敬终[㉛],虑壅蔽[㉜]则思虚心以纳下,想谗邪[㉝]则思正身以黜恶[㉞],恩所加则思无因喜以谬赏,罚所及则思无因怒而滥刑。总此十思,宏兹九德[㉟],简[㊱]能而任之,择善而从之。则智者尽其谋,勇者竭其力,仁者播其惠,信者效[㊲]其忠。文武争驰,君臣无事,可以尽豫游之乐,可以养松乔[㊳]之寿,鸣琴垂拱[㊴],不言而化。何必劳神苦思,代下司职,役聪明之耳目,亏无为[㊵]之大道哉!

【注释】

① 长(zhǎng):生长。

② 固其根本:使它的根本牢固。

③ 浚(jùn):疏通,挖深。

④ 在下愚:地位低、见识浅的人。

⑤ 明哲:聪明睿智(的人)。

⑥ 当神器之重:处于皇帝的重要位置。神器,指帝位。古时认为“君权神授”,所以称帝位为“神器”。

⑦ 域中:指天地之间。

⑧ 休:美。这里指政权的平和美好。

⑨ 凡百元首:所有的元首,泛指古代的帝王。

⑩ 承天景命:承受了上天赋予的重大使命。

⑪ 殷忧:深忧。

⑫ 实:的确。

⑬ 克终者盖寡:能够坚持到底的大概不多。克,能。盖,表推测语气。

⑭ 傲物:傲视别人。物,这里指人。

⑮ 吴越:春秋时期东南方的两个大国。此处用吴越两国指代深仇大恨。

⑯ 骨肉为行路:亲骨肉之间也会变得像陌生人一样。骨肉,亲属。行路,路人,比喻毫无关系的人。

⑰ 董:督责。

⑱ 振:通“震”,镇压。

⑲ 苟免而不怀仁:(臣民)只求苟且免于刑罚而不怀念感激国君的仁德。

⑳ 怨不在大:(臣民)对国君的怨恨不在大小。

㉑ 可畏惟人:可怕的只是百姓。人,本应写作“民”,因避李世民之名讳而写作“人”。

㉒ 载舟覆舟:这里比喻百姓能拥戴皇帝,也能推翻他的统治。出自《荀子·王制》:“君者,舟也;庶人者,水也。水则载舟,水则覆舟。”

㉓ 见可欲:见到能引起(自己)喜好的东西。出自《老子》“不见可欲,使民心不乱”。下文的“知足”“知止”(知道适可而止),出自《老子》第四十四章“知足不辱”“知止不殆”。

㉔ 将有所作:将要兴建某建筑物。作,兴作,建筑。

㉕ 安人:安民,使百姓安宁。

㉖ 念高危:想到帝位高高在上。

㉗ 则思谦冲而自牧:就想到要谦虚并加强自我修养。冲,虚。牧,约束。

㉘ 江海而下百川:江海处于众多河流的下游。下,居……之下。

㉙ 盘游:打猎取乐。

㉚ 三驱:据说古代圣贤之君在打猎布网时只拦住三面而有意网开一面,从而体现圣人的“好生之仁”。另一种解释为田猎活动以一年三次为度。

㉛ 敬终:谨慎地把事情做完。

㉜ 虑壅(yōng)蔽:担心(言路)不通受蒙蔽。壅,堵塞。

㉝ 想谗邪:考虑到(朝中可能会出现)谗佞奸邪。谗,说人坏话,造谣中伤。邪,不正派。

㉞ 正身以黜(chù)恶:使自身端正(才能)罢黜奸邪。黜,排斥,罢免。

㉟ 宏兹九德：弘扬这九种美德。九德，指忠、信、敬、刚、柔、和、固、贞、顺。
㊱ 简：选拔。
㊲ 效：献出。
㊳ 松乔：赤松子和王子乔，古代传说中的仙人。
㊴ 垂拱：天子垂衣拱手。表示无为而治。
㊵ 无为：道家主张清静虚无，顺其自然。

【赏析】

《谏太宗十思疏》是贞观十一年(637年)魏徵上疏给唐太宗的奏折。此时，唐太宗经过十多年的励精图治，造就了唐朝经济繁荣、社会安定的贞观盛世，而唐太宗志得意满，不似往昔那么兢兢业业，生活渐趋奢靡。这时魏徵连续上疏劝谏，本文就是其中的一篇。这篇奏疏旨在劝谏太宗居安思危，戒奢以俭，积其德义，也表现了魏徵犯颜直谏的胆略和深刻明辨的思想。

"十思"是文章的重点，是封建帝王的统治之术，能做到这些就会成为一个流芳千古的好皇帝。在艺术手法上，文章多运用比喻和对比的手法，说理深刻形象，而排比句式(十思是同样的句式)更是一气呵成，加强语气，增强了说服力。

古人曾说文章是"经国之大业，不朽之盛事"，当代大学生读书要将目光投向于干事创业的大境界，在学习经典时，体会其中的深层内涵，学会将古人的智慧运用于实践当中。

左忠毅公逸事

方　苞

方苞(1668—1749 年),字灵皋,号望溪,安徽桐城人。清代散文家,桐城派创始人,与姚鼐、刘大櫆合称“桐城三祖”。“桐城派”古文的基本理论是从方苞开始建立的,他继承归有光的“唐宋派”古文传统,提出“义法”的主张。

《左忠毅公逸事》中“左”是指左光斗,忠毅公是他死后由朝廷追赠的谥号。文中所述之事正处在宦官干预朝政时期。当时,魏忠贤设东厂,假借皇帝命令逮捕朝廷官员,排除异己,左光斗当时就站在反阉党(魏忠贤等)斗争的最前列,并因此被害下狱而死。《左忠毅公逸事》的“逸事”写的是正史书中所不记载的事,也就是散失了的事迹,这些事迹虽然比较琐碎,但能够说明被记者的品质、性格。

先君子尝言[①],乡先辈左忠毅公视学京畿[②],一日,风雪严寒,从数骑出微行[③],入古寺,庑下一生伏案卧[④],文方成草;公阅毕,即解貂覆生[⑤],为掩户。叩之寺僧,则史公可法也[⑥]。及试,吏呼名至史公,公瞿然注视[⑦],呈卷,即面署第一[⑧]。召入,使拜夫人,曰:“吾诸儿碌碌,他日继吾志者,惟此生耳。”

及左公下厂狱[⑨],史朝夕狱门外;逆阉防伺甚严[⑩],虽家仆不得近。久之,闻左公被炮烙[⑪],旦夕且死;持五十金,涕泣谋于禁卒,卒感焉。一日,使史更敝衣草屦,背筐,手长镵[⑫],为除不洁者,引入,微指左公处。则席地倚墙而坐,面额焦烂不可辨,左膝以下,筋骨尽脱矣。史前跪,抱公膝而呜咽。公辨其声而目不可开,乃奋臂以指拨眦[⑬];目光如炬,怒曰:“庸奴,此何地也?而汝来前!国家之事,糜烂至此。老夫已矣,汝复轻身而昧大义[⑭],天下事谁可支拄者!不速去,无俟奸人构陷[⑮],吾今即扑杀汝!”因摸地上刑械,作投击势。史噤不敢发声,趋而出。后常流涕述其事以语人,曰:“吾师肺肝,皆铁石所铸造也!”

崇祯末,流贼张献忠出没蕲、黄、潜、桐间[⑯]。史公以凤庐道奉檄守御[⑰]。每有警,辄数月不就寝,使壮士更休[⑱],而自坐幄幕外。择健卒十人,令二人蹲踞而背倚之,漏鼓移[⑲],则番代[⑳]。每寒夜起立,振衣裳,甲上冰霜迸落,铿然有声。或劝以少休，公曰："吾上恐负朝廷，下恐愧吾师也。"

史公治兵，往来桐城，必躬造左公第㉑，候太公、太母起居㉒，拜夫人于堂上。

余宗老涂山㉓，左公甥也，与先君子善，谓狱中语，乃亲得之于史公云。

【注释】

① 先君子：作者对其已过世的父亲方仲舒的称呼。

② 京畿：京城所辖地区。

③ 从数骑：几个骑马的随从跟着。微行：穿着平民衣服出行。

④ 庑(wǔ)：廊下小屋。生：指书生。

⑤ 解貂：脱下貂皮裘。

⑥ 史可法：字宪之，明末祥符(今河南省开封市)人。崇祯进士。清军入关时镇守扬州，扬州城破，殉难。

⑦ 瞿然：惊视的样子。

⑧ 面署第一：当面批为第一名。

⑨ 厂狱：明代东厂所设的监狱。

⑩ 逆阉：叛逆的太监，这里指魏忠贤。防伺：防范看守。

⑪ 炮烙：用烧红的铁来炙烧犯人的酷刑。

⑫ 长镵(chán)：一种长柄的掘土工具。

⑬ 眦：眼眶。

⑭ 昧：不明事理。

⑮ 构陷：诽谤陷害。

⑯ 流贼：旧时对农民起义军的蔑称。张献忠(1606—1647年)，明末农民起义领袖。1644年在成都称帝，建大西国，1646年被清兵杀害。蕲(qí)、黄、潜、桐：今湖北蕲春、黄冈，安徽潜山、桐城一带。

⑰ 凤庐道：管辖凤阳府、庐州府一带的道员。

⑱ 更休：轮流休息。

⑲ 漏鼓移：指过了一段时间。漏，古时用滴水计时的器具。鼓，军中报时的更鼓。

⑳ 番代：轮流代替

㉑ 躬造：亲临。第：府第，住宅。

㉒ "候太公"句：问候左光斗父母。

㉓ 宗老：同一宗族的老前辈。涂山：方苞族祖父方文的号，名文。

【赏析】

文章开篇以充满传奇色彩的笔触，从记述京畿学政左光斗与年轻书生史可法古寺偶遇写起，表现了左光斗求贤若渴、知人善任的"伯乐"精神，也为下文史可法不忘师恩、不违师训埋下伏笔。作者一笔带过左光斗因弹劾魏忠贤而蒙冤入东厂牢狱之事，重点记述史可法对狱卒啖之以金，动之以情，晓之以理，打动狱卒，以坚强毅力和顽强斗志得以乔装成“除不洁者”潜入门禁森严的监牢探望恩师，描写了左光斗对宦官阉党的愤恨，更体现了他对寄予殷切厚望的学生的挚爱。同时通过细节描写，表现史可法勤于职守和身先士卒的精神，正是得益于左光斗老师的言传身教。最后简叙史可法在带兵期间，凡到桐城，必定亲自到左公第，问候太公、太母起居，拜夫人于堂上。表明史可法尊师如父、对恩师永志不忘的深情厚谊。全篇不仅表现了史可法的爱国精神和尊师情操，更是从侧面衬托他的恩师左光斗的人物形象。

杜陵叟

伤农夫之困也

白居易

白居易(772—846年),字乐天,晚年号香山居士。其先太原(今属山西),后迁居下邽(今陕西渭南北),生于河南新郑(今河南新郑市)。白居易官至翰林学士、左赞善大夫,公元846年,逝于洛阳,享年75岁,葬于香山。白居易是唐代伟大的现实主义诗人,与元稹共同倡导新乐府运动,世称"元白",与刘禹锡并称"刘白"。白居易的诗歌题材广泛,形式多样,语言平易通俗,有"诗魔"和"诗王"之称。其曾将自己的诗分为四类:一讽喻、二闲适、三感伤、四杂律,四类中价值最高的是第一类讽喻诗,反映了诗人兼善天下的政治抱负。白居易是唐代诗人中创作最多的一位,有《白氏长庆集》,存诗二千八百余首,代表诗作有《长恨歌》《卖炭翁》《琵琶行》等。

杜陵叟①,杜陵居,岁种薄田一顷余②。
三月无雨旱风起,麦苗不秀多黄死。
九月降霜秋早寒,禾穗未熟皆青干。
长吏明知不申破,急敛暴征求考课③。
典桑卖地纳官租,明年衣食将何如?
剥我身上帛④,夺我口中粟。
虐人害物即豺狼,何必钩爪锯牙食人肉!
不知何人奏皇帝,帝心恻隐知人弊⑤。
白麻纸上书德音,京畿尽放今年税⑥。
昨日里胥方到门⑦,手持敕牒榜乡村⑧。
十家租税九家毕,虚受吾君蠲免恩⑨。

【注释】

① 叟:年老的男人。
② 薄田:贫瘠的田地。

③ 考课:唐代制定的一种定期对官吏考核的办法,根据考核政绩的优劣或升或降。
④ 帛:丝织品。
⑤ 弊:衰落;疲惫。
⑥ 京畿(jī):京城周围地区。
⑦ 里胥:古代指地方上的一里之长,负责管理事务。方:才,刚刚。
⑧ 牒(dié):文书。榜:张贴。
⑨ 蠲(juān):除去,免除。

【赏析】

唐宪宗元和三年(808 年)冬天至第二年春天,江南广大地区和长安周围,遭受严重旱灾。当时白居易新任左拾遗,上疏陈述民间疾苦,请求“减免租税”“以实惠及人”。唐宪宗批准了白居易的奏请,还下了罪己诏,但实际上这不过是笼络人心的骗局。为此白居易写了《轻肥》和《杜陵叟》。

这首诗展现出两个颇有戏剧性的场面:一个是贪官污吏如狼似虎,逼迫灾民们“典桑卖地纳官租”;另一个是在“十家租税九家毕”之后,里胥才慢腾腾地来到乡村,宣布“免税”的“德音”,让灾民们感谢皇帝的恩德。这首诗体现了作者视民如子的情怀,揭露了封建社会的黑暗与腐败。

人生品格篇

论语(节选)

孔子(前551—前479年),名丘,字仲尼,春秋末期思想家、教育家、政治家,儒家的创始者,鲁国陬邑(今山东曲阜)人。30岁首创我国私人办学风气,50岁任鲁国司寇,55岁开始周游列国,未获重用后于68岁回鲁国专心著述和讲学。他在政治思想上主张"仁者爱人""克己复礼",教育上提出"因材施教""有教无类"等主张。晚年曾整理《诗》《书》等古代文献,并删修《春秋》,对保存和传播中国古代文化有重要贡献。

《论语》是语录体散文,主要记载孔子及其弟子的言行,由孔子弟子或再传弟子记录编纂。语言简练朴实,含义丰富深刻,对后世影响深远。

子曰:"君子食无求饱,居无求安,敏于事而慎于言,就①有道而正焉,可谓好学也已。"

子曰:"吾十有五而志于学,三十而立,四十而不惑,五十而知天命,六十而耳顺,七十而从心所欲,不逾②矩。"

子贡曰:"贫而无谄,富而无骄,何如?"子曰:"可也。未若贫而乐,富而好礼者也。"子贡曰:"诗云:如切如磋,如琢如磨。其斯之谓与?"子曰:"赐③也,始可与言诗已矣,告诸往而知来者。"

子曰:"其身正,不令而行;其身不正,虽令不从。"

见贤思齐焉,见不贤而内自省也。

三人行,必有我师焉。择其善者而从之,其不善者而改之。

己所不欲,勿施于人。

躬自[4]厚而薄责于人，则远怨矣。

益者三友，损者三友。友直，友谅，友多闻，益矣。友便辟，友善柔，友便佞，损矣。

子曰："富与贵，是人之所欲也，不以其道得之，不处也；贫与贱，是人之所恶也，不以其道得之，不去也。君子去仁，恶乎成名？君子无终食之间违仁，造次[5]必于是，颠沛必于是。"

【注释】

① 就：靠近，看齐。
② 逾：超出。
③ 赐：子贡名，孔子对学生都称其名。
④ 躬自：副词，犹自己，自身。
⑤ 造次：指仓促惊惶的情形。

【赏析】

第一则孔子重点阐述对于君子道德的要求。他认为一个有道德的人，不应当过多讲究自己的饮食和居住条件。他在工作方面应当勤劳敏捷，谨慎小心，而且能经常检讨自己，请有道德的人对自己的言行加以匡正。君子应当克制追求物质享受的欲望，把注意力放在塑造道德品质方面。

第二则孔子自述了他学习经历的阶段：十五岁到四十岁是学习领会的阶段；五十、六十岁是安心立命的阶段，也就是不受环境左右的阶段；七十岁是主观意识和做人的规则融合为一的阶段。在这个阶段中，道德修养达到了最高的境界。孔子指出：学习是一个循序渐进的过程。道德的最高境界是思想和言行的融合，要自觉地遵守道德规范，而不是勉强去做。

第三则告诫我们，做人的学问在于时时刻刻警惕，处处小心，不要得少为足，应该勇敢前进，无有止息，要时时处处认清自己，告诫自己——做学问是不能知足的，正所谓学无止境。

第四则孔子着重指出官吏的品质行为是至关重要的，官员要起表率作用。只有官吏操行端正，百姓才会听从指令，并去执行。反之，即使下达再多的指令，百姓也不会听从。孔子论述了执政者要有好的品德，这样才可以统治天下。

第五则孔子强调了为人处世的原则，见到一个品德能力超过自己的人，就要向他看齐；见到一个不如自己的人，就要反思自己是不是有一样的缺点。

第六则强调学习的态度和方法。一方面，择其善者而从之，见人之善就学；另一方面，其不善者而改之，见人之不善就引以为戒，反省自己。这样，无论同行相处的人善与不善，都可以为师。

第七则揭晓的是处理人际关系的重要原则。人应当以对待自身的行为为参照物来对待他人。人应该有宽广的胸怀，待人处事切勿心胸狭窄，而应宽宏大量，宽恕待人。倘若将自己所讨厌的事物，硬推给他人，不仅会破坏与他人的关系，也会将事情弄得僵持而不可收拾。人生在世除了关注自身的存在，还得关注他人的存在，人与人之间是平等的，切勿将己所不欲施于人。

第八则强调如何处理与他人的矛盾。人应该多替别人考虑，从别人的角度看待问题。一旦发生矛盾，应该多作自我批评，而不能一味指责别人的不是。责己严，待人宽，这是保持良好和谐的人际关系所不可缺少的原则。

第九则告诫我们如何交朋友。结交正直的朋友、诚信的朋友、知识广博的朋友，是有益的。结交谄媚逢迎的人、表面奉承而背后诽谤人的人、善于花言巧语的人，是有害的。

第十则反映了孔子的理欲观。任何人都不会甘愿过贫穷困顿、流离失所的生活，都希望得到富贵安逸。但是财富、地位必须通过正当的手段和途径去获取。这种价值观在今天仍有其不可低估的价值。

报任安书

司马迁

司马迁(约前145或前135—?),字子长,夏阳(今陕西韩城南)人,西汉史学家、文学家、思想家。其少而好学,二十岁后,遍游全国。继父职,任太史令,博览大量官藏图书。太初元年(前104年)开始编撰《太史公书》(后称《史记》)。后因替投降匈奴的李陵辩解,下狱,被处腐刑。狱中仍继续写作。出狱后任中书令。当时中书令大都是由宦者充任,因此他深以为耻。他忍辱含垢,发愤著述,终于完成千古绝唱《史记》。

《报任安书》是司马迁写给其友人任安的一封回信。征和二年(前91年)朝中发生巫蛊之乱,江充乘机诬陷戾太子(刘据),戾太子发兵诛杀江充等,与丞相(刘屈氂)军大战于长安,当时任安担任北军使者护军(监理京城禁卫军北军的官),乱中接受戾太子要他发兵的命令,但按兵未动。戾太子事件平定后,汉武帝认为任安"坐观成败""怀诈,有不忠之心",论罪腰斩。任安入狱后曾写信给司马迁,希望他"尽推贤进士之义",搭救自己。直到任安临刑前,司马迁才写了这封著名的回信。在这封信中,司马迁以无比愤激的心情,叙述自己蒙受的耻辱,倾吐他内心的痛苦和不满,说明自己"隐忍苟活"的原因,表达"就极刑而无愠色"、坚持完成《史记》的决心,同时也反映了他的文学观和生死观。

太史公牛马走司马迁,再拜言①。

少卿足下:曩者辱赐书②,教以慎于接物,推贤进士为务,意气勤勤恳恳。若望仆不相师③,而用流俗人之言。仆非敢如此也。仆虽罢驽,亦尝侧闻长者之遗风矣④。顾自以为身残处秽,动而见尤⑤,欲益反损,是以独抑郁而无谁语。谚曰:"谁为为之?孰令听之?"盖钟子期死,伯牙终身不复鼓琴。何则?士为知己者用,女为说己者容。若仆大质已亏缺矣⑥,虽才怀随、和,行若由、夷⑦,终不可以为荣,适足以见笑而自点耳⑧。书辞宜答,会东从上来,又迫贱事,相见日浅,卒卒无须臾之闲,得竭志意。今少卿抱不测之罪⑨,涉旬月,迫季冬,仆又薄从上雍,恐卒然不可为讳[⑩]，是仆终已不得舒愤懑以晓左右，则长逝者魂魄私恨无穷。请略陈固陋。阙然久不报，幸勿为过。

仆闻之："修身者，智之符也；爱施者，仁之端也；取予者，义之表也；耻辱者，勇之决也；立名者，行之极也。"士有此五者，然后可以托于世，列于君子之林矣。故祸莫憯于欲利，悲莫痛于伤心，行莫丑于辱先，诟莫大于宫刑。刑余之人，无所比数，非一世也，所从来远矣。昔卫灵公与雍渠同载，孔子适陈[⑪]；商鞅因景监见[⑫]，赵良寒心；同子参乘，袁丝变色[⑬]：自古而耻之！夫中材之人，事有关于宦竖，莫不伤气，况于慷慨之士乎？如今朝廷虽乏人，奈何令刀锯之余，荐天下之豪俊哉！仆赖先人绪业，得待罪辇毂下二十余年矣[⑭]。所以自惟：上之不能纳忠效信，有奇策才力之誉，自结明主；次之又不能拾遗补阙，招贤进能，显岩穴之士；外之不能备行伍，攻城野战，有斩将搴旗之功；下之不能积日累劳，取尊官厚禄，以为宗族交游光宠。四者无一遂，苟合取容[⑮]，无所短长之效，可见于此矣。向者仆亦尝厕下大夫之列[⑯]，陪奉外廷末议，不以此时引纲维[⑰]，尽思虑；今已亏形为扫除之隶，在阘茸之中[⑱]，乃欲仰首伸眉，论列是非，不亦轻朝廷、羞当世之士邪？嗟乎！嗟乎！如仆尚何言哉？尚何言哉？

且事本末未易明也。仆少负不羁之才，长无乡曲之誉。主上幸以先人之故，使得奏薄技，出入周卫之中[⑲]。仆以为戴盆何以望天，故绝宾客之知，亡室家之业，日夜思竭其不肖之才力，务一心营职，以求亲媚于主上。而事乃有大谬不然者。

夫仆与李陵俱居门下[⑳]，素非能相善也。趣舍异路，未尝衔杯酒、接殷勤之余欢。然仆观其为人，自守奇士，事亲孝，与士信，临财廉，取予义，分别有让，恭俭下人，常思奋不顾身，以殉国家之急。其素所蓄积也，仆以为有国士之风。夫人臣出万死不顾一生之计，赴公家之难，斯已奇矣。今举事一不当，而全躯保妻子之臣，随而媒孽其短[㉑]，仆诚私心痛之。且李陵提步卒不满五千，深践戎马之地，足历王庭，垂饵虎口，横挑强胡，仰亿万之师，与单于连战十有余日，所杀过当。虏救死扶伤不给，旃裘之君长咸震怖，乃悉征其左、右贤王，举引弓之人，一国共攻而围之。转斗千里，矢尽道穷，救兵不至，士卒死伤如积。然陵一呼劳军，士无不起，躬自流涕，沫血饮泣，更张空拳[㉒]，冒白刃，北向争死敌者。陵未没时，使有来报，汉公卿王侯皆奉觞上寿。后数日，陵败书闻，主上为之食不甘味，听朝不怡。大臣忧惧，不知所出。仆窃不自料其卑贱，见主上惨怆怛悼，诚欲效其款款之愚[㉓]，以为李陵素与士大夫绝甘分少，能得人之死力，虽古之名将，不能过也；身虽陷败，彼观其意，且欲得其当而报于汉。事已无可奈何，其所摧败，功亦足以暴于天下矣。仆怀欲陈之，而未有路，适会召问，即以此指推言陵之功，欲以广主上之意，塞睚眦之辞[24]。未能尽明，明主不晓，以为仆沮贰师[25]，而为李陵游说，遂下于理[26]。拳拳之忠，终不能自列。因为诬上，卒从吏议。家贫，货赂不足以自赎；交游莫救，左右亲近不为一言。身非木石，独与法吏为伍，深幽囹圄之中[27]，谁可告诉者！此真少卿所亲见，仆行事岂不然乎？李陵既生降，颓其家声，而仆又佴之蚕室[28]，重为天下观笑。悲夫！悲夫！事未易一二为俗人言也[29]。

仆之先，非有剖符丹书之功，文史星历，近乎卜祝之间，固主上所戏弄，倡优所畜[30]，流俗之所轻也。假令仆伏法受诛，若九牛亡一毛，与蝼蚁何以异？而世又不能与死节者次比，特以为智穷罪极，不为自免，卒就死耳。何也？素所自树立使然也。人固有一死，死或重于泰山，或轻于鸿毛，用之所趋异也。太上不辱先，其次不辱身，其次不辱理色，其次不辱辞令，其次诎体受辱[31]，其次易服受辱，其次关木索、被棰楚受辱[32]，其次剔毛发、婴金铁受辱，其次毁肌肤、断肢体受辱，最下腐刑极矣！传曰"刑不上大夫"。此言士节不可不勉励也。猛虎在深山，百兽震恐，及在槛阱之中，摇尾而求食，积威约之渐也。故士有画地为牢，势不可入；削木为吏，议不可对，定计于鲜也。今交手足，受木索，暴肌肤，受榜棰，幽于圜墙之中。当此之时，见狱吏则头抢地，视徒隶则心惕息。何者？积威约之势也。及以至是，言不辱者，所谓强颜耳，曷足贵乎？且西伯，伯也，拘于羑里；李斯，相也，具于五刑[33]；淮阴，王也，受械于陈[34]；彭越、张敖，南面称孤，系狱抵罪[35]；绛侯诛诸吕，权倾五伯，囚于请室[36]；魏其，大将也，衣赭衣，关三木[37]；季布为朱家钳奴[38]；灌夫受辱于居室[39]。此人皆身至王侯将相，声闻邻国，及罪至罔加，不能引决自裁[40]，在尘埃之中。古今一体，安在其不辱也？由此言之，勇怯，势也；强弱，形也。审矣，何足怪乎？夫人不能早自裁绳墨之外[41]，以稍陵迟[42]，至于鞭箠之间，乃欲引节，斯不亦远乎！古人所以重施刑于大夫者，殆为此也。夫人情莫不贪生恶死，念父母，顾妻子。至激于义理者不然，乃有所不得已也。今仆不幸，早失父母，无兄弟之亲，独身孤立，少卿视仆于妻子何如哉？且勇者不必死节，怯夫慕义，何处不勉焉？仆虽怯懦欲苟活，亦颇识去就之分矣，何至自沉溺缧绁之辱哉！且夫臧获婢妾[43]，犹能引决，况仆之不得已乎？所以隐忍苟活，幽于粪土之中而不辞者，恨私心有所不尽，鄙陋没世，而文采不表于后世也。

古者富贵而名摩灭，不可胜记，唯倜傥非常之人称焉[44]。盖文王拘，而演《周易》；仲尼厄，而作《春秋》；屈原放逐，乃赋《离骚》；左丘失明，厥有《国语》；孙子膑脚，《兵法》修列；不韦迁蜀，世传《吕览》；韩非囚秦，《说难》《孤愤》；《诗》三百篇，大底圣贤发愤之所为作也。此人皆意有所郁结，不得通其道，故述往事，思来者。乃如左丘无目，孙子断足，终不可用，退而论书策，以舒其愤，思垂空文以自见。仆窃不逊，近自托于无能之辞，网罗天下放失旧闻[45]，略考其事，综其终始，稽其成败兴坏之纪，上计轩辕，下至于兹，为十表，本纪十二，书八章，世家三十，列传七十，凡百三十篇。亦欲以究天人之际，通古今之变，成一家之言。草创未就，会遭此祸，惜其不成，是以就极刑而无愠色。仆诚以著此书，藏之名山，传之其人，通邑大都，则仆偿前辱之责，虽万被戮，岂有悔哉！然此可为智者道，难为俗人言也！

且负下未易居，下流多谤议。仆以口语遇遭此祸，重为乡党戮笑[46]，以污辱先人，亦何面目复上父母之丘墓乎？虽累百世，垢弥甚耳！是以肠一日而九回，居则忽忽若有所亡[47]，出则不知其所往。每念斯耻，汗未尝不发背沾衣也。身直为闺阁之臣[48]，宁得自引深藏于岩穴邪？故且从俗浮沉，与时俯仰，以通其狂惑。今少卿乃教以推贤进士，无乃与仆私心刺谬乎[49]？今虽欲自雕琢，曼辞以自饰，无益，于俗不信，适足取辱耳。要之，死日然后是非乃定。书不能悉意，略陈固陋。谨再拜。

【注释】

① 牛马走：谦词，意为如牛马般供人驱使的仆夫。

② 曩(nǎng)：从前。辱：谦词，承受。

③ 望：怨，憾。

④ 罢(pí)驽：疲惫的劣马，比喻才能低下。罢，同“疲”。驽，劣马。

⑤ 尤：责备。

⑥ 大质：指身体。司马迁受了宫刑，故说大质已亏。

⑦ 随、和：随侯之珠、和氏之璧，是战国时最贵重的宝物，比喻杰出的才能。由、夷：许由、伯夷。两人都是古代品德高尚的人。

⑧ 自点：自己玷污自己。

⑨ 不测之罪：死罪的委婉说法。

⑩ 卒然：仓促。不可为讳：死的委婉说法，暗指任少卿将被处死。

⑪ 雍渠：卫国宦官。卫灵公与他同乘，而让孔子坐后面的车，孔子耻之，遂离卫国。

⑫ 景监：秦国宦官。商鞅由他荐引。

⑬ 同子：指汉文帝的宦官赵谈。与司马谈同名，司马迁避父讳，故称为同子。袁丝：即袁盎。汉文帝曾与赵谈同车，袁盎拦车进谏，汉文帝只好命赵谈下车。

⑭ 辇：皇帝所乘的车。辇毂(gǔ)下：引申为皇帝身边。

⑮ 苟合：无原则地附和。取容：讨好。

⑯ 厕:忝列,参与。
⑰ 引:正,整顿。纲维:纲常法纪。
⑱ 阘(tà)茸:比喻细小卑贱。
⑲ 周卫:指皇官。
⑳ 俱居门下:指同朝为官。门,宫门。
㉑ 媒蘖(niè)其短:像酵母一样将李陵的罪膨胀起来。如同今人所谓“添油加醋”。蘖,酿酒所用的酵母。
㉒ 沬血:指血流满面。拳(quān):硬弓。
㉓ 惨怆怛悼:悲痛的样子。款款:忠诚的样子。
㉔ 睚眦(yá zì)之辞:指诋毁诬陷之言。睚眦,怒目相视。
㉕ 沮:败坏。贰师:指贰师将军李广利。
㉖ 理:掌管刑狱的官,即大理寺。
㉗ 囹圄:监狱。
㉘ 佴(èr):居。蚕室:温暖密封的房子。初受宫刑畏风,必居蚕室。
㉙ 一二:逐一逐二,罗列情状。
㉚ 倡:乐人。优:优伶。
㉛ 理色:道理和脸色。诎:同“屈”,弯曲。
㉜ 木索:木枷和绳索。棰(chuí):竹杖。楚:荆条。
㉝ 李斯:秦朝丞相,为赵高陷害,备受五刑,腰斩。
㉞ 淮阴:指韩信,先封楚王。刘邦疑其谋反,在陈地逮捕了他。
㉟ 彭越:汉初功臣。张敖:汉功臣张耳之子。二人俱封王。彭越后被杀。张敖降为侯。
㊱ 绛侯:即周勃,诛灭想造反的吕太后家族吕禄、吕产等人,迎立汉文帝,立下大功。后被诬入狱。请室:大臣犯罪等待判决的地方。
㊲ 魏其:大将军窦婴,封魏其侯,被诬下狱处死。赭衣:古囚服,土红色。三木:头枷、手铐、脚镣。
㊳ 季布:项羽的大将,项羽死后,被刘邦通缉,改名换姓,卖身为奴。
㊴ 灌夫:曾任中郎将,因得罪丞相田蚡,被囚处死。
㊵ 罔:同“网”。引决、自裁:均指自杀。
㊶ 绳墨:代指刑罚。
㊷ 陵迟:同“陵夷”,衰颓,卑下。
㊸ 臧获:泛指奴婢。
㊹ 倜傥:洒脱,不拘束。
㊺ 放失:散失。
㊻ 乡党:家乡邻里。戮:羞辱。
㊼ 忽忽:精神恍惚的样子。
㊽ 闺阁之臣:指宦官。
㊾ 剌(là)谬:违背,相反。

【赏析】

《报任安书》是一篇书信体的叙事抒怀散文，是司马迁写给任安的回信，叙述了自己因李陵事件受刑遭祸的经过，表达了自己的光明磊落之志、愤激不平之气和对封建专制的血泪控诉。

全文融议论、抒情、叙事于一体，文情并茂。叙事简括，都为议论铺垫，议论之中感情自现。富于抒情性的语言，将作者内心久积的痛苦与怨愤表现得淋漓尽致。

大量的铺排，增强了感情抒发的磅礴气势。典故的运用，使感情更加慷慨激昂，深沉壮烈。第六段用西伯、李斯、韩信等王侯将相受辱而不自杀的典故，直接引出“古今一体”的结论，愤激地控诉了包括汉王朝在内的封建专制下的酷吏政治；第七段用周文王、孔子、屈原等古圣先贤愤而著书的典故，表现了自己隐忍的苦衷、坚强的意志和奋斗的决心。这些典故，援古证今，明理达情，让我们更深刻地感受到了作者伟岸的人格和沉郁的感情。

“志不立，天下无可成之事”。理想指引人生方向，信念决定事业成败。没有理想信念，就会导致精神上“缺钙”。从警之路注定将面临荆棘坎坷、枪林弹雨，一名合格公安院校的大学生就要坚持学而信、学而思、学而行，把学习成果转化为不可撼动的理想信念，用理想之光照亮从警之路，用信仰之力开创美好未来。

短歌行①

曹 操

曹操(155—220年),字孟德,小名阿瞒,沛国谯县(今安徽亳州)人。汉末著名政治家、军事家和诗人。其挟天子以令诸侯,统一北方,并与刘备、孙权三分天下,为后来的曹魏政权奠定了基础。曾任东汉丞相,后为魏王。其子曹丕称帝后,追尊其为武帝。其诗歌以乐府旧题写时事,充满对国计民生的殷切关怀和远大的抱负以及理想难以实现的苦闷,情调苍凉悲壮。

对酒当歌,人生几何②?譬如朝露,去日苦多③。慨当以慷④,忧思难忘。何以解忧?惟有杜康⑤。青青子衿,悠悠我心⑥。但为君故,沉吟至今。呦呦鹿鸣,食野之苹。我有嘉宾,鼓瑟吹笙。⑦明明如月,何时可掇⑧?忧从中来,不可断绝。越陌度阡,枉用相存⑨。契阔谈宴,心念旧恩⑩。月明星稀,乌鹊南飞。绕树三匝,何枝可依⑪?山不厌高,海不厌深⑫,周公吐哺,天下归心⑬。

【注释】

① 短歌行:乐府诗题,宋郭茂倩《乐府诗集》引崔豹《古今注》称:"长歌、短歌,言人寿命长短,各有定分,不可强求。"但他认为实指歌声的长短,并举曹丕《燕歌行》诗句"援琴鸣弦发清商,短歌微吟不能长"为证。但自从有曹操此诗以来,"短歌行"一题常用来表达生命短促的感叹。

② 几何:多少。

③ 朝露:早晨的露水,此处喻人生之短促。汉乐府《薤露行》:"薤上露,何易晞。露晞明朝更复落,人生一去何时归?"去日:过去的日子。苦多:遗恨很多。

④ 慨当以慷:即"慷慨",情绪激昂。

⑤ 何以:用什么。杜康:相传古代最初造酒的人,此处指代酒。

⑥ "青青"二句:源出《诗·郑风·子衿》:"青青子衿,悠悠我心。纵我不往,子宁不嗣音?"这里是借女子对情人的思念表达诗人对贤才的渴求。衿:衣领。悠悠:思念连绵貌。

⑦ "呦呦鹿鸣"以下四句:出自《诗·小雅·鹿鸣》,即:"呦呦鹿鸣,食野之苹。我有嘉宾,鼓瑟吹笙。吹笙鼓簧,承筐是将。人之好我,示我周行。呦呦鹿鸣,食野之蒿。我有嘉宾,德音孔昭。视民

不恌，君子是则是效。我有旨酒，嘉宾式燕以敖。呦呦鹿鸣，食野之芩。我有嘉宾，鼓瑟鼓琴。鼓瑟鼓琴，和乐且湛。我有旨酒，以燕乐嘉宾之心。”该诗为宴飨诗，以鹿鸣起兴，表达宴会的和乐场面，此处借以表达对宾客的热诚相待。苹：蒿的一种。

⑧ 掇(duō)：拾起。或作“辍”，停止。

⑨ 陌、阡：指田间小路，南北叫阡，东西叫陌。枉用相存：枉劳存问。枉，白白的。存，问候。

⑩ 契阔：聚与散，此为偏义复词，指重逢。谈宴：聚谈宴饮。旧恩：昔日的恩情。

⑪ “月明”以下四句：沈德潜《古诗源》说：“月明星稀”四句，喻客子无所依托；“山不厌高”四句，言王者不却众庶，故能成其大也。匝(zā)：周围，即一圈。依：栖止，停留。

⑫ “山不”“海不”二句：此以山与海的阔大能容来表达诗人渴望贤才归附、多多益善的心理。

⑬ 周公吐哺，天下归心：《韩诗外传》载：“吾，文王之子，武王之弟，成王之叔父也。又相天下，吾于天下亦不轻矣。然一沐三握发，一饭三吐哺，犹恐失天下之士。”此以周公勤政爱才来表达诗人对于贤才的渴求。

【赏析】

这首诗写于建安十三年(208 年)，抒发了诗人感慨时光易逝、功业未成的苦闷，也表现出诗人渴望招纳天下贤才，实现天下一统的雄心壮志。

曹操生于乱世，是一位具有文韬武略的雄才。他的诗歌质朴沉雄、苍劲古直，其诗中所呈现的雄伟气象，为一般诗人所无法企及。这首诗反复咏叹，笔法顿挫有致，语言流畅自然，气韵沉雄悲壮，且善用比兴，志深笔长。如诗中以“朝露”喻人生之短暂，以“明明如月，何时可掇”比兴人才难得和礼贤之情，以“周公吐哺”的典故来表现自己渴望求贤以统一天下的宏伟志向。整体而言，尽管此诗也有建安诗歌慷慨悲凉的时代色彩，但基调昂扬向上，充满积极进取之心。

曹操的诗歌虽用乐府旧题，但一扫两汉以歌功颂德为主的腐朽诗风，代之以新鲜的现实内容。东汉末年，人心思治，实现一统是大势所趋。《短歌行》所表达的宏伟理想符合当时人民的共同意愿，这正是本诗的思想精华所在。

国家的希望在青年，民族的未来在青年。新时代中国青年正处在中华民族发展的最好时期，既面临着难得的建功立业的人生际遇，也肩负着“天将降大任于斯人”的时代使命。我们要继承前辈先贤胸襟抱负、气魄胸怀，珍惜韶华、不负青春，努力学习掌握科学知识，提高内在素质，锤炼过硬本领，以真才实学服务人民，以创新创造贡献国家！

摸鱼儿·雁丘词

元好问

元好问(1190—1257年),字裕之,号遗山。秀容(今山西忻州)人。有《遗山集》《中州集》《壬辰杂编》等传世。其散曲虽存不多,但于时影响极大。朱权《太和正音谱》评其词"如穷崖孤松"。

金章宗泰和五年(1205年),青年诗人元好问在赴并州应试途中,听一位捕雁者说,天空中一对比翼双飞的大雁,其中一只被捕杀后,另一只大雁从天上一头栽了下来,殉情而死。年轻的诗人被这种生死至情所震撼,便买下这一对大雁,把它们合葬在汾水旁,建了一个小小的坟墓,叫"雁丘",并为此写下有名的《雁丘词》。词的上阕写大雁之间的故事。词的下阕借助对自然景物的描绘,衬托大雁殉情后的凄苦。

泰和五年乙丑岁,赴试并州,道逢捕雁者云:"今日获一雁,杀之矣。其脱网者悲鸣不能去,竟自投于地而死。"予因买得之,葬之汾水之上,累石而识,号曰雁丘。时同行者多为赋诗,予亦有《雁丘词》。旧所作无宫商,今改定之。

问世间情是何物?直教生死相许。天南地北双飞客,老翅几回寒暑。欢乐趣,离别苦,就中更有痴儿女。君应有语,渺万里层云,千山暮雪,只影向谁去?

横汾路①,寂寞当年箫鼓。荒烟依旧平楚②。招魂楚些何嗟及③,山鬼暗啼风雨。天也妒,未信与,莺儿燕子俱黄土。千秋万古,为留待骚人,狂歌痛饮,来访雁丘处。

【注释】

① 横汾:《汉武故事》载,汉武帝曾巡幸河东郡,在汾水楼船上与群臣宴饮,作《秋风辞》,中有"泛楼舡兮济汾河,横中流兮扬素波"句。后因以"横汾"为典,用来称颂皇帝或其作品。

② 平楚:平坦的原野。宋文天祥《汶阳道中》诗:"平楚渺四极,雪风迷远天。"楚,即丛木。

③ 楚些:招魂歌。源于《楚辞·招魂》,它沿用战国时楚国民间流行的招魂词的形式而写成,句尾皆有"些"字。后因以"楚些"指招魂歌,亦泛指楚地的风韵或《楚辞》。

【赏析】

《摸鱼儿·雁丘词》乃咏物之作，词人通过对一只舍身殉情的大雁的怜惜与悼念，赞美了大雁殉情之可贵，谱写了一曲忠贞爱情的颂歌。

全词融抒情、写景、议论于一体，以大雁为悲剧的载体，将人类所追求的爱情境界与理想和谐完美地展现出来，因而引人共鸣，备受称赞，成为抒写爱情的千古名篇。

真善美是人类永恒的主题、永远的追求。新时代公安院校的大学生，要培育社会主义核心价值观，求真理、悟道理、明事理，既注意知识的学习，更注重素质的提升，特别是学会讲究真、追求善、热爱美，培育自身的大境界、大胸怀、大格局，才能在艰巨繁重的公安工作中抵抗诱惑、廉洁自律、爱岗敬业，才能真正做到不忘初心、牢记使命，做一名合格的社会主义建设者和接班人。

马伶传

侯方域

侯方域(1618—1655 年),字朝宗,河南商丘人。明末清初文学家。为明末复社“四公子”之一,曾受到马士英、阮大铖的忌恨和迫害。入清后参加乡试中副榜。侯方域早年以才气著称,曾以诗与时文闻名海内,后致力于古文,著有《壮悔堂全集》《四忆堂诗集》等。他所作《李姬传》为后来孔尚任作《桃花扇》所取材。他的文章中,最出色的是传记散文,代表作品有《李姬传》《马伶传》等。这些作品借鉴了《史记》和传奇小说的手法,人物形象鲜明,文笔简洁流畅,情节曲折,显示了他文章的长处和特色。

这篇人物小传,是他寓居南京时写就。文章采录了南京当时的传说,讲述了马伶努力提升自己的表演能力的故事。作者通过张扬马伶的其人其事,将矛头指向顾秉谦,旁敲侧击,来讥讽阮大铖。

马伶者,金陵梨园部也[①]。金陵为明之留都[②],社稷百官皆在;而又当太平盛时,人易为乐。其士女之问桃叶渡[③]、游雨华台者[④],趾相错也。梨园以技鸣者,无虑数十辈,而其最著者二:曰兴化部,曰华林部。

一日,新安贾[⑤]合两部为大会,遍征金陵之贵客文人,与夫妖姬静女,莫不毕集。列兴化于东肆,华林于西肆,两肆皆奏《鸣凤》——所谓椒山先生[⑥]者。迨半奏,引商刻羽,抗坠疾徐,并称善也。当两相国论河套[⑦],而西肆之为严嵩相国者曰李伶,东肆则马伶。坐客乃西顾而叹,或大呼命酒,或移坐更近之,首不复东。未几更进,则东肆不复能终曲。询其故,盖马伶耻出李伶下,已易衣遁矣。

马伶者,金陵之善歌者也。既去,而兴化部又不肯辄以易之,乃竟辍其技不奏,而华林部独著。去后且三年,而马伶归,遍告其故侣,请于新安贾曰:“今日幸为开宴,招前日宾客,愿与华林部更奏《鸣凤》,奉一日欢。”既奏,已而论河套,马伶复为严嵩相国以出,李伶忽失声,匍匐前[⑧],称弟子。兴化部是日遂凌出华林部远甚。其夜,华林部过马伶曰:“子,天下之善技也,然无以易李伶。李伶之为严相国，至矣，子又安从授之而掩其上哉？”马伶曰：“固然，天下无以易李伶，李伶即又不肯授我。我闻今相国昆山顾秉谦⑨者，严相国俦也。我走京师，求为其门卒三年，日侍昆山相国于朝房，察其举止，聆其语言，久乃得之。此吾之所为师也。”华林部相与罗拜而去。

马伶名锦，字云将，其先西域人，当时称为马回回云。

侯方域曰：异哉，马伶之自得师也！夫其以李伶为绝技，无所干求，乃走事昆山，见昆山犹之见分宜⑩也。以分宜教分宜，安得不工⑪哉！呜呼！耻其技之不若，而去数千里，为卒三年。倘三年犹不得，即犹不归尔。其志如此，技之工又须问耶？

【注释】

① 金陵：古地名，今江苏南京。梨园部：戏班。梨园是唐玄宗时在皇宫中教练歌舞艺人的地方。部，行业组织。
② 留都：古代王朝迁都后，常在旧都置官留守，称留都。
③ 桃叶渡：南京名胜之一。
④ 雨华台：即雨花台，南京的名胜之地。
⑤ 新安：隋、唐时郡名，其辖境大致相当于后来的徽州（包括今安徽歙县等地）。贾：指商人。
⑥《鸣凤》：指《鸣凤记》，明代戏曲剧本名，演杨继盛与明代奸相严嵩斗争、被害及昭雪的故事。椒山先生即指杨继盛，号椒山。
⑦ 两相国论河套：指《鸣凤记》所演奸相严嵩与另一宰相夏言争论应否恢复河套的事。河套，指今内蒙古自治区和宁夏回族自治区境内贺兰山以东、狼山和大青山南、黄河沿岸的地区。
⑧ 匍匐（pú fú）前：伏地前行。
⑨ 顾秉谦：昆山（今属江苏）人，万历进士，历任文渊阁大学士、建极殿大学士，晋少师。谄附魏忠贤陷害杨涟、左光斗等。
⑩ 分宜：指严嵩。严嵩为江西分宜人。
⑪工：精。

【赏析】

这是一篇人物传记，着重记叙了马伶与李伶的两次技艺较量，马伶先大败而后大胜。马伶的经验说明：文艺创作要获得成功，必须了解和熟悉生活，到生活中去学习；而一个人要想在事业上有所成就，就必须有吃苦耐劳、潜心钻研、精益求精的精神。

《马伶传》虽篇幅短小，但在结构安排上却独具匠心。全文极为紧凑，先概括地介绍人物身份及背景，随即跳跃到金陵兴化、华林两部的角技及马伶的失败。

马伶戏未终场而遁走，他能否东山再起呢？未容读者悬想他此后的行动，作者的笔锋已转到三年后马伶归来，在新的一番高下较量中大获全胜。至此，又产生了这三年中马伶如何能够使演技大进的悬念。通过这样层层蓄势，作者才在最后阐明其获胜的原因，理至此而大明。

侯方域是复社成员，对明末阉党极为痛恨，因此这篇文章还暗寓褒贬，马伶扮演奸相严嵩，却因为效仿当朝宰相顾秉谦而一举成功，有力揭示了严、顾二人是一丘之貉。作者行文委婉，借马伶之事而对顾秉谦进行了侧面的抨击，深谙史家之"春秋笔法"。

优秀的人民警察就应像马伶那样培育工匠精神，爱一行、钻一行、精一行。工匠精神，匠心为本。有没有工匠精神，关键看有没有一颗默默无闻、执着于追求卓越的匠心。树匠心，就要坚守初心、执着专注，秉持赤子之心，摒弃浮躁喧嚣，在本职岗位上坐得住、做得好。敬业、精益、专注、创新，只要具备这些匠人精神要素，在平凡的岗位上就可以干出不平凡的业绩。

容忍与自由

胡 适

胡适(1891—1962年),字适之,安徽绩溪人。著名思想家、文学家、哲学家。以倡导"白话文"、领导新文化运动闻名于世。胡适一生的学术活动主要在文学、哲学、史学、考据学、教育学、红学几个方面,主要著作有《中国哲学史大纲》(上)、《尝试集》《白话文学史》(上)和《胡适文存》(四集)等。

本文是胡适在《自由中国》十周年纪念会上的讲演,胡适在文章中强调了他一贯的"容忍比自由还更重要"的观点,因为容忍是自由的根本,没有容忍就没有自由。

十七八年前,我最后一次会见了我的母校康耐尔大学的史学大师布尔先生(George Lincoln Burr)。我们谈到英国史学大师阿克顿(Lord Acton)一生准备要著作一部"自由之史",没有完成他就死了。布尔先生那天谈话很多,有一句话我至今没有忘记。他说,"我年纪越大,越感觉到容忍(tolerance)比自由更重要"。

布尔先生死了十多年了,他这句话我越想越觉得是一句不可磨灭的格言。我自己也有"年纪越大,越觉得容忍比自由还更重要"的感想。有时我竟觉得容忍是一切自由的根本:没有容忍,就没有自由。

我十七岁的时候(一九〇八)曾在《竞业旬报》上发表几条"无鬼丛话",其中有一条是痛骂小说《西游记》和《封神榜》的,我说:

> "王制"有之:"假于鬼神时日卜筮以疑众,杀。"吾独怪夫数千年来之掌治权者,之以济世明道自期者,乃懵然不之注意,惑世诬民之学说得以大行,遂举我神州民族投诸极黑暗之世界!……

这是一个小孩子很不容忍的"卫道"态度。我那时候已是一个无鬼论者,所以发出那种摧除迷信的狂论,要实行"王制"(《礼记》的一篇)的"假于鬼神时日卜筮以疑众,杀"的一条经典!

我在那时候当然没有梦想到说这话的小孩子在十五年后(一九二三)会很热心地给《西游记》作两万字的考证！我在那时候当然更没有想到那个小孩子在二三十年后还时时留心搜求可以考证《封神榜》的作者的材料！我在那时候也完全没有想想"王制"那句话的历史意义。那一段"王制"的全文是这样的：

> 析言破律，乱名改作，执左道以乱政，杀。作淫声异服奇技异器以疑众，杀。行伪而坚，言伪而辩，学非而博，顺非而泽以疑众，杀。假于鬼神时日卜筮以疑众，杀。此四诛者，不以听。

我在五十年前，完全没有懂得这一段说的"诛"正是中国专制体制下禁止新思想、新学术、新信仰、新艺术的经典的根据。我在那时候抱着"破除迷信"的热心，所以拥护那"四诛"之中的第四诛，"假于鬼神时日卜筮以疑众，杀。"我当时完全没有想到第四诛的"假于鬼神……以疑众"和第一诛的"执左道以乱政"的两条罪名都可以用来摧残宗教信仰的自由。我当时也完全没有注意到郑玄注里用了公输般作"奇技异器"的例子，更没有注意到孔颖达"正义"里举了"孔子为鲁司寇七日而诛少正卯"的例子来解释"行伪而坚，言伪而辩，学非而博，顺非而泽以疑众，杀"。故第二诛可以用来禁绝艺术创作的自由，也可以用来"杀"许多发明"奇技异器"的科学家。故第三诛可以用来摧残思想的自由、言论的自由、著作出版的自由。

我在五十年前引用了"王制"第四诛，要"杀"《西游记》《封神榜》的作者。那时候我当然没有梦想到十年之后我在北京大学教书时就有一些同样"卫道"的正人君子也想引用"王制"的第三诛，要"杀"我和我的朋友。当年我要"杀"人，后来人要"杀"我，动机是一样的：都只因为动了一点正义的火气，就都失掉容忍的度量了。

我自己叙述五十年前主张"假于鬼神时日卜筮以疑众，杀"的故事，为的是要说明我年纪越大，越觉得"容忍"比"自由"还更重要。

我到今天还是一个无神论者，我不信有一个有意志的神，我也不信灵魂不朽的说法。

我自己总觉得，这个国家、这个社会、这个世界，绝大多数人是信神的，居然能有这雅量，能容忍我的无神论，能容忍我这个不信神也不信灵魂不灭的人，能容忍我在国内和国外自由发表我的无神论的思想，从没有人因此用石头掷我，把我关在监狱里，或把我捆在柴堆上用火烧死。我在这个世界里居然享受了四十多年的容忍与自由。我觉得这个国家、这个社会、这个世界对我的容忍度量是可爱的，是可以感激的。

所以我自己总觉得我应该用容忍的态度来报答社会对我的容忍。所以我自己不信神，但我能诚心地谅解一切信神的人，也能诚心地容忍并且敬重一切信仰有神的宗教。

我要用容忍的态度来报答社会对我的容忍，因为我年纪越大，我越觉得容忍的重要意义。若社会没有这点容忍的气度，我决不能享受四十多年大胆怀疑的自由，公开主张无神论的自由了。

在宗教自由史上、在思想自由史上、在政治自由史上，我们都可以看见容忍的态度是最难得、最稀有的态度。人类的习惯总是喜同而恶异的，总不喜欢和自己不同的信仰、思想、行为。这就是不容忍的根源。不容忍只是不能容忍和我自己不同的新思想和新信仰。一个宗教团体总相信自己的宗教信仰是对的，是不会错的，所以它总相信那些和自己不同的宗教信仰必定是错的，必定是异端、邪教。一个政治团体总相信自己的政治主张是对的、是不会错的，所以它总相信那些和自己不同的政治见解必定是错的、必定是敌人。

一切对异端的迫害，一切对“异己”的摧残，一切宗教自由的禁止，一切思想言论的被压迫，都由于这一点深信自己是不会错的心理。因为深信自己是不会错的，所以不能容忍任何和自己不同的思想信仰了。

试看欧洲的宗教革新运动的历史。马丁路德(Martin Luther)和约翰高尔文(John Calvin)等人起来革新宗教，本来是因为他们不满意于罗马旧教的种种不容忍、种种不自由。但是新教在中欧、北欧胜利之后，新教的领袖们又都渐渐走上了不容忍的路上去，也不容许别人起来批评他们的新教条了。高尔文在日内瓦掌握了宗教大权，居然会把一个敢独立思想，敢批评高尔文的教条的学者塞维图斯(Servetus)定了“异端邪说”的罪名，把他用铁链锁在木桩上，堆起柴来，慢慢地活烧死。这是一五五三年十月二十三日的事。

这个殉道者塞维图斯的惨史，最值得人们的追念和反省。宗教革新运动原来的目标是要争取“基督教的人的自由”和“良心的自由”。何以高尔文和他的信徒们居然会把一位独立思想的新教徒用慢慢的火烧死呢？何以高尔文的门徒(后来继任高尔文为日内瓦的宗教独裁者)柏时(Beze)竟会宣言“良心的自由是魔鬼的教条”呢？

基本的原因还是那一点深信我自己是“不会错的”的心理。像高尔文那样虔诚的宗教改革家，他自己深信他的良心确是代表上帝的命令，他的口和他的笔确是代表上帝的意志，那么他的意见还会错吗？他还有错误的可能吗？在塞维图斯被烧死之后，高尔文曾受到不少人的批评。一五五四年，高尔文发表一篇文字为他自己辩护，他毫不迟疑地说，"严厉惩治邪说者的权威是无可疑的，因为这就是上帝自己说话……这工作是为上帝的光荣战斗。"

上帝自己说话，还会错吗？为上帝的光荣作战，还会错吗？这一点"我不会错"的心理，就是一切不容忍的根苗。深信我自己的信念没有错误的可能(infallible)，我的意见就是"正义"，反对我的人当然都是"邪说"了。我的意见代表上帝的意旨，反对我的人的意见当然都是"魔鬼的教条"了。

这是宗教自由史给我们的教训：容忍是一切自由的根本；没有容忍"异己"的雅量，就不会承认"异己"的宗教信仰可以享受自由。但因为不容忍的态度是基于"我的信念不会错"的心理习惯，所以容忍"异己"是最难得、最不容易养成的雅量。

在政治思想上，在社会问题的讨论上，我们同样地感觉到不容忍是常见的，而容忍总是很稀有的。我试举一个死了的老朋友的故事作例子。四十多年前，我们在《新青年》杂志上开始提倡白话文学的运动，我曾从美国寄信给陈独秀，我说：

> 此事之是非，非一朝一夕所能定，亦非一二人所能定。甚愿国中人士能平心静气与吾辈同力研究此问题。讨论既熟，是非自明。吾辈已张革命之旗，虽不容退缩，然亦决不敢以吾辈所主张为必是而不容他人之匡正也。

独秀在《新青年》上答我道：

> 鄙意容纳异议，自由讨论，固为学术发达之原则，独于改良中国文学当以白话为正宗之说，其是非甚明，必不容反对者有讨论之余地；必以吾辈所主张者为绝对之是，而不容他人之匡正也。……

我当时就觉得这是很武断的态度。现在在四十多年之后，我还忘不了陈独秀这一句话，我还觉得这种"必以吾辈所主张者为绝对之是"的态度是很不容忍的态度，是最容易引起别人的恶感，是最容易引起反对的。

我曾说过，我应该用容忍的态度来报答社会对我的容忍。我现在常常想，我们还得戒律自己：我们若想别人容忍谅解我们的见解，我们必须先养成能够容忍谅解别人的见解的度量。至少至少我们应该戒约自己决不可"以吾辈所主张者为绝对之是"。我们受过实验主义的训练的人，本来就不承认有"绝对之是"，更不可以"以吾辈所主张者为绝对之是"。

【赏析】

本文的中心论点是“没有容忍，就没有自由”。作者分三个层次来阐发这一中心论点：首先从“年纪越大，越感觉到容忍比自由还更重要”说起，说明“容忍是一切自由的根本”；接着指出“人类的习惯总是喜同而恶异”，揭示出容忍难以实行的心理根源；最后则指出“以吾辈所主张者为绝对之是”的态度是极其错误的，强调“绝对之是”根本不存在。三个层次逐步深入，层层递进。

本文善于运用例证法阐发道理。作者年少时援引《王制》专制律条痛骂《西游记》和《封神榜》，宗教史上高尔文活活烧死塞维图斯等科学家，提倡白话文时陈独秀“不容反对者有讨论之余地”，这三个典型例证，分别说明了文章中三个层次的分论点，具有十分鲜明而强劲的启示力和说服力，作者无须多说，读者就能从事例本身悟出诸多至理深意。

“欲知平直，则必准绳；欲知方圆，则必规矩”。在法治国家，容忍与自由是相辅相成的，容忍是对法律、规则的尊重和执行，自由是在法律、道德约束下的权利。人民警察作为执法者，既要保障人民群众合理、合法的自由，又要保证法律法规的尊严、执行。实现二者的有机统一，这就需要以人为本、依法办事，胡适这篇《容忍与自由》给了我们很多有益的启发和思考。

致橡树

舒　婷

舒婷(1952—)，原名龚佩瑜，福建泉州人。当代诗人，朦胧诗派的代表人物。著作有《舒婷文集》等。

《致橡树》是舒婷1977年创作的一首现代诗歌。诗人用攀援的凌霄花、痴情的鸟儿、泉源、险峰、日光、春雨六个形象，对传统的爱情观进行否定，并抒写了自己理想的爱情观。

我如果爱你——
绝不像攀援的凌霄花
借你的高枝炫耀自己；
我如果爱你——
绝不学痴情的鸟儿，
为绿荫重复单调的歌曲；
也不止像泉源
常年送来清凉的慰藉；
也不止像险峰
增加你的高度，衬托你的威仪。
甚至日光，
甚至春雨。
不，这些都还不够！
我必须是你近旁的一株木棉，
做为树的形象和你站在一起。
根，紧握在地下；

叶，相触在云里。
每一阵风过，
我们都互相致意，
但没有人
听懂我们的言语。
你有你的铜枝铁干，
像刀、像剑、也像戟；
我有我的红硕花朵，
像沉重的叹息，
又像英勇的火炬。
我们分担寒潮、风雷、霹雳；
我们共享雾霭、云霞、虹霓。
仿佛永远分离，
却又终身相依。
这才是伟大的爱情，
坚贞就在这里：
爱——不仅爱你伟岸的身躯，
也爱你坚持的位置，足下的土地。

【赏析】

舒婷说过《致橡树》“并非一首爱情诗”，因为它的内涵已超越了一己的爱情感受，是关于爱情理想和人格理想的宣言。

这首诗通过整体象征的艺术手法，用“木棉”对“橡树”的内心独白，热情而坦诚地歌唱自己的人格理想以及要求比肩而立、各自独立又深情相对的爱情观。文本构思新颖，富有浓郁的抒情色彩，主题深刻，具有独特的时代意义，语言精美，具有鲜明的个人风格。另外，尽管诗歌采用了新奇的意象，但诗的语言并非晦涩难懂，而是具有口语化的特征，新奇中带着一种微妙的暗示，给人以无限的遐想空间。

青年一代有理想、有担当，国家就有前途，民族就有希望。新时代公安院校的大学生，应该培育独立、自主、平等的人格，树立正确的价值观、世界观、人生观，不人云亦云、不随波逐流，学会明辨是非、独立自主、自强不息，才能成长为担当民族复兴大任的时代新人，在激扬青春、奉献社会的进程中书写无愧于时代的壮丽篇章。

人文精神篇

晏子论和与同

《春秋左氏传》

《春秋左氏传》，儒家经典之一。旧传春秋时左丘明所撰，清代经今文学家认为系刘歆改编，近人认为是战国初年人据各国史料编成。起于鲁隐公元年（前722年），终于鲁悼公四年（前464年），比《春秋》多出17年，其叙事更至于悼公十四年（前454年）为止。书中保存了大量古代史料，文字优美，记事详明，为中国古代一部文学和史学名著。

晏婴（？—前500年），字平仲，夷维（今山东省高密市）人，史称"晏子"，春秋时期齐国著名政治家、思想家、外交家。晏婴善谏的特点被人称道，他在劝谏君王时往往不是直接地强谏而是委婉地曲谏或诱谏，从中显示了他在政治生活中所具有的高度智慧。他的语言也极有特色，或锋芒毕露，或非常含蓄；或严肃庄重，或滑稽幽默。他能够根据不同的环境场合采取不同的劝谏方式，取得最佳的效果。

齐侯至自田[①]，晏子侍于遄台[②]，子犹驰而造焉[③]。公曰："唯据与我和夫！"晏子对曰："据亦同也，焉得为和？"公曰："和与同异乎？"对曰："异。和如羹焉，水、火、醯、醢、盐、梅[④]，以烹鱼肉，燀之以薪[⑤]，宰夫和之[⑥]，齐之以味[⑦]，济其不及[⑧]，以泄其过[⑨]。君子食之，以平其心。君臣亦然。君所谓可而有否焉，臣献其否以成其可[⑩]；君所谓否而有可焉，臣献其可以去其否。是以政平而不干，民无争心。[⑪]故《诗》曰：'亦有和羹，既戒既平。鬷嘏无言，时靡有争。'[⑫]先王之济五味、和五声也[⑬]，以平其心，成其政也。声亦如味，一气[⑭]、二体[⑮]、三类[⑯]、四物[⑰]、五声[⑱]、六律[⑲]、七音[⑳]、八风[㉑]、九歌[㉒]，以相成也；清浊、小大、短长、疾徐、哀乐、刚柔、迟速、高下、出入、周疏，以相济也。君子听之，以平其心。心平，德和[㉓]。故《诗》曰：'德音不瑕。'[㉔]今据不然。君所谓可，据亦曰可；君所谓否，据亦曰否。若以水济水。谁能食之？若琴瑟之一专，谁能听之？同之不可也如是。[㉕]"

【注释】

① 齐侯:指齐景公。田:打猎,此处指打猎的地方。

② 遄(chuán)台:齐国地名,在今山东临淄附近。

③ 子犹:景公宠臣梁丘据的字。造:到,往。

④ 羹:调和五味(醋、酱、盐、梅、菜)做成的带汁的肉。不加五味的叫大羹。醯(xī):醋。醢(hǎi):用肉、鱼等做成的酱。梅:梅子。

⑤ 燀(chǎn):烧煮。

⑥ 和:调和。

⑦ 齐之以味:调配使味道适中。齐,通"剂",调剂。

⑧ 济:增加,添加。

⑨ 泄:减少。过:过分,过重。

⑩ 献:进言指出。

⑪ "是以"二句:因此政事平和而不违背礼义,百姓没有争斗之心。干:犯,违背。

⑫ "亦有"四句:还有调和的好羹汤,五味齐全又适中。敬献神明来享用,上下和睦不争斗。这四句诗出自《诗·商颂·烈祖》。戒:具备,指五味全。平:和,指味道适中。鬷(zōng):通"奏",进献。嘏(gǔ):通"假",祝福。无言:指肃敬。

⑬ 济:此处指相辅相成。五味:指酸、甜、苦、辣、咸五种味道。五声:指宫、商、角、徵、羽五个音阶。

⑭ 一气:指音乐的声音要用气来发动。

⑮ 二体:指舞蹈的文舞和武舞。

⑯ 三类:指《诗经》中的风、雅、颂三部分。

⑰ 四物:四方之物,指乐器用四方之物制成。

⑱ 五声:即五音。

⑲ 六律:指用来确定声音高低清浊的六个阳声,即黄钟、太簇、姑洗、蕤(ruí)宾、夷则、无射(yì)。

⑳ 七音:指宫、商、角、徵、羽、变宫、变徵七种音阶。

㉑ 八风:八方之风。

㉒ 九歌:可以歌唱的九功之德,即水、火、木、金、土、谷、正德、利用、厚生。

㉓ 心平,德和:心性平和,德行协调。

㉔ 这句诗出自《诗·豳风·狼跋》。德音:本指美德,这里借指美好的音乐。瑕:玉上的斑点,此处指缺陷。

㉕ "同之"句:不应当保持意见完全相同和这是一个道理。

【赏析】

晏婴所讨论的"和与同"典型地代表了国人的思维特点和方式。和与同,表面上看起来很相似,但在实质上,它们完全不同。同,是绝对的一致,没有变动、没有多样性。因此,同代表了单调、沉闷、死寂,它没有内在活力和动力,不是一个具有生命力的东西,也不符合宇宙万事万物起源、构成、发展的规律性。和,却是相对的一致性,是多中有一、一中有多,是各种相互不同、相互对立的因素通过相互调节而达到的一种统一态、平衡态。因此，它既不是相互抵消、溶解，也不是简单地排列组合，而是融合不同因素的积极方面结成和谐统一的新整体。它保留了各个因素的特点，又不让它们彼此抵消，因而是一个具有内在活力、生命力、再生力的整体。

和的观念被付诸实践，就形成了中国人独特的行为方式。国家兴盛的理想状态是和谐，文学艺术的最高境界也是和谐，人们处理事务、人际关系也崇尚“和为贵”，用自我克制来消除矛盾、分歧，用相互切磋来发扬各自所长，通过寻找利益的一致之处，把各方的不同之处加以协调。

还应注意到，“和”的最终旨归，是人的内心的心性平和。也就是说，它的最后落脚点，还是人自身的生存状态。因此，它是内向的，而不是外向的；是人本的，而不是物质的。

中华文明是世界上唯一没有中断、发展至今的文明。中华文明之所以长期保持蓬勃活力，很大原因就在于中华民族能够以开放的胸怀吸收外来优秀文化，因此要积极推动文明交流借鉴，为构建人类命运共同体提供文化力量。

冯谖客孟尝君

《战国策》

《战国策》原来书名不统一，有《国策》《国事》《短长》《事语》《修书》《长书》等名。经西汉刘向整理考订后，才定名为《战国策》。它体例与《国语》相同，按国别体记述，以记言为主。记录了上至春秋、下至秦灭六国约 240 年的历史。

《战国策》主要记载了战国时代奔走于各诸侯间进行游说的谋臣策士的纵横捭阖之术，表现了战国时代纵横家的思想和活动，反映出各国间复杂激烈的政治斗争和动乱的社会现实。同时，也歌颂了某些有政治远见、坚持正义、不畏强暴人物的生动事迹。《战国策》就史学价值而言，不如《左传》《国语》信实可靠；但从文学角度看，有其独特之处。首先，在人物性格塑造上，《战国策》比《左传》更进一步，情节更曲折，故事更完整，形象更丰满。其次，论事立说，无不纵横反复，曲尽其意。再者，摹状物态，铺张扬厉。《战国策》还常用比喻、寓言来增加语言的浓厚趣味和讽刺的深刻性。例如，“抱薪救火”“唇亡齿寒”“狐假虎威”“画蛇添足”等均出自《战国策》。

齐人有冯谖者[①]，贫乏不能自存[②]，使人属孟尝君[③]，愿寄食门下[④]。孟尝君曰：“客何好？”曰：“客无好也。”曰：“客何能？”曰：“客无能也。”孟尝君笑而受之曰：“诺。”

左右以君贱之也[⑤]，食以草具[⑥]。居有顷[⑦]，倚柱弹其剑，歌曰：“长铗归来乎，食无鱼[⑧]！”左右以告[⑨]，孟尝君曰：“食之比门下之客[⑩]。”居有顷，复弹其铗，歌曰：“长铗归来乎，出无车！”左右皆笑之，以告。孟尝君曰：“为之驾，比门下之车客[⑪]。”于是乘其车，揭其剑[⑫]，过[⑬]其友曰：“孟尝君客我[⑭]！”后有顷，复弹其剑铗，歌曰：“长铗归来乎！无以为家！”左右皆恶之[⑮]，以为贪而不知足。孟尝君问：“冯公有亲乎？”对曰：“有老母。”孟尝君使人给其食用，无使乏。于是冯谖不复歌。

后孟尝君出记[⑯]，问门下诸客：“谁习计会[⑰]，能为文收责于薛者乎[⑱]？”冯谖署曰：“能。”孟尝君怪之，曰：“此谁也？”左右曰：“乃歌夫‘长铗归来’者也[⑲]。”孟尝君笑曰："客果有能也！吾负之，未尝见也。"请而见之，谢[20]曰："文倦于事[21]，愦于忧[22]，而性懦愚[23]，沉于国家之事，开罪于先生[24]。先生不羞[25]，乃有意欲为收责于薛乎？"冯谖曰："愿之。"于是约车治装[26]，载券契而行，辞曰："责毕收，以何市而反[27]？"孟尝君曰："视吾家所寡有者。"

驱而之薛，使吏召诸民当偿者，悉来合券[28]。券遍合，起矫命，以责赐诸民[29]，因烧其券[30]。民称万岁。

长驱到齐[31]，晨而求见。孟尝君怪其疾也，衣冠而见之[32]，曰："责毕收乎？来何疾也？"曰："收毕矣。""以何市而反？"冯谖曰："君云'视吾家所寡有者'。臣窃计[33]，君宫中积珍宝，狗马实外厩[34]，美人充下陈[35]，君家所寡有者以义耳！窃以为君市义。"孟尝君曰："市义奈何？"曰："今君有区区之薛，不拊爱子其民[36]，因而贾利之[37]，臣窃矫君命，以责赐诸民，因烧其券，民称万岁，乃臣所以为君市义也[38]。"孟尝君不说[39]，曰："诺，先生休矣！"

后期年[40]，齐王谓孟尝君曰："寡人不敢以先王之臣为臣[41]！"孟尝君就国于薛[42]。未至百里，民扶老携幼，迎君道中，终日。孟尝君顾谓冯谖[43]："先生所为文市义者，乃今日见之！"

冯谖曰："狡兔有三窟，仅得免其死耳[44]！今君有一窟，未得高枕而卧也。请为君复凿二窟。"孟尝君予车五十乘，金五百斤[45]，西游于梁[46]。谓梁王曰："齐放其大臣孟尝君于诸侯，先迎之者，富而兵强[47]。"于是梁王虚上位[48]，以故相为上将军，遣使者，黄金千斤，车百乘，往聘孟尝君。冯谖先驱[49]，诫孟尝君曰[50]："千金，重币也，百乘，显使也[51]。齐其闻之矣。"梁使三反[52]，孟尝君固辞不往也[53]。

齐王闻之，君臣恐惧，遣太傅赍黄金千斤、文车二驷[54]，服剑一[55]，封书谢孟尝君曰[56]："寡人不祥[57]，被于宗庙之祟[58]，沉于谄谀之臣[59]，开罪于君。寡人不足为也[60]，愿君顾先王之宗庙，姑返国统万人乎[61]！"冯谖诫孟尝君曰："愿请先王之祭器，立宗庙于薛[62]。"庙成，还报孟尝君曰："三窟已就，君姑高枕为乐矣。"

孟尝君为相数十年，无纤介之祸者[63]，冯谖之计也。

【注释】

① 冯谖(xuān)：齐国游说之士。孟尝君的门客。

② 存：存在，此处指生活。

③ 属：通"嘱"，嘱咐。孟尝君：齐国贵族，姓田名文，孟尝君是他的封号。

④ 寄食门下：在孟尝君门下作食客。寄食，依附别人生活。

⑤"左右"句：左右办事的人因为孟尝君鄙贱冯谖。以：因为。贱：鄙贱。之：代指冯谖。

⑥ 食以草具：给他吃粗劣的饭菜。食（sì），以食物给人吃。草具，装盛粗糙饮食的食具。

⑦ 居有顷：过了不久。居，经过。

⑧“长铗”句：长铗啊！咱们回去吧，吃饭没有鱼。铗（jiá），剑把，这里指剑。

⑨ 以告：这是省略两个宾语的句法。意谓把（冯谖唱的歌）告诉（孟尝君）。

⑩ 比门下之客：比照一般的门客。

⑪ 为之驾：给他准备车马。车客：可以坐车的客。

⑫ 揭其剑：举着他的剑。揭，高举。

⑬ 过：拜访。

⑭ 客我：待我为客，厚待我。即把我当上等门客看待。

⑮ 无以为家：没有能力养家。恶：讨厌。

⑯ 出记：出了一个文告。记，文告。

⑰ 习：熟悉。计会：会计。

⑱“能为”句：能替我到薛地收债吗？文：孟尝君自称。责：通“债”。薛：孟尝君的封地。

⑲“乃歌”句：就是唱那“长铗归来”的人。夫：代词，那。

⑳ 谢：道歉。

㉑ 倦于事：忙于事务，疲劳不堪。

㉒ 愦（kuì）于忧：忧愁思虑太多，心思烦乱。愦，同“溃”，乱。

㉓ 懦愚：懦弱无能。

㉔“沉于”句：我沉溺在国家事务中，对先生有所得罪。沉：沉溺。开罪：获罪、得罪。

㉕ 不羞：不以此为羞辱，能忍耐的意思。

㉖ 约车治装：预备车子，收拾行李。治，置办。

㉗“责毕”句：债收齐后，买些什么东西带回来？市：买。反：通“返”。

㉘“使吏”句：使小吏召集应该还债的老百姓全部都来核对债券。悉：全部。合券：古代债券写在竹片上，一分为二，债主与债户各执一半，核对时须两相符合。

㉙“券遍”二句：债券普遍核对过了，冯谖站起来，假托孟尝君的命令把债款赐给老百姓。矫：假托。

㉚ 因：于是。

㉛ 长驱到齐：一直不停地赶着车到齐国。

㉜ 衣冠而见之：穿戴得整整齐齐地接见了他。衣和冠都是名词用作动词。

㉝ 窃：私下，谦词。计：考虑。

㉞ 实：充满。厩（jiù）：马棚。

㉟ 美人充下陈：美人站满了堂前。充，满。陈，后列、堂下。

㊱ 不拊爱子其民：不把人民看作自己的子女来抚爱。拊，通“抚”，抚育，抚慰。子其民，视民如子。

㊲ 因而贾利之：还要用商贾手段向人民牟取利息。贾（gǔ），藏货待卖。

㊳“乃臣”句：这就是我用来替你买义的方式。所以：用……（的方式）。

㊴ 说：通“悦”。

㊵ 期年：满一年。

㊶“寡人”句：我不敢把先王的臣作为我的臣。先王，指齐宣王。

㊷ 就国：回到自己的封地去。

㊸ 顾：回顾，旁顾。
㊹ 狡：狡猾。窟：洞窟。
㊺ 乘（shèng）：古代四马一车为一乘，亦可泛指车。金：古指铜。斤：计铜的单位，一斤有一两多。
㊻ 梁：魏国都。
㊼ “齐放”句：齐国放逐他的大臣孟尝君到各诸侯国去。放：放逐，罢免不任用。
㊽ 虚上位：把上位（指相位）空出来。
㊾ 先驱：先赶车回去。
㊿ 诫：告诫，提醒。
51 千金：等于说金千斤。币：这里指聘币，是古代人聘请人时送的礼物。
52 三反：往返多次。反，同“返”。
53 固辞：坚决推辞。
54 赍（jī）：带着。文车：文饰华美的车辆。驷：四马驾的车，乘不一定是四马，驷一定是四马。
55 服剑：王所自佩的剑。
56 封书：封好了书仪，古代书信用封泥加印，故曰封书。谢孟尝君：向孟尝君道歉。
57 不祥：意为糊涂。一说不善，没有福气。
58 被于宗庙之祟：遭受祖宗神灵降下的灾祸。被，遭受。
59 沉于谄谀（yú）之臣：被阿谀奉承的奸臣所迷惑。沉，本义是“沉溺”，在这里引申为“迷惑”。
60 不足为：不值得你看重并辅助。
61 顾：顾念。姑：姑且。万人：指全国百姓。
62 “愿请”两句：希望你向齐王请求先王传下来的祭器，在薛建立宗庙。孟尝君与齐王同族，在薛建立齐国先王的宗庙，目的在使齐王重视薛，这样孟尝君的地位就更加巩固。
63 纤介：细微。介，通“芥”，纤丝与草籽，比喻极微小。

【赏析】

战国时代，各诸侯国为网罗人才，盛行养士之风。本文的孟尝君，就是当时以养士闻名的战国四公子之一，门下有食客三千，冯谖是其门客之一。本文通过冯谖为孟尝君凿就“三窟”，使孟尝君相位稳固的事迹，塑造了一个具有民本思想、深谋远虑的策士形象。颂扬了那些出身低贱但又出类拔萃的“士”在战国政治生活中的重要作用，反映了当时诸侯国之间、诸侯国内部统治阶级之间以及统治阶级和人民之间各种复杂的社会矛盾，揭露了统治阶级的奢侈生活以及用“贾利”盘剥人民的罪恶行径。

这篇文章的主要特色是用曲折变化的情节有层次地刻画人物，冯谖自称“无好”“无能”，受到孟尝君的鄙视和左右的讪笑。这样的无能之客，却三次弹铗作歌，继而又出人意料地出头署记“能”，到薛地却焚券市义，使孟尝君大失所望，不以冯谖为“能”了。直到孟尝君去国就薛，亲眼看到“民扶老携幼，迎君道中”，才真正佩服冯谖的才能和远见卓识。至此，文章似乎可以收尾，可冯谖又提出“复凿二窟”，进一步驰骋才干，大显身手，使孟尝君的地位坚定稳固，为相数十年无纤介之祸。情节是人物性格发展的历史，随着这一连串波澜起伏的情节合乎规律地层层展开，冯谖恃才傲物、智谋不凡的策士风度表现得淋漓尽致。此外，文章还用了对比衬托的手法来表现人物，与左右人对比，衬托了冯谖的机敏、有才干。“焚券市义”，用孟尝君来陪衬冯谖，凸显他胆识过人、能力超群，以求减轻百姓负担的义举。

杜甫诗三首

杜甫(712—770年),字子美,祖籍襄阳(今属湖北襄樊),后迁居巩县(今属河南)。自幼好学,知识渊博,颇有政治抱负。开元后期,举进士不第,漫游各地。后寓居长安(今陕西西安)。安史之乱期间,历经离乱,饱尝艰辛。后随肃宗入朝,官左拾遗,后贬为华州司功参军,不久弃官入蜀,一度在剑南节度使严武幕中任参谋,武表为检校工部员外郎,故世称杜工部。晚年携家出蜀,病死湘江舟中。

杜甫出生于"奉儒守官"的家庭,对国家命运和民生疾苦非常关注。但他一生仕途失意,遭遇坎坷,身受深重的时代苦难。这使得他得以深入社会,真切认识现实的黑暗和百姓的痛苦。他的众多优秀作品,深刻地反映出唐代由盛转衰过程中的社会风貌和时代苦难,故被后人誉为"诗史"。

杜甫是我国古代伟大的现实主义诗人。他虽身处窘迫之境但仍怀济世之心,诗歌感情内在深沉,风格沉郁顿挫,有"诗圣"之誉。杜诗兼备诸体,而且无体不工,五古、七律成就尤高。其五古措辞质朴厚实;七律语句精练,属对工切,且严守声律,一丝不苟。有《杜工部集》。杜诗在情操上忧国忧民,所以为历代士人所崇仰,在士人人格的形成上,有不可估量的影响。

哀江头

少陵野老吞声哭[①],春日潜行曲江曲[②]。
江头宫殿锁千门[③],细柳新蒲为谁绿[④]?
忆昔霓旌下南苑[⑤],苑中万物生颜色[⑥]。
昭阳殿里第一人[⑦],同辇随君侍君侧[⑧]。
辇前才人带弓箭[⑨],白马嚼啮黄金勒[⑩]。
翻身向天仰射云[⑪],一笑正坠双飞翼[⑫]。
明眸皓齿今何在[⑬]? 血污游魂归不得[⑭]。

清渭东流剑阁深[15]，去住彼此无消息[16]。
人生有情泪沾臆，江水江花岂终极[17]！
黄昏胡骑尘满城[18]，欲往城南望城北[19]。

【注释】

① 少陵野老：杜甫曾在长安少陵附近居住过，故自称“少陵野老”。吞声哭：哭时不敢出声。

② 潜行：因在叛军管辖之下，只好偷偷地走到这里。曲江曲：曲江的弯曲之处。

③“江头”句：写曲江边宫门紧闭，游人绝迹。

④ 为谁绿：意思是国破家亡，连草木都失去了故主。

⑤ 霓旌：云霓般的彩旗，指天子之旗。南苑：指曲江东南的芙蓉苑。因在曲江之南，故称。

⑥ 生颜色：万物生辉。

⑦ 昭阳殿：汉代宫殿名。汉成帝皇后赵飞燕之妹为昭仪，居住于此。唐人多以赵飞燕比杨贵妃。第一人：最得宠的人。

⑧ 辇：皇帝乘坐的车子。古代君臣不同辇，此句指杨贵妃的受宠超出常规。

⑨ 才人：宫中的女官。

⑩ 嚼啮：咬。黄金勒：用黄金做的衔勒。

⑪ 仰射云：仰射云间飞鸟。

⑫ 一笑：杨贵妃因才人射中飞鸟而笑。正坠双飞翼：或亦暗寓唐玄宗和杨贵妃的马嵬驿之变。

⑬“明眸皓齿”句：写安史之乱起，玄宗从长安奔蜀，路经马嵬驿，禁卫军逼迫玄宗缢杀杨贵妃。

⑭ 血污游魂：指杨贵妃缢死于马嵬驿。

⑮ 清渭：即渭水。剑阁：即大剑山，在今四川省剑阁县的北面，是由长安入蜀必经之道。

⑯ 去住彼此：指唐玄宗、杨贵妃。

⑰“人生”两句：意谓江水江花年年依旧，而人生有情，则不免感怀今昔而生悲。以无情衬托有情，越见此情难以排遣。终极：犹穷尽。

⑱ 胡骑：指叛军的骑兵。

⑲“欲往城南”句：写极度悲哀中的迷惘心情。望城北：走向城北。北方口语，说向为望。望，一作“忘”。城北，一作“南北”。

【赏析】

安史之乱后，杜甫落入叛军手中，被押解到陷落的长安。在陷落的长安，他写下了那些千古名作，《哀江头》就是其中之一。

全诗分为三部分。第一部分写长安沦陷后的曲江景象。曲江原是长安有名的游览胜地，但这已经成为历史了。重复用一个“曲”字，给人一种愁肠百结的感觉。“锁”字，便把昔日的繁华与眼前的萧条冷落并摆在一起，构成了今昔对比。

第二部分具体描写唐玄宗与杨贵妃游苑的情景，才人们精湛的技艺不是去用来维护天下的太平和国家的统一，却仅仅是为了博得杨贵妃的粲然“一笑”。

第三部分，写诗人在曲江头产生的感慨。黄昏来临，为防备人民的反抗，叛军纷纷出动，本来就忧愤交迫的诗人，这时就更加心如火焚，他想回到长安城南的住处，却反而走向了城北。心烦意乱竟到了不辨南北的程度，充分而形象地揭示诗人内心的巨大哀恸。

在这首诗里，诗人流露的感情是深沉的，也是复杂的。当他表达出真诚的爱国激情的时候，也流露出对蒙难君王的伤悼之情。

赠卫八处士①

人生不相见，动如参与商②。
今夕复何夕，共此灯烛光。
少壮能几时，鬓发各已苍③。
访旧半为鬼④，惊呼热中肠⑤。
焉知二十载，重上君子堂。
昔别君未婚，儿女忽成行⑥。
怡然敬父执⑦，问我来何方。
问答乃未已⑧，儿女罗酒浆⑨。
夜雨翦春韭⑩，新炊间黄粱⑪。
主称会面难⑫，一举累十觞⑬。
十觞亦不醉，感子故意长⑭。
明日隔山岳⑮，世事两茫茫⑯。

【注释】

① 卫八处士：名字和生平事迹已不可考。处士，指隐居不仕的人；八，是处士的排行。

② 动如：是说动不动就像。参（shēn）、商：二星名。商星居于东方卯位（上午五点到七点），参星居于西方酉位（下午五点到七点），一出一没，永不相见，故以为比。

③ 苍：灰白色。

④ “访旧”句：意谓彼此打听故旧亲友，竟已死亡一半。访旧：一作“访问”。

⑤ “惊呼”句：有两种理解，一为：见到故友的惊呼，使人内心感到热乎乎的；二为：意外的死亡，使人惊呼怪叫以至心中感到火辣辣的难受。惊呼：一作“呜呼”。

⑥ 成行（háng）：儿女众多。

⑦ 父执：父亲的挚友。执，接的借字；接友，即常相接近之友。
⑧ 乃未已：还未等说完。
⑨ 儿女：一作“驱儿”。
⑩ “夜雨”句：与郭林宗冒雨剪韭招待好友范逵的故事有关。林宗自种畦圃，友人范逵夜至，自冒雨剪韭，作汤饼以供之。
⑪ 间(jiàn)：搀和。黄粱：黄米。新炊：刚煮的新鲜饭。
⑫ 主：主人，即卫八。
⑬ 累：接连。
⑭ 故意长：老朋友的情谊深长。
⑮ 山岳：指西岳华山。本句意指明天便要分手。
⑯ 世事：包括社会和个人。两茫茫：是说明天分手后，命运如何，便彼此都不相知了。极言会面之难，正见今夕相会之乐。这时大乱还未定，故杜甫有此感觉。

【赏析】

首先从离别说到聚首，亦悲亦喜，悲喜交集，把强烈的人生感慨带入了诗篇。诗人与卫八重逢时，安史之乱已延续了三年多，虽然两京已经收复，但叛军仍很猖獗，局势动荡不安。诗人的慨叹，正暗隐着对这个乱离时代的感受。久别重逢，彼此容颜的变化，自然最容易引起注意。其次主要是抒情。紧接着，则转为叙事，饱含人世感慨。“怡然”以下四句，写出卫八的儿女彬彬有礼、亲切可爱的情态。诗人款款写来，毫端始终流露出一种真挚感人的情意。这里“问我来何方”一句后，本可以写些路途颠簸的情景，然而诗人只用“问答乃未已”一笔轻轻带过，可见其语言之妙。接着又写处士随其所有而具办的家常饭菜，体现出老朋友间不拘形迹的淳朴友情。“主称”以下四句，叙主客畅饮的情形。故人重逢话旧，不是细斟慢酌，而是一连就进了十大杯酒，这是主人内心不平静的表现。主人尚且如此，杜甫心情的激动，当然更不待言。末二句回应开头的“人生不相见，动如参与商”，暗示着明日之别，悲于昔日之别。低回深婉，耐人玩味。

月　夜

今夜鄜州月①，闺中只独看②。
遥怜小儿女③，未解忆长安④。
香雾云鬟湿，清辉玉臂寒⑤。
何时倚虚幌⑥，双照泪痕干⑦。

【注释】

① 鄜(fū)州:今陕西省富县。当时杜甫的家属在鄜州的羌村,杜甫在长安。

② 闺中:女子的卧室。看:读 kān。

③ 怜:想。

④ 未解:尚不懂得。

⑤ 香雾云鬟(huán)湿,清辉玉臂寒:写想象中妻独自久立,望月怀人的形象。香雾,雾本来没有香气,因为香气从涂有膏沐的云鬟中散发出来,所以说“香雾”。望月已久,雾深露重,故云鬟沾湿,玉臂生寒。云鬟,古代妇女的环形发饰。

⑥ 虚幌:透明的窗帷。幌,帷幔。

⑦ 双照:与上面的“独看”对应,表示对未来团聚的期望。

【赏析】

这首诗借看月而抒离情。字里行间,表现出时代的特征,离乱之痛和内心之忧熔于一炉,对月惆怅,忧叹愁思,而希望则寄托于不知“何时”的未来。

在一二两联中,“怜”字、“忆”字,都不宜轻易滑过。而这又应该和“今夜”“独看”联系起来加以吟味。“今夜鄜州月,闺中只独看。遥怜小儿女,未解忆长安。”这透露出他和妻子有过“同看”鄜州月而共“忆长安”的往事。安史之乱以前,作者困处长安达十年之久,其中有一段时间,是与妻子在一起度过的。

和妻子一同忍饥受寒,也一同观赏长安的明月,这自然就留下了深刻的记忆。如今自己身陷乱军之中,妻子“独看”鄜州之月而“忆长安”,那“忆”就不仅充满了辛酸,而且交织着忧虑与惊恐。“怜”字,也是饱含深情,感人肺腑的。孩子还小,并不懂得想念,但杜甫不能不念。

颈联通过妻子独自看月的形象描写,进一步表现“忆长安”。雾湿云鬟,月寒玉臂。望月愈久而忆念愈深,这完全是作者想象中的情景。当想到妻子忧心忡忡,夜深不寐的时候,自己也不免伤心落泪。两地看月而各有泪痕,这就激起了作者结束这种痛苦生活的希望,情真意切。

祭十二郎文

韩　愈

韩愈(768—824年),字退之,河南河阳(今河南孟州南)人。唐代文学家、政治家,自谓郡望昌黎,世称“韩昌黎”。三岁而孤,由嫂郑氏抚养成人。贞元进士,历任汴州观察推官、四门博士、监察御史等职。任监察御史时曾因关中旱饥,上疏请免徭役赋税,指斥朝政,被贬为阳山令。元和十二年(817年),从裴度平淮西吴元济有功,迁为刑部侍郎。后二年,又因谏阻宪宗迎佛骨,几被杀,经裴度等援救,改贬为潮州刺史。穆宗即位,奉召回京,为兵部侍郎,又转吏部侍郎,世也称“韩吏部”,卒谥文,后称“韩文公”。韩愈政治上反对藩镇割据,思想上尊儒排佛,所作《原道》《原性》《师说》等对后世影响很大。在文学上主张“词必己出”“惟陈言之务去”,反对形式主义的骈偶之风,与柳宗元等人倡导并推行“古文运动”,创作了许多优秀的散文,形成了一种独具风格的富于逻辑性与规范性的文体。他的散文在继承先秦、两汉古文的基础上加以创新发展,是一种从内容到形式都具有改革精神的散文。他的散文对后世影响很大,故被人誉为“文起八代之衰”。有《韩昌黎集》。

年月日,季父愈,闻汝丧之七日[①],乃能衔哀致诚[②],使建中远具时羞之奠[③],告汝十二郎之灵:

呜呼!吾少孤[④],及长,不省所怙[⑤],惟兄嫂是依。中年,兄殁南方[⑥],吾与汝俱幼,从嫂归葬河阳[⑦]。既又与汝就食江南[⑧],零丁孤苦,未尝一日相离也。吾上有三兄[⑨],皆不幸早世。承先人后者[⑩],在孙惟汝,在子惟吾。两世一身[⑪],形单影只。嫂尝抚汝指吾而言曰:“韩氏两世,惟此而已。”汝时尤小,当不复记忆;吾时虽能记忆,亦未知其言之悲也。

吾年十九,始来京城,其后四年而归视汝[⑫]。又四年,吾往河阳省坟墓[⑬],遇汝从嫂丧来葬[⑭]。又二年,吾佐董丞相于汴州[⑮],汝来省吾,止一岁[⑯],请归取其孥[⑰];明年,丞相薨[⑱],吾去汴州,汝不果[⑲]来。是年,吾佐戎徐州[⑳],使取汝者始行[㉑],吾又罢去[22]，汝又不果来。吾念汝从于东[23]，东亦客也，不可以久，图久远者，莫如西归，将成家而致汝。呜呼！孰谓汝遽去吾而没乎[24]！吾与汝俱少年，以为虽暂相别，终当久相与处。故舍汝而旅食京师，以求斗斛之禄[25]。诚知其如此，虽万乘之公相[26]，吾不相以一日辍汝而就也[27]。

去年，孟东野往[28]，吾书与汝曰：吾年未四十，而视茫茫，而发苍苍，而齿牙动摇，念诸父与诸兄，皆康强而早世，如吾之衰者，其能久存乎！吾不可去，汝不肯来，恐旦暮死，而汝抱无涯之戚也[29]。孰谓少者殁而长者存，强者夭而病者全乎！呜呼！其信然邪？其梦邪？其传之非其真邪？信也，吾兄之盛德而夭其嗣乎？汝之纯明而不克蒙其泽乎[30]？少者强者而夭殁，长者衰者而存全乎？未可以为信也。梦也，传之非其真也，东野之书，耿兰之报[31]，何为而在吾侧也？呜呼！其信然矣，吾兄之盛德而夭其嗣矣！汝之纯明宜业其家者[32]，不克蒙其泽矣！所谓天者诚难测而神者诚难明矣！所谓理者不可推，而寿者不可知矣！虽然，吾自今年来，苍苍者或化而为白矣，动摇者或脱而落矣[33]，毛血日益衰[34]，志气日益微[35]，几何不从汝而死也！死而有知，其几何离[36]；其无知，悲不几时，而不悲者无穷期矣！汝之子始十岁[37]，吾之子始五岁[38]，少而强者不可保，如此孩提者[39]，又可冀其成立耶？呜呼哀哉！呜呼哀哉！

汝去年书云：比得软脚病[40]，往往而剧。吾曰：是疾也，江南之人，常常有之。未始以为忧也。呜呼！其竟以此而殒其生乎？抑别有疾而至斯极乎？汝之书，六月十七日也。东野云，汝殁以六月二日；耿兰之报无月日。盖东野之使者不知问家人以月日，如耿兰之报不知当言月日，东野与吾书，乃问使者，使者妄称以应之耳。其然乎？其不然乎？今吾使建中祭汝，吊汝之孤与汝之乳母[41]。彼有食可守以待终丧[42]，则待终丧而取以来；如不能守以终丧，则遂取以来[43]；其余奴婢，并令守汝丧。吾力能改葬[44]，终葬汝于先人之兆[45]，然后惟其所愿[46]。

呜呼！汝病吾不知时，汝殁吾不知日；生不能相养以共居，殁不得抚汝以尽哀；敛不凭其棺[47]，窆不临其穴[48]。吾行负神明，而使汝夭，不孝不慈，而不能与汝相养以生，相守以死。一在天之涯，一在地之角，生而影不与吾形相依，死而魂不与吾梦相接，吾实为之，其又何尤[49]？彼苍者天，曷其有极[50]！自今以往，吾其无意于人世矣！当求数顷之田于伊、颍之上[51]，以待余年，教吾子与汝子，幸其成；长吾女与汝女[52]，待其嫁。如此而已。呜呼！言有穷而情不可终，汝其知也耶？其不知也耶？呜呼哀哉！尚飨[53]！

【注释】

① 季父:父辈中排行最小的叔父。

② 衔哀:心中含着悲哀。致诚:表达赤诚的心意。

③ 建中:人名,当为韩愈家中仆人。时羞:应时的鲜美佳肴。羞,同“馐”。

④ 孤:幼年丧父称“孤”。

⑤ 省(xǐng):懂得,了解。怙(hù):《诗经·小雅·蓼莪》:“无父何怙,无母何恃。”后世因用“怙”代父,“恃”代母。失父曰失怙,失母曰失恃。

⑥ 中年,兄殁南方:代宗大历十二年(777年),韩会由起居舍人贬为韶州(今广东韶关)刺史,次年死于任所,年四十三。时韩愈十一岁,随兄在韶州。

⑦ 河阳:今河南孟县西,是韩氏祖宗坟墓所在的地方。

⑧ 就食江南:唐德宗建中二年(781年),北方藩镇李希烈反叛,中原局势动荡。韩愈随嫂迁家避居宣州(今安徽宣城)。因韩氏在宣州置有田宅别业。韩愈《复志赋》:“值中原之有事兮,将就食于江之南。”《祭郑夫人文》:“既克返葬,遭时艰难。百口偕行,避地江渍。”均指此。

⑨ 吾上有三兄:三兄指韩会、韩介,还有一位死时尚幼,未及命名。一说:吾,我们,即韩愈和十二郎。三兄指自己的两个哥哥和十二郎的哥哥韩百川(韩介的长子)。

⑩ 先人:已去世的父亲韩仲卿。

⑪ 两世一身:子辈和孙辈均只剩一个男丁。

⑫ 视:古时探亲,上对下曰视,下对上曰省。

⑬ 省(xǐng):探望,此引申为凭吊。

⑭ 遇汝从嫂丧来葬:韩愈嫂子郑氏卒于贞元九年(793年),韩愈有《祭郑夫人文》。贞元十一年,韩愈往河阳祖坟扫墓,与奉其母郑氏灵柩来河阳安葬的十二郎相遇。

⑮ 董丞相:指董晋。贞元十二年(796年),董晋以检校尚书左仆射,同中书门下平章事任宣武军节度使,汴、宋、亳、颍等州观察使。时韩愈在董晋幕中任节度推官。汴州:治所在今河南开封市。

⑯ 止:住。一岁:一年。

⑰ 取其孥(nú):把家眷接来。孥,妻和子的统称。

⑱ 薨(hōng):古时诸侯或二品以上大官死曰薨。贞元十五年(799年)二月,董晋死于汴州任所,韩愈随葬西行。去后第四天,汴州即发生兵变。

⑲ 不果:没能够。指因兵变事。

⑳ 佐戎徐州:当年秋,韩愈入徐、泗、濠节度使张建封幕任节度推官。节度使府在徐州。佐戎,辅助军务。

㉑ 取:迎接。

㉒ 罢去:贞元十六年(800年)五月,张建封卒,韩愈离开徐州赴洛阳。

㉓ 东:指故乡河阳之东的汴州和徐州。

㉔ 孰谓:谁料到。遽(jù):骤然。去:离开。

㉕ 斗斛(hú):唐时十斗为一斛。斗斛之禄,指微薄的俸禄。韩愈离开徐州后,于贞元十七年(801年)来长安选官,调四门博士,贞元十九年(803年),迁监察御史。

㉖ 万乘(shèng):指高官厚禄。古代兵车一乘,有马四匹。封国大小以兵赋计算,凡地方千里的大国,称为万乘之国。

㉗ 辍(chuò):停止。辍汝,和上句“舍汝”义同。就:就任官位。
㉘ 去年:指贞元十八年(802 年)。孟东野:即韩愈的诗友孟郊。是年出任溧阳(今属江苏)尉,溧阳离宣州不远,故韩愈托他捎信给宣州的十二郎。
㉙ 无涯之戚:无穷的悲伤。戚,忧伤。
㉚ 纯明:纯正贤明。不克:不能。蒙:承受。
㉛ 耿兰:生平不详,当时宣州韩氏别业的管家人。十二郎死后,孟郊在溧阳写信告诉韩愈,时耿兰也有丧报。
㉜ 业:用作动词,继承之意。
㉝ 动摇者或脱而落矣:时年韩愈有《落齿》诗云:“去年落一牙,今年落一齿;俄然落六七,落势殊未已。”
㉞ 毛血:指体质。
㉟ 志气:指精神。
㊱ 其几何离:分离会有多久呢?意谓死后仍可相会。
㊲ 汝之子:十二郎有二子,长韩湘,次韩滂。韩滂出嗣十二郎的哥哥韩百川为子,见韩愈《韩滂墓志铭》。始十岁:当指长子韩湘。十岁,一本作“一岁”,则当指韩滂,滂生于贞元十八年(802 年)。
㊳ 吾之子始五岁:指韩愈长子韩昶,贞元十五年(799 年)韩愈居符离集时所生,小名曰符。
㊴ 孩提:本指两三岁的幼儿。此为年纪尚小之意。
㊵ 比(bì):近来。软脚病:因环境阴暗潮湿及维生素与微量元素的缺乏引起的行走障碍下肢无力。
㊶ 吊:此指慰问。孤:指十二郎的儿子。
㊷ 终丧:守满三年丧期。
㊸ 取以来:指把十二郎的儿子和乳母接来。
㊹ 力能改葬:假设之意。即先暂时就地埋葬。
㊺ 兆:葬域,墓地。
㊻ 惟其所愿:才算了却心事。
㊼ 敛:同“殓”。为死者更衣称小殓,尸体入棺材称大殓。
㊽ 窆(biǎn):下棺入土。
㊾ 何尤:怨恨谁?
㊿ 彼苍者天,曷其有极:意谓你青苍的上天啊,我的痛苦哪有尽头啊。
51 伊、颍(yǐng):伊水和颍水,均在今河南省境。此指故乡。
52 长(zhǎng):用作动词,养育之意。
53 尚飨(xiǎng):古代祭文结语用辞,意为希望死者享用祭品。尚,庶几,表示希望。

【赏析】

作者将抒情与叙事结合在一起,联系家庭、身世和生活琐事,反复抒写他对亡侄的无限哀痛之情。同时,也饱含着自己的人生感慨。全文以向死者诉说的口吻,哀家族之凋落,哀己身之未老先衰,哀死者之早夭,疑天理疑神明,疑生死之数,乃至疑后嗣之成立,极写内心的辛酸悲痛。文章语意反复而一气贯注,具有浓厚的抒情色彩。

韩愈写此文的目的不在于称颂死者，而在于倾诉自己的痛悼之情，寄托自己的哀思。这主要表现在三方面：一是强调骨肉亲情关系。二是突出老成之死实出意外。三是表达作者自身宦海沉浮之苦和对人生无常之感，并以此深化亲情。

廉耻(节选)

顾炎武

顾炎武(1613—1682年),本名绛,字宁人,明末清初思想家、学者。南直隶苏州府昆山(今江苏昆山人)。南都败后,因为仰慕文天祥学生王炎午的为人,改名炎武。因故居旁有亭林湖,学者尊为亭林先生。与黄宗羲、王夫之并称为明末清初"三大儒"。

顾炎武一生辗转,行万里路,读万卷书,创立了一种新的治学方法,成为清初继往开来的一代宗师,被誉为清学"开山始祖"。顾炎武学问渊博,于国家典制、郡邑掌故、天文仪象、河漕、兵农及经史百家、音韵训诂之学,都有研究。晚年治经重考证,开清代朴学风气。

历史学家钱穆称其重实用而不尚空谈,"能于政事诸端切实发挥其利弊,可谓内圣外王体用兼备之学"。顾炎武强调做学问必须先立人格:"礼义廉耻,是谓四维"。他所提出的"天下兴亡,匹夫有责"这一口号,影响深远。

《五代史·冯道传》论曰①:礼义廉耻,国之四维②;四维不张,国乃灭亡。善乎,管生之能言也!礼义,治人之大法;廉耻,立人之大节;盖不廉则无所不取,不耻则无所不为。人而如此,则祸败乱亡,亦无所不至;况为大臣而无所不取,无所不为,则天下其有不乱,国家其有不亡者乎?然而四者之中,耻尤为要。故夫子之论士,曰:"行己有耻③。"孟子曰:"人不可以无耻。无耻之耻,无耻矣。④"又曰:"耻之于人大矣,为机变之巧者,无所用耻焉。⑤"所以然者,人之不廉,而至于悖礼犯义,其原皆生于无耻也。故士大夫之无耻,是谓国耻⑥。

吾观三代以下⑦,世衰道微,弃礼义,捐廉耻,非一朝一夕之故。然而松柏后凋于岁寒⑧,鸡鸣不已于风雨⑨,彼昏之日,固未尝无独醒之人也⑩!顷读《颜氏家训》有云⑪:"齐朝一士夫⑫,尝谓吾曰:'我有一儿,年已十七,颇晓书疏⑬,教其鲜卑语,及弹琵琶,稍欲通解,以此伏事公卿,无不宠爱。'吾时俯而不答。异哉,此人之教子也！若由此业自致卿相，亦不愿汝曹为之。”嗟乎！之推不得已而仕于乱世，犹为此言，尚有《小宛》诗人之意[14]，彼阉然媚于世者[15]，能无愧哉！

【注释】

①《五代史》：有新旧两部。《旧五代史》由宋代薛居正等人编撰，《新五代史》由欧阳修编撰。冯道：唐末为幽州掾，后历经后唐、后晋、后汉、后周四朝，事十君，在相位二十多年，不以丧君忘国为耻，反以自己履历为荣，自号“长乐老”。新、旧《五代史》皆有传。

② 四维：旧时把礼、义、廉、耻叫四维。维，结物的大纲，也象征能使事物固定下来的意识和力量。

③ 行己有耻：指为士者处世行事能知耻而有所不为。

④ 三句语见《孟子·尽心上》。言人不可以没有羞耻，不知羞耻的那种羞耻，真是不知羞耻。

⑤ 三句语见《孟子·尽心上》。机变：巧伪变诈。无所用耻：即不把羞耻放在心上。

⑥ 国耻：国家蒙受的耻辱。

⑦ 三代：指夏、商、周。

⑧《论语·子罕》曰：“岁寒，然后知松柏之后凋也。”

⑨《诗经·郑风·风雨》：“风雨如晦，鸡鸣不已。”已，止。

⑩ 独醒：喻不同于流俗。屈原《渔父》曰：“举世皆浊我独清，众人皆醉我独醒。”

⑪《颜氏家训》：北齐颜之推著，共七卷，分二十篇，主要叙述立身治家之法，文笔朴实平易。颜之推(531—约590后)，字介，琅邪临沂(今山东临沂)人，北齐文学家。

⑫ 齐朝：此指北齐。

⑬ 疏：为注文作注释称疏。

⑭《小宛》：《诗经·小雅》中的一篇。内容为士大夫遭时乱，兄弟相戒以免祸的诗。

⑮ 阉(yān)然：昏暗闭塞貌。

【赏析】

礼义廉耻，是中华民族的传统美德。本文分为两大部分。第一部分开宗明义，直接揭示中心论点。作者认为，礼义乃治人之大法，廉耻乃立人之大节，若不廉无耻，则祸败乱亡会无所不至。而国家大臣若不讲廉耻，则将导致亡国。继而指出：礼义廉耻四者之中，“耻尤为要”，并用孔子“行己有耻”及孟子“人不可以无耻”的名言为例证，推断出“士大夫之无耻，是谓国耻”的结论。顾炎武目睹明亡后，士大夫们纷纷屈节仕清，对这种不讲廉耻、士风败坏之丑行深恶痛绝，称之为“国耻”。

在第二部分，顾炎武以《颜氏家训》为例，赞扬了颜之推遭时之乱而保持气节的义行，鞭挞了北齐士大夫丧失气节，奴颜婢膝，卖身求荣的无耻行径，并由此对明清易代之际那些“阉然媚于世”的大臣们，表示了愤怒的谴责，强调做“独醒之人”。

顾炎武忠于明朝，反清复明之志至死不渝，故对士大夫们的仕清之举谴责鞭挞，这在今天看来，无疑有其时代与民族的局限。但他提倡“行己有耻”却绝对是正确的。越王勾践卧薪尝胆，终于灭吴雪耻；苏武冰天雪地持节牧羊，不辱使命，名扬青史。“知耻”已成为中华民族的一种优良传统美德，成为爱国主义的重要心理基础。那些卖国投敌、伤天害理、奴颜婢膝者，自当为国人所不齿。在今天，《廉耻》一文，仍有现实意义，它将激励我们自觉加强自身修养，成为“行己有耻”的人。

“慢慢走，欣赏啊！”

——人生的艺术化

朱光潜

朱光潜(1897—1986年)，字孟实，安徽桐城人，现当代著名美学家、文艺理论家、教育家、翻译家。朱光潜视野开阔，在他的700万字的论著和译著中，对中国文化作了深入研究，同时对西方美学思想作了介绍和评论，融贯中西，创造了自己的美学理论。朱光潜在我国美学教学和研究领域作出了开拓性的贡献，在我国文学史和美学发展史上享有重要的地位，是我国近代继王国维后的一代美学宗师，并享有很高的国际声誉，日本、英国、荷兰、法国、美国等国都有人研究他。

一直到现在，我们都是讨论艺术的创造与欣赏。在收尾这一节中，我提议约略说明艺术和人生的关系。

我在开章明义时就着重美感态度和实用态度的分别，以及艺术和实际人生之间所应有的距离，如果话说到这里为止，你也许误解我把艺术和人生看成漠不相关的两件事。我的意思并不如此。

人生是多方面而却相互和谐的整体，把它分析开来看，我们说某部分是实用的活动，某部分是科学的活动，某部分是美感的活动，为正名析理起见，原应有此分别；但是我们不要忘记，完满的人生见于这三种活动的平均发展，它们虽是可分别的而却不是互相冲突的。“实际人生”比整个人生的意义较为窄狭。一般人的错误在把它们认为相等，以为艺术对于“实际人生”既是隔着一层，它在整个人生中也就没有什么价值。有些人为维护艺术的地位，又想把它硬纳到“实际人生”的小范围里去。这般人不但是误解艺术，而且也没有认识人生。我们把实际生活看作整个人生之中的一片段，所以在肯定艺术与实际人生的距离时，并非肯定艺术与整个人生的隔阂。严格地说，离开人生便无所谓艺术，因为艺术是情趣的表现，而情趣的根源就在人生；反之，离开艺术也便无所谓人生，因为凡是创造和欣赏都是艺术的活动，无创造、无欣赏的人生是一个自相矛盾的名词。

人生本来就是一种较广义的艺术。每个人的生命史就是他自己的作品。这种作品可以是艺术的，也可以不是艺术的，正犹如同是一种顽石，这个人能把它雕成一座伟大的雕像，而另一个人却不能使它“成器”，分别全在性分与修养。知道生活的人就是艺术家，他的生活就是艺术作品。

过一世生活好比做一篇文章。完美的生活都有上品文章所应有的美点。

第一，一篇好文章一定是一个完整的有机体，其中全体与部分都息息相关，不能稍有移动或增减。一字一句之中都可以见出全篇精神的贯注。比如陶渊明的《饮酒》诗本来是“采菊东篱下，悠然见南山”，后人把“见”字误印为“望”字，原文的自然与物相遇相得的神情便完全丧失。这种艺术的完整性在生活中叫作“人格”。凡是完美的生活都是人格的表现。大而进退取与，小而声音笑貌，都没有一件和全人格相冲突。不肯为五斗米折腰向乡里小儿，是陶渊明的生命史中所应有的一段文章，如果他错过这一个小节，便失其为陶渊明。下狱不肯脱逃，临刑时还叮咛嘱咐还邻人一只鸡的债，是苏格拉底的生命史中所应有的一段文章，否则他便失其为苏格拉底。这种生命史才可以使人把它当作一幅图画去惊赞，它就是一种艺术的杰作。

其次，“修辞立其诚”是文章的要诀，一首诗或是一篇美文一定是至性深情的流露，存于中然后形于外，不容有丝毫假借。情趣本来是物我交感共鸣的结果。景物变动不居，情趣亦自生生不息。我有我的个性，物也有物的个性，这种个性又随时地变迁而生长发展。每人在某一时会所见到的景物，和每种景物在某一时会所引起的情趣都有它的特殊性，断不容与另一人在另一时会所见到的景物，和另一景物在另一时会所引起的情趣完全相同的。毫厘之差，微妙所在。在这种生生不息的情趣中，我们可以见出生命的创化。把这种生命流露于语言文字就是好文章；把它流露于言行风采，就是美满的生命史。

文章忌俗滥，生活也忌俗滥。俗滥就是自己没有本色而蹈袭别人的成规旧矩。西施患心病，常捧心颦眉，这是自然的流露，所以愈增其美。东施没有心病，强学捧心颦眉的姿态，只能引人嫌恶。在西施是创作，在东施便是滥调。滥调起于生命的干枯，也就是虚伪的表现。“虚伪的表现”就是“丑”，克罗齐已经说过。“风行水上，自然成纹”，文章的妙处如此，生活的妙处也是如此。在什么地位，是怎样的人，感到怎样情趣便现出怎样言行风采，叫人一见就觉其谐和完整，这才是艺术的生活。

俗语说得好，“惟大英雄能本色”。所谓艺术的生活就是本色的生活。世间有两种人的生活最不艺术，一种是俗人，一种是伪君子。“俗人”根本就缺乏本色，“伪君子”则竭力遮盖本色。朱晦庵有一首诗说：“半亩方塘一鉴开，天光云影共徘徊。问渠那得清如许？为有源头活水来。”艺术的生活就是有“源头活水”的生活。俗人迷于名利，与世浮沉，心里没有“天光云影”，就因为没有源头活水。他们的大病是生命的干枯。“伪君子”则于这种“俗人”的资格之上，又加上“沐猴而冠”的伎俩。他们的特点不仅见于道德上的虚伪，一言一笑，一举一动，都叫人起不美之感。谁知道风流名士的架子之中，掩藏了几多行尸走肉？无论是“俗人”或是“伪君子”，他们都是生活中的“苟且者”，都缺乏艺术家在创造时所应有的良心。像柏格森所说的，他们都是“生命的机械化”，只能作喜剧中的角色，生活落到喜剧里去的人大半都是不艺术的。

艺术的创造之中都必寓有欣赏，生活也是如此。一般人对于一种言行常欢喜说它“好看”“不好看”，这已有几分是拿艺术欣赏的标准去估量它。但是一般人大半不能彻底，不能拿一言一笑、一举一动纳在全部生命史里去看，他们的“人格”观念太淡薄，所谓“好看”“不好看”往往只是“敷衍面子”。善于生活者则彻底认真，不让一尘一芥妨碍整个生命的和谐。一般人常以为艺术家是一班最随便的人，其实在艺术范围之内，艺术家是最严肃不过的。在锻炼作品时常呕心呕肝，一笔一划也不肯苟且。王荆公作“春风又绿江南岸”一句诗时，原来“绿”字是“到”字，后来由“到”字改为“过”字，由“过”字改为“入”字，由“入”字改为“满”字，改了十几次之后才定为“绿”字。即此一端可以想见艺术家的严肃了。善于生活者对于生活也是这样认真。曾子临死时记得床上的席子是季路的，一定叫门人把它换过才瞑目。吴季札心里已经暗许赠剑给徐君，没有实行徐君就已死去，他很郑重地把剑挂在徐君墓旁树上，以见“中心契合死生不渝”的风谊。像这一类的言行看来虽似小节，而善于生活者却不肯轻易放过，正犹如诗人不肯轻易放过一字一句一样。小节如此，大节更不消说。董狐宁愿断头不肯掩盖史实，夷齐饿死不愿降周，这种风度是道德的也是艺术的。我们主张人生的艺术化，就是主张对于人生的严肃主义。

艺术家估定事物的价值，全以它能否纳入和谐的整体为标准，往往出于一般人意料之外。他能看重一般人所看轻的，也能看轻一般人所看重的。在看重一件事物时，他知道执着；在看轻一件事物时，他也知道摆脱。艺术的能事不仅见于知所取，尤其见于知所舍。苏东坡论文，谓如水行山谷中，行于其所不得不行，止于其所不得不止。这就是取舍恰到好处，艺术化的人生也是如此。善于生活者对于世间一切，也拿艺术的口胃去评判它，合于艺术胃口者毫毛可以变成泰山，不合于艺术胃口者泰山也可以变成毫毛。他不但能认真，而且能摆脱。在认真时见出他的严肃，在摆脱时见出他的豁达。孟敏堕甑，不顾而去，郭林宗见到以为奇怪。他说："甑已碎，顾之何益？"哲学家斯宾诺莎宁愿靠磨镜过活，不愿当大学教授，怕妨碍他的自由。王徽之居山阴，有一天夜雪初霁，月色清朗，忽然想起他的朋友戴逵，便乘小舟到剡溪去访他，刚到门口便把船划回去。他说："乘兴而来，兴尽而返。"这几件事彼此相差很远，却都可以见出艺术家的豁达。伟大的人生和伟大的艺术都要同时并有严肃与豁达之胜。晋代清流大半只知道豁达而不知道严肃，宋朝理学又大半只知道严肃而不知道豁达。陶渊明和杜子美庶几算得恰到好处。

一篇生命史就是一种作品。从伦理的观点看，它有善恶的分别，从艺术的观点看，它有美丑的分别。善恶与美丑的关系究竟如何呢？

就狭义说，伦理的价值是实用的，美感的价值是超实用的；伦理的活动都是有所为而为，美感的活动则是无所为而为。比如仁义忠信等都是善，问它们何以为善，我们不能不着眼到人群的幸福。美之所以为美，则全在美的形象本身，不在它对于人群的效用（这并不是说它对于人群没有效用）。假如世界上只有一个人，他就不能有道德的活动，因为有父子才有慈孝可言，有朋友才有信义可言。但是这个想象的孤零零的人还可以有艺术的活动，还可以欣赏他所居的世界，还可以创造作品。善有所赖而美无所赖，善的价值是"外在的"，美的价值是"内在的"。

不过这种分别究竟是狭义的。就广义说，善就是一种美，恶就是一种丑。因为伦理的活动也可以引起美感上的欣赏与嫌恶。希腊大哲学家柏拉图和亚里士多德讨论伦理问题时，都以为善有等级，一般的善虽只有外在的价值，而"至高的善"则有内在的价值。这所谓"至高的善"究竟是什么呢？柏拉图和亚里士多德本来是一走理想主义的极端，一走经验主义的极端，但是对于这个问题，意见却一致。他们都以为"至高的善"在"无所为而为的玩索"（disinterested contemplation）。这种见解在西方哲学思潮上影响极大，斯宾诺莎、黑格尔、叔本华的学说都可以参证。从此可知西方哲人心目中的"至高的善"还是一种美，最高的伦理的活动还是一种艺术的活动了。

"无所为而为的玩索"何以看成"至高的善"呢？这个问题涉及西方哲人对于神的观念。从耶稣教盛行之后，神才是一个大慈大悲的道德家。在希腊哲人以及近代莱布尼兹、尼采、叔本华诸人的心目中，神却是一个大艺术家。他创造这个宇宙出来，全是为着自己要创造，要欣赏。其实这种见解也并不减低神的身份。耶稣教的神只是一班穷叫化子中的一个肯施舍的财主佬，而一般哲人心中的神，则是以宇宙为乐曲而要在这种乐曲之中见出和谐的音乐家。这两种观念究竟是哪一个伟大呢？西方哲人想，神只是一片精灵，他的活动绝对自由而不受限制，至于人则为肉体的需要所限制而不能绝对自由。人愈能脱肉体需求的限制而作自由活动，则离神亦愈近。“无所为而为的玩索”是唯一的自由活动，所以成为最上的理想。

这番话似乎有些玄渺，在这里本来不应说及。不过无论你相信不相信，有许多思想却值得当作一个意象悬在心眼前来玩味玩味。我自己在闲暇时也欢喜看看哲学书籍。老实说，我对于许多哲学家的话都很怀疑，但是我觉得他们有趣。我以为穷到究竟，一切哲学系统也都只能当作艺术作品去看。哲学和科学穷到极境，都是要满足求知的欲望。每个哲学家和科学家对于他自己所见到的一点真理(无论它究竟是不是真理)都觉得有趣味，都用一股热忱去欣赏它。真理在离开实用而成为情趣中心时就已经是美感的对象了。“地球绕日运行”“勾方加股方等于弦方”一类的科学事实，和《米罗爱神》或《第九交响曲》一样可以摄魂震魄。科学家去寻求这一类的事实，穷到究竟，也正因为它们可以摄魂震魄。所以科学的活动也还是一种艺术的活动，不但善与美是一体，真与美也并没有隔阂。

艺术是情趣的活动，艺术的生活也就是情趣丰富的生活。人可以分为两种，一种是情趣丰富的，对于许多事物都觉得有趣味，而且到处寻求享受这种趣味。一种是情趣干枯的，对于许多事物都觉得没有趣味，也不去寻求趣味，只终日拼命和蝇蛆在一块争温饱。后者是俗人，前者就是艺术家。情趣愈丰富，生活也愈美满，所谓人生的艺术化就是人生的情趣化。

“觉得有趣味”就是欣赏。你是否知道生活，就看你对于许多事物能否欣赏。欣赏也就是“无所为而为的玩索”。在欣赏时人和神仙一样自由，一样有福。

阿尔卑斯山谷中有一条大汽车路，两旁景物极美，路上插着一个标语劝告游人说：“慢慢走，欣赏啊！”许多人在这车如流水马如龙的世界过活，恰如在阿尔卑斯山谷中乘汽车兜风，匆匆忙忙地急驰而过，无暇一回首流连风景，于是这丰富华丽的世界便成为一个了无生趣的囚牢。这是一件多么可惋惜的事啊！

朋友，在告别之前，我采用阿尔卑斯山路上的标语，在中国人告别习用语之下加上三个字奉赠：

“慢慢走，欣赏啊！”

光　潜

一九三二年夏，莱茵河畔。

【赏析】

《谈美》是朱光潜建立早期美学理论体系的重要著作,《慢慢走,欣赏啊!》是最终章。

文章开宗明义提出主题“艺术和人生的关系”,进一步提出论点“人生本来就是一种较广义的艺术”。并对比生活与艺术,于生活中印证艺术的特点。举了陶渊明、苏格拉底、季扎、董狐、斯宾诺莎、王徽之等人的例子佐证自己的论点。后又从哲学的角度看艺术,探讨艺术领域的终极问题:善恶与美丑的关系、美感与实用的关系、人生的限制与自由的关系。文章以阿尔卑斯山的路标“慢慢走,欣赏啊”为结尾,寓意深刻,发人深省。

人生本来就是一种较广义的艺术。每个人的生命史就是他自己的作品,过一世生活好比做一篇文章,完美的生活都会有上品文章所应有的美点。情趣愈丰富,生活也愈美满,所谓人生的艺术化就是人生的情趣化。懂得生活的人就是艺术家,他的生活就是充满美感的艺术作品。艺术是情趣的活动,艺术化的生活是情趣丰富的生活。朱光潜由此倡导超越物欲的审美化、艺术化的精神生活,即“诗意人生”。

断魂枪

老 舍

老舍(1899—1966年),原名舒庆春,字舍予,北京人,现当代著名作家。1924年赴英国任伦敦大学东方学院汉语教师,并开始从事文学创作。1930年回国,先后在齐鲁大学和山东大学任教。抗战爆发后,他在重庆等地从事抗战文艺运动。1946年应邀赴美国讲学。新中国成立后回国,曾任中国文联副主席、中国作家协会副主席、北京市文联主席等职。1950年创作话剧《龙须沟》,获北京市人民政府授予的"人民艺术家"称号。

老舍是一位多产作家,创作70多部作品,约800万字。老舍的主要成就在长篇小说和剧作方面,作品大都取材于市民生活,富有地方文化特色,具有浓郁的"京味"。代表作品有长篇小说《骆驼祥子》《四世同堂》,中短篇小说《月牙儿》《断魂枪》,话剧《龙须沟》《茶馆》等。

沙子龙的镖局已改成客栈。

东方的大梦没法子不醒了。炮声压下去马来与印度野林中的虎啸。半醒的人们,揉着眼,祷告着祖先与神灵;不大会儿,失去了国土、自由与主权。门外立着不同面色的人,枪口还热着。他们的长矛毒弩,花蛇斑彩的厚盾,都有什么用呢?连祖先与祖先所信的神明全不灵了啊!龙旗的中国也不再神秘,有了火车呀,穿坟过墓破坏着风水。枣红色多穗的镖旗,绿鲨皮鞘的钢刀,响着串铃的口马[①],江湖上的智慧与黑话,义气与声名,连沙子龙,他的武艺、事业,都梦似的成昨夜的。今天是火车、快枪、通商与恐怖。听说,有人还要杀下皇帝的头呢!

这是走镖已没有饭吃,而国术[②]还没被革命党与教育家提倡起来的时候。

谁不晓得沙子龙是短瘦、利落、硬棒,两眼明得像霜夜的大星?可是,现在他身上放了肉[③]。镖局改了客栈,他自己在后小院占着三间北房,大枪立在墙角,院子里有几只楼鸽。只是在夜间,他把小院的门关好,熟习熟习他的"五虎断魂枪"。这条枪与这套枪,二十年的工夫,在西北一带,给他创出来:"神枪沙子龙"五个字,没遇见过敌手。现在，这条枪与这套枪不会再替他增光显胜了；只是摸摸这凉、滑、硬而发颤的杆子，使他心中少难过一些而已。只有在夜间独自拿起枪来，才能相信自己还是“神枪沙”。在白天，他不大谈武艺与往事；他的世界已被狂风吹了走。

在他手下创练起来的少年们还时常来找他。他们大多数是没落子弟，都有点武艺，可是没地方去用。有的在庙会上去卖艺：踢两趟腿，练套家伙，翻几个跟头，附带着卖点大力丸，混个三吊两吊的。有的实在闲不起了，去弄筐果子，或挑些毛豆角，赶早儿在街上论斤吆喝出去。那时候，米贱肉贱，肯卖膀子力气本来可以混个肚儿圆；他们可是不成：肚量既大，而且得吃口管事儿的[④]；干饽饽辣饼子[⑤]咽不下去。况且他们还时常去走会：五虎棍，开路，太狮少狮……虽然算不了什么——比起走镖来——可是到底有个机会活动活动，露露脸。是的，走会捧场是买脸的事，他们打扮的得像个样儿，至少得有条青洋绉裤子，新漂白细市布的小褂，和一双鱼鳞洒鞋——顶好是青缎子抓地虎靴子。他们是神枪沙子龙的徒弟——虽然沙子龙并不承认——得到处露脸，走会得赔上俩钱，说不定还得打场架。没钱，上沙老师那里去求。沙老师不含糊，多少不拘，不让他们空着手儿走。可是，为打架或献技去讨教一个招数，或是请给说个“对子”——什么空手夺刀，或虎头钩进枪——沙老师有时说句笑话，马虎过去：“教什么？拿开水浇吧！”有时直接把他们赶出去。他们不大明白沙老师是怎么了，心中也有点不乐意。

可是，他们到处为沙老师吹腾，一来是愿意使人知道他们的武艺有真传授，受过高人的指教；二来是为激动沙老师：万一有人不服气而找上老师来，老师难道还不露一两手真的么？所以：沙老师一拳就砸倒了个牛！沙老师一脚把人踢到房上去，并没使多大的劲！他们谁也没见过这种事，但是说着说着，他们相信这是真的了，有年月，有地方，千真万确，敢起誓！

王三胜——沙子龙的大伙计——在土地庙拉开了场子，摆好了家伙。抹了一鼻子茶叶末色的鼻烟，他抡了几下竹节钢鞭，把场子打大一些。放下鞭，没向四围作揖，叉着腰念了两句：“脚踢天下好汉，拳打五路英雄！”向四围扫了一眼：“乡亲们，王三胜不是卖艺的；玩意儿会几套，西北路上走过镖，会过绿林中的朋友。现在闲着没事，拉个场子陪诸位玩玩。有爱练的尽管下来，王三胜以武会友，有赏脸的，我陪着。神枪沙子龙是我的师傅；玩意儿地道！诸位，有愿下来的没有？”他看着，准知道没人敢下来，他的话硬，可是那条钢鞭更硬，十八斤重。

王三胜，大个子，一脸横肉，努着[⑥]对大黑眼珠，看着四围。大家不出声。他脱了小褂，紧了紧深月白色的“腰里硬”[7]，把肚子杀进去。给手心一口唾沫，抄起大刀来：“诸位，王三胜先练趟瞧瞧。不白练，练完了，带着的扔几个；没钱，给喊个好，助助威。这儿没生意口。好，上眼[8]！”大刀靠了身，眼珠努出多高，脸上绷紧，胸脯子鼓出，像两块老桦木根子。一跺脚，刀横起，大红缨子在肩前摆动。削砍劈拨，蹲越闪转，手起风生，呼呼直响。忽然刀在右手心上旋转，身弯下去，四围鸦雀无声，只有缨铃轻叫。刀顺过来，猛地一个“跺泥”，身子直挺，比众人高着一头，黑塔似的。收了势：“诸位！”一手持刀，一手叉腰，看着四围。稀稀地扔下几个铜钱，他点点头。“诸位！”他等着，等着，地上依旧是那几个亮而削薄的铜钱，外层的人偷偷散去。他咽了口气：“没人懂！”他低声地说，可是大家全听见了。

“有功夫！”西北角上一个黄胡子老头儿搭了话。“啊？”王三胜好似没听明白。

“我说：你——有——功——夫！”老头子的语气很不得人心。

放下大刀，王三胜随着大家的头往西北看。谁也没看重这个老人：小干巴个儿，披着件粗蓝布大衫，脸上窝窝瘪瘪，眼陷进去很深，嘴上几根细黄胡，肩上扛着条小黄草辫子，有筷子那么细，而绝对不像筷子那么直顺。王三胜可是看出这老家伙有功夫，脑门亮，眼睛亮——眼眶虽深，眼珠可黑得像两口小井，深深地闪着黑光。王三胜不怕：他看得出别人有功夫没有，可更相信自己的本事，他是沙子龙手下的大将。

“下来玩玩，大叔！”王三胜说得很得体。

点点头，老头儿往里走。这一走，四外全笑了。他的胳臂不大动；左脚往前迈，右脚随着拉上来，一步步地往前拉扯，身子整着[9]，像是患过瘫痪病。蹭到场中，把大衫扔在地上，一点没理会四围怎样笑他。

“神枪沙子龙的徒弟，你说？好，让你使枪吧；我呢？”老头子非常地干脆，很像久想动手。

人们全回来了，邻场耍狗熊的无论怎么敲锣也不中用了。“三截棍进枪吧？”王三胜要看老头子一手，三截棍不是随便就拿得起来的家伙。

老头子又点点头，拾起家伙来。

王三胜努着眼，抖着枪，脸上十分难看。

老头子的黑眼珠更深更小了，像两个香火头，随着面前的枪尖儿转，王三胜忽然觉得不舒服，那俩黑眼珠似乎要把枪尖吸进去！四处已围得风雨不透，大家都觉出老头子确是有威。为躲那对眼睛，王三胜耍了个枪花。老头子的黄胡子一动：“请！”王三胜一扣枪，向前躬步，枪尖奔了老头子的喉头去，枪缨打了一个红旋。老人的身子忽然活展了，将身微偏，让过枪尖，前把一挂，后把撩王三胜的手。啪，啪，两响，王三胜的枪撒了手。场外叫了好。王三胜连脸带胸口全紫了，抄起枪来；一个花子，连枪带人滚了过来，枪尖奔了老人的中部。老头子的眼亮得发着黑光；腿轻轻一屈，下把掩裆，上把打着刚要抽回的枪杆；啪，枪又落在地上。

场外又是一片彩声。王三胜流了汗，不再去拾枪，努着眼，木在那里。老头子扔下家伙，拾起大衫，还是拉拉着腿，可是走得很快了。大衫搭在臂上，他过来拍了王三胜一下："还得练哪，伙计！"

"别走！"王三胜擦着汗："你不离，姓王的服了！可有一样，你敢会会沙老师？"

"就是为会他才来的！"老头子的干巴脸上皱起点儿来，似乎是笑呢。"走；收了吧，晚饭我请！"

王三胜把兵器拢在一处，寄放在变戏法二麻子那里，陪着老头子往庙外走。后面跟着不少人，他把他们骂散了。

"你老贵姓？"他问。

"姓孙哪，"老头子的话与人一样，都那么干巴。"爱练；久想会会沙子龙"。

沙子龙不把你打扁了？王三胜心里说。他脚底下加了劲，可是没把孙老头落下。他看出来，老头子的腿是老走着查拳门中的连跳步；交起手来，必定很快。但是，无论他怎么快，沙子龙是没对手的。准知道孙老头要吃亏，他心中痛快了些，放慢了些脚步。

"孙大叔贵处？"

"河间的，小地方。"孙老者也和气了些："月棍年刀一辈子枪，不容易见功夫！说真的，你那两手就不坏！"

王三胜头上的汗又回来了，没言语。

到了客栈，他心中直跳，唯恐沙老师不在家，他急于报仇。

他知道老师不爱管这种事，师弟们已碰过不少回钉子，可是他相信这回必定行，他是大伙计，不比那些毛孩子；再说，人家在庙会上点名叫阵，沙老师还能丢这个脸么？

"三胜，"沙子龙正在床上看着本《封神榜》，"有事吗？"

三胜的脸又紫了，嘴唇动着，说不出话来。

沙子龙坐起来，"怎么了，三胜？"

"栽了跟头！"

只打了个不甚长的哈欠，沙老师没别的表示。

王三胜心中不平，但是不敢发作；他得激动老师："姓孙的一个老头儿，门外等着老师呢；把我的枪，枪，打掉了两次！"他知道"枪"字在老师心中有多大分量。没等吩咐，他慌忙跑出去。

客人进来，沙子龙在外间屋等着呢。彼此拱手坐下，他叫三胜去泡茶。三胜希望两个老人立刻交了手，可是不能不沏茶去。孙老者没话讲，用深藏着的眼睛打量沙子龙。沙子龙很客气：

"要是三胜得罪了你，不用理他，年纪还轻。"

孙老者有些失望，可也看出沙子龙的精明。他不知怎样好了，不能拿一个人的精明断定他的武艺。"我来领教领教枪法！"他不由地说出来。

沙子龙没接茬儿[10]。王三胜提着茶壶走进来——急于看二人动手，他没管水开了没有，就沏在壶中。

"三胜，"沙子龙拿起个茶碗来，"去找小顺们去，天汇见，陪孙老者吃饭。"

"什么?"王三胜的眼珠几乎掉出来。看了看沙老师的脸，他敢怒而不敢言地说了声"是啦！"走出去，噘着大嘴。

"教徒弟不易！"孙老者说。

"我没收过徒弟。走吧，这个水不开！茶馆去喝，喝饿了就吃。"沙子龙从桌子上拿起缎子褡裢，一头装着鼻烟壶，一头装着点钱，挂在腰带上。

"不，我还不饿！"孙老者很坚决，两个"不"字把小辫从肩上抡到后边去。

"说会子话儿。"

"我来为领教领教枪法。"

"功夫早搁下了，"沙子龙指着身上，"已经放了肉！"

"这么办也行，"孙老者深深地看了沙老师一眼："不比武，教给我那趟五虎断魂枪。"

"五虎断魂枪?"沙子龙笑了："早忘干净了！早忘干净了！告诉你，在我这儿住几天，咱们各处逛逛，临走，多少送点盘缠。"

"我不逛，也用不着钱，我来学艺！"孙老者立起来，"我练趟给你看看，看够得上学艺不够！"一屈腰已到了院中，把楼鸽都吓飞起去。拉开架子，他打了趟查拳：腿快，手飘洒，一个飞脚起去，小辫儿飘在空中，像从天上落下来一个风筝；快之中，每个架子都摆得稳、准，利落；来回六趟，把院子满都打到，走得圆，接得紧，身子在一处，而精神贯穿到四面八方。抱拳收势，身儿缩紧，好似满院乱飞的燕子忽然归了巢。

“好！好！”沙子龙在台阶上点着头喊。

“教给我那趟枪！”孙老者抱了抱拳。

沙子龙下了台阶，也抱着拳：“孙老者，说真的吧，那条枪和那套枪都跟我入棺材，一齐入棺材！”

“不传？”

“不传！”

孙老者的胡子嘴动了半天，没说出什么来。到屋里抄起蓝布大衫，拉拉着腿：“打搅了，再会！”

“吃过饭走！”沙子龙说。

孙老者没言语。

沙子龙把客人送到小门，然后回到屋中，对着墙角立着的大枪点了点头。

他独自上了天汇，怕是王三胜们在那里等着。他们都没有去。

王三胜和小顺们都不敢再到土地庙去卖艺，大家谁也不再为沙子龙吹胜；反之，他们说沙子龙栽了跟头，不敢和个老头儿动手；那个老头子一脚能踢死个牛。不要说王三胜输给他，沙子龙也不是他的对手。不过呢，王三胜到底和老头子见了个高低，而沙子龙连句硬话也没敢说。“神枪沙子龙”慢慢似乎被人们忘了。

夜静人稀，沙子龙关好了小门，一气把六十四枪刺下来；而后，拄着枪，望着天上的群星，想起当年在野店荒林的威风。叹一口气，用手指慢慢摸着凉滑的枪身，又微微一笑，“不传！不传！”

【注释】

① 口马：张家口以北地区所出产的马。

② 国术：指我国传统武术。

③ 放了肉：指武术在身的人因为不再练武而长了膘。

④ 管事儿的：顶饿的，有营养的(食物)。

⑤ 辣饼子：隔夜的干巴饼子。

⑥ 努着：突出。

⑦ 腰里硬：练功的人用的护腰带。

⑧ 上眼：提示观众注意观看。

⑨ 身子整着：指走路时两臂夹住不动，全身僵硬的姿势。

⑩ 接茬儿：回答，答话。

【赏析】

本文描写了三个思想性格各异的拳师，重点写老拳师沙子龙在近代社会急剧变化中的复杂的心态，具有一定的代表性和典型意义。

沙子龙所处的时代是一个转变的时代，帝国主义的侵略打开了中国的大门，古老的传统文化遭遇到西方现代文明的严峻挑战，以刀枪棍棒为代表的国术，面对强大凶残的坚船利炮，“东方的大梦没法子不醒了”。他的执意“不传”断魂枪是与时代抗衡，表现了其孤傲执着的性格。沙子龙的悲剧，象征着古老的传统文化的末世命运。而孙老者与王三胜仍然沉浸在“东方的大梦”之中。三个人物形成了意味深长的对照。

作者运用传统的白描手法对人物的肖像、动作、语言的描写简练传神，充分展现了人物性格和内心世界，个性鲜明。小说语言简洁生动，比喻新奇，富有表现力。

当众人都哭时，应该允许有的人不哭

莫　言

莫言(1955—)，山东高密人。著有《红高粱家族》《酒国》《丰乳肥臀》《檀香刑》《生死疲劳》等长篇小说11部，《透明的红萝卜》《司令的女人》等中短篇小说100余部，并有剧作、散文多部；其中许多作品已被翻译成英、法、德、意、日等多种语言，在国内外文坛中具有广泛深远的影响。莫言的作品获得过"茅盾文学奖"等奖项。2012年，莫言获得诺贝尔文学奖，是首位获得这项世界级大奖的中国籍作家。

新年的时候，我回故乡去看父亲。父亲告诉我，我的一个小学同学跳到冰冷的河里救一头小猪，自己却被淹死了。这个同学的死让我感到十分难过，因为我曾经伤害过他。

那是1964年的春天，学校组织我们去公社驻地参观阶级教育展览馆。一进展览馆，一个同学就带头号哭，所有的同学都跟着大放悲声。有的同学跺着脚哭，有的同学拍着胸膛哭。我哭出了眼泪，舍不得擦掉，希望老师们能看到。在这个过程中，我偶一回头，看到我那位同学，瞪着大眼睛，不哭，用一种冷冷的目光在观察我们。当时，我感到十分愤怒：大家都泪流满面，哭声震天，他为什么不流泪也不出声呢？

参观回来后，我把这个同学的表现向老师做了汇报。老师召开班会，对这个同学展开批评。"你为什么不哭？你的阶级感情到哪里去了？如果你出身于地主或富农家庭，不哭还可以理解，但你出身于贫农家庭啊！"任我们怎么质问，这位同学始终一言不发。过了不久，这位同学就退学了。

后来我一直为自己的这次告密行为感到愧疚，并向老师表达了这种愧疚。老师说，来反映这件事的，起码有二十个同学。因此这种行为不能算告密，而是一种觉悟。老师还说，其实，有好多同学也哭不出来，他们偷偷地将唾沫抹在眼睑上冒充眼泪。

这个不哭的人就是作家的人物原型。就像我在小说《生死疲劳》所写的那个单干户蓝脸一样，当所有的人都加入了人民公社时，只有他坚持单干，任何威逼利诱、肉体打击、精神折磨都不能改变他。这两个人，不哭的人和单干的人，都处于政治的包围之中。但他们战胜了政治，也战胜了那些骂他们、打他们、往他们脸上吐唾沫的人。

文学可以告诉人们的很多，我想通过我的文学告诉读者的是：当众人都哭时，应该允许有的人不哭。尊重别人的选择，是社会进步的一种表现。

【赏析】

莫言是一个非常会讲故事的人，瑞典著名汉学家、诺贝尔文学奖终身评委马悦然评点莫言说："莫言非常会讲故事，太会讲故事了。他的小说都是很长的"，"我感觉他写得太多了，他的书有现在的一半厚就更好了"。他还曾亲自对莫言说："你的小说太长了，你写得太多了。"莫言幽默地回答："因为我非常会讲故事，只要开始了就讲不完。"

这篇文章就是在讲述一个童年小故事。故事虽小，但是包含人物、事件、心理，涉及思想、教育、政治、文化，还蕴含对人格、人品、人性、人权这些深层次的探究。以实事感人，以实情动人，让读者自己去感知，去体悟。通过故事告诉读者：当众人都哭时，应该允许有的人不哭。尊重别人的选择，是社会进步的一种表现。尊重个性，尊重人格独立，这是文学繁荣、文化昌盛的必由之路。

自然山水篇

归园田居·其一

陶渊明

陶渊明(365或372或376—427年),字元亮,又名潜,私谥“靖节”,世称“靖节先生”,浔阳柴桑(今江西九江)人,名臣陶侃的曾孙。家境贫寒,为谋生曾多次出仕,曾任江州祭酒、镇军参军、建威参军、彭泽县令等职,义熙元年(405年)出仕为彭泽县令,在任八十多天,终因世道黑暗,弃职而去,从此归隐田园,躬耕自给。其诗歌创作成就最高,是中国第一位田园诗人,被称为“古今隐逸诗人之宗”。他描写田园生活的作品质朴自然,对后世诗歌创作有很大影响,并因其高尚的人格情操而深受后人敬仰。著有《陶渊明集》,其散文辞赋有《桃花源记》《五柳先生传》《归去来兮辞》等名篇。

少无适俗韵①,性本爱丘山。
误落尘网中②,一去三十年③。
羁鸟恋旧林④,池鱼思故渊⑤。
开荒南野际⑥,守拙归园田⑦。
方宅十余亩,草屋八九间。
榆柳荫后檐,桃李罗堂前⑧。
暧暧远人村⑨,依依墟里烟⑩。
狗吠深巷中,鸡鸣桑树颠。
户庭无尘杂,虚室有余闲⑪。
久在樊笼里⑫,复得返自然。

【注释】

① 适俗:适应世俗。韵:本性、气质、性格。
② 尘网:尘世,官府生活污浊而又拘束,犹如网罗。这里指仕途。
③ 三十年:有人认为是“十三年”之误(陶渊明做官十三年)。

④ 羁鸟：笼中之鸟。恋：一作“眷”。
⑤ 池鱼：池中之鱼。鸟恋旧林、鱼思故渊，借喻自己怀恋旧居。
⑥ 野：一作“亩”。际：间。
⑦ 守拙(zhuō)：意思是不随波逐流，固守节操。拙，不善于做官，也就是不会取巧逢迎的意思。
⑧ 罗：排列，罗列。
⑨ 暧暧(ài)：昏暗，模糊。
⑩ 依依：轻柔而缓慢地飘升。墟里：村落。
⑪ 虚室：静室。余闲：闲暇。
⑫ 樊(fán)笼：蓄鸟工具，这里比喻官场生活。樊，藩篱，栅栏。

【赏析】

陶渊明任彭泽县令时，郡里一位督邮来彭泽巡视，官员要他束带迎接，以示敬意。他气愤地说：“我不愿为五斗米向乡里小儿折腰！”陶渊明天性酷爱自由，对当时官场腐败风气又极为不满，无法实现理想抱负，经过 13 年的曲折，终于彻底认清了这一点，他最终决定归隐田园，归来后，作《归园田居》诗一组。

本诗描述了诗人归隐后的生活情景和心理感受。诗中对隐居乡间生活的描绘，方宅、草屋、榆柳、桃李、远村、炊烟、狗吠、鸡鸣，十分具体、亲切、有味。陶渊明的归隐不是笑傲江湖，纵情山水，而是以乡野邻里为乐，以躬耕自给为荣，以安静淳朴为美。“守拙”二字用得精到，只有身心能安宁于简朴生活之中者，才能真正领悟到“心远地自偏”的人生境界。

本诗语言风格简净质朴、平淡自然，但质朴中见丰腴，平淡中见警策，这正是陶渊明诗歌艺术的高明之处。

登池上楼

谢灵运

谢灵运(385—433年),原名公义,字灵运,东晋陈郡阳夏(今河南太康)人,东晋名将谢玄之孙,小名"客",人称谢客。又以袭封康乐公,称谢康公、谢康乐。南北朝著名山水诗人,中国文学史上山水诗派的开创者。由谢灵运始,山水诗乃成中国文学史上的一大流派。谢灵运是见诸史册的第一位大旅行家,还兼通史学,工于书法,翻译佛经,是著名的佛学家、旅行家。

潜虬媚幽姿[1],飞鸿响远音[2]。
薄霄愧云浮[3],栖川怍渊沉[4]。
进德智所拙[5],退耕力不任。
徇禄反穷海[6],卧疴对空林[7]。
衾枕昧节候[8],褰开暂窥临[9]。
倾耳聆波澜,举目眺岖嵚[10]。
初景革绪风[11],新阳改故阴[12]。
池塘生春草,园柳变鸣禽[13]。
祁祁伤豳歌[14],萋萋感楚吟[15]。
索居易永久[16],离群难处心。
持操岂独古[17],无闷征在今[18]。

【注释】

① 虬(qiú):传说中有两角的龙子。媚:自我怜惜的意思。幽姿:潜隐的姿态。这里比喻隐士。

② 鸿:大鸟名。远音:因为鸿飞得很高,所以它的鸣声听起来觉得很远。

③ 薄霄:迫近云霄。薄,迫近。

④ 栖川:指深渊中的潜虬。怍(zuò):惭愧。

⑤《周易·乾卦》说:"君子进德修业,欲及时也。"进德指增进德业,做一番事业。

⑥ 徇禄:追求禄位。反:归,到。穷海:荒僻的滨海地区,指永嘉。
⑦ 疴:病。
⑧ 昧节候:不了解季节的变化。本句意为,因卧病与衾枕为伍,不明季节变化。
⑨ 褰(qiān):拉开。窥临:临窗眺望。
⑩ 岖嵚(qū qīn):山高的样子。
⑪ 初景:初春的日光。革:清除。绪风:余风,指冬天残余的寒风。
⑫ 新阳:指春。故阴:指冬。
⑬ 变:指禽鸟的种类有了变化。
⑭ 祁祁:众多貌。《诗经·豳风·七月》:"春日迟迟,采繁祁祁,女心伤悲,殆及公子同归。"
⑮ 萋萋:草色茂盛貌。《楚辞·招隐士》:"王孙游兮不归,春草生兮萋萋。"以上两句是因为看到春天的景色而引起对古人歌咏春天情景的伤感情绪的共鸣。
⑯ 索居:离群独居。易永久:容易感到日子长久。
⑰ 持操:保持高尚的节操。岂:难道。
⑱ 无闷:《易经·乾卦》:"遁世无闷。"以上两句说,虽然离群索居,但能保持高尚的节操无所苦闷,此事岂独古人有之,亦可验之于我今日。征:验证。

【赏析】

谢灵运的山水诗,大部分是他任永嘉太守后所写。这些诗,以富丽精工的语言,生动描绘了永嘉、会稽、彭蠡湖等地的自然景色。

《登池上楼》抒写诗人久病初起登楼临眺时的所见所感,描写了自然景物的可爱,抒发了自己官场失意的颓丧心情和进退不得的无奈情绪,最终表达了归隐的愿望。

此诗以登池上楼为中心,抒发了种种复杂的情绪,诗人用各种方式来表达自己内心的郁闷,或是比兴,或是直抒胸臆,或是以景写情。但语言过于深奥、句式缺少变化,因求对仗而造成某些重复,也是显著的弱点。

春江花月夜

张若虚

张若虚(约660—720年),扬州(今江苏)人,唐代诗人,曾任兖州兵曹。与贺知章、张旭、包融并称为“吴中四士”。他的诗仅存两首于《全唐诗》中,但一篇《春江花月夜》就奠定了他在唐诗史上的历史地位,有“以孤篇压倒全唐”之誉,清王闿运誉为“孤篇横绝,竟为大家”,闻一多称之为“诗中的诗,顶峰上的顶峰”。

春江潮水连海平,海上明月共潮生[①]。
滟滟随波千万里[②],何处春江无月明!
江流宛转绕芳甸[③],月照花林皆似霰[④]。
空里流霜不觉飞,汀上白沙看不见。
江天一色无纤尘,皎皎空中孤月轮。
江畔何人初见月?江月何年初照人?
人生代代无穷已,江月年年望相似。
不知江月待何人,但见长江送流水。
白云一片去悠悠,青枫浦上不胜愁[⑤]。
谁家今夜扁舟子[⑥]?何处相思明月楼[⑦]?
可怜楼上月徘徊[⑧],应照离人妆镜台[⑨]。
玉户帘中卷不去,捣衣砧上拂还来[⑩]。
此时相望不相闻[⑪],愿逐月华流照君。
鸿雁长飞光不度,鱼龙潜跃水成文[⑫]。
昨夜闲潭梦落花,可怜春半不还家。
江水流春去欲尽,江潭落月复西斜。
斜月沉沉藏海雾,碣石潇湘无限路[⑬]。
不知乘月几人归,落月摇情满江树[⑭]。

【注释】

① “春江”二句：写明月初升时的景象。月亮从地平线升起，水边望去就好像从浪潮中涌出一样。海：宽阔的江面。《太平御览》卷四引《抱朴子》：“月之精生水，是以月盛而潮涛大。”月共潮生出于此。

② 滟滟：动荡闪光貌。

③ 芳甸（diàn）：芳草丰茂的原野。甸：郊外之地。

④ 霰（xiàn）：小冰粒。此处形容月光照耀下的花朵。

⑤ 青枫浦：一名双枫浦，今湖南省浏阳市浏水中。此处泛指遥远荒僻的水边。

⑥ 扁舟子：飘荡江湖的客子。

⑦ 明月楼：月夜楼中的思妇。

⑧ 曹植《七哀》：“明月照高楼，流光正徘徊。上有愁思妇，悲欢有余哀。”徘徊：指月影移动。

⑨ 离人：此处指思妇。

⑩ “玉户”二句：卷不去，拂还来，意指月色带着离愁渗进思妇的心头，无法排遣。

⑪ 相闻：互通音信。

⑫ “鸿雁”二句：上句仰望长空，下句俯视江面，都是写夜景寂寞，望月怀人的心情。说“鸿雁”“鱼”，取鱼雁传书之意，“龙”是因“鱼”连类而及。

⑬ 碣石：山名，今河北省昌黎县北。一说古代碣石山六朝时已没入渤海中。潇湘：湘江与潇水。潇水源出湖南省蓝山县九嶷山，湘水源出广西壮族自治区灵川县海阳山。二水在湖南省永州市零陵区合流，称为潇湘，北入洞庭湖。此处以“碣石”指北，“潇湘”指南。无限路：指离人相距之远。

⑭ “落月”句：缭乱不宁的别绪离情，伴着残月余辉散落在江边的树林里。

【赏析】

这首诗是长篇歌行体，采用的是乐府旧体，但诗人却赋予它全新的内容，将画意、诗情、对宇宙奥秘和人生的哲理的体察融为一体，创造了情景交融、玲珑透彻的诗境。诗人紧扣春、江、花、月、夜五字，从春江月夜的宁静美景入笔，透过月色，展现烟波浩渺、透明纯净的春江远景，让人领略大自然的神奇美妙。在感受美景同时，沉浸在对似水年华的体会、认识之中，情不自禁引发出对人生的思考：由时空的无限，联系到生命的无限，也因光阴飞逝而感到迷惘，所以转写人间游子思妇的离愁别绪。明净的诗境中融入了淡淡忧伤，这种从优美而来的忧伤，随月光和江水流淌在心上，徐缓而迷人。结尾更是韵味绵邈，令人回味无穷。

本诗描写细腻，音节和谐，富有情韵；语言清新，自然优美；韵律婉转悠扬、和谐流畅，已完全洗脱了宫体诗的浓脂艳粉，给人澄澈空明、清丽自然之感，在初唐诗风的转变中有着重要的影响。

积雨辋川庄作①

王　维

王维(701？—761年)，字摩诘，号摩诘居士。唐诗人、画家。祖籍太原祁(今山西祁县)，后迁居蒲州(今山西永济)。开元进士。累官至给事中。天宝十四年(755年)安史之乱，叛军攻陷长安，王维被迫受伪职。两京收复后，他被定罪下狱，但旋即得到赦免，不仅官复原职，还逐步迁升，官至尚书右丞，故世称“王右丞”。晚年王维已无意于仕途，常焚香独坐，于上元二年(761年)卒于辋川别业，年61岁。存诗400余首，著有《王右丞集》。

积雨空林烟火迟②，蒸藜炊黍饷东菑③。
漠漠水田飞白鹭④，阴阴夏木啭黄鹂⑤。
山中习静观朝槿⑥，松下清斋折露葵⑦。
野老与人争席罢⑧，海鸥何事更相疑⑨。

【注释】

① 积雨：犹久雨。
② 迟：缓慢。
③ 藜(lí)：又称灰菜，一年生草本植物，嫩叶可食，老茎可为杖。藜、藿连称，常指粗劣的食物。饷东菑(zī)：给田间耕作的人送饭。东菑，泛指田亩。菑，田地。
④ 漠漠：迷蒙貌。与下句“阴阴”对文义近。因久雨天气阴霾，故远望水田，一片迷蒙。
⑤ 阴阴：幽暗貌。夏木：高大的树木。
⑥ 习静：习养静寂的心性。朝槿：早上开花的木槿。木槿夏秋开花，有红、紫、白诸色。
⑦ 清斋：指素食。露葵：带露的葵菜。
⑧ 野老：此处是诗人自称。此以“争席罢”表示与人融洽无间，不拘形迹。
⑨ 海鸥相疑：典出《列子·黄帝篇》：“海上之人，有好沤(鸥)鸟者，每旦之海上，与沤鸟游，沤鸟之至者，百住(数)而不止。其父曰：‘吾闻沤鸟皆从汝游，汝取来吾玩之’。明日之海上，沤鸟舞而不下也。”指已产生了怀疑。海鸥：此处借喻淳朴而无心机的村民。

【赏析】

王维的生活、思想与创作，可以40岁左右为界，分前后两期。前期王维对功名充满热情，积极进取，诗歌基调高朗，气魄宏大，洋溢着积极乐观的情怀，代表作品有《少年行》《从军行》《观猎》《使至塞上》等。但奠定王维在唐诗史上大师地位的，是其后期书写隐逸情怀的山水田园诗，这时诗歌创作的基调也变得幽静恬淡，代表作品有《山居秋暝》《终南山》《积雨辋川庄作》等。他精通音乐，擅长绘画，在描写自然山水的诗作中，创造出“诗中有画，画中有诗”的清逸空明诗境。

在这首七律中，诗人把自己幽雅清淡的禅寂生活和辋川恬静优美的田园风光结合起来描写，创造了一个物我相惬、情景交融的意境，形象鲜明地表现了其隐居山林、脱离尘俗的闲情逸致。

钴鉧潭西小丘记

柳宗元

柳宗元(773—819年),字子厚,河东(今山西永济)人,世称“柳河东”。柳宗元从小勤奋好学,聪慧过人,少年随父到过湖北、湖南、江西一带,目睹了安史之乱平定后仍然动荡、混乱的社会局面,这使他开阔了眼界,增长了阅历。21岁中进士,步入仕途,官至礼部员外郎,后因和刘禹锡等人进行政治革新,触犯了大官僚、宦官、藩镇的利益,连续被贬为邵州(今湖南邵阳市)司马、永州(今湖南零陵)刺史,最后改贬柳州(今广西柳州市)刺史,长期的贬谪生活使柳宗元的健康受到很大影响。元和十四年(819年),病魔夺取了柳宗元的生命,此时他仅47岁。因官终柳州刺史,又称“柳柳州”。柳宗元与韩愈并称为“韩柳”,与刘禹锡并称“刘柳”。是唐宋八大家之一。柳宗元一生留诗文作品600余篇,其文的成就大于诗,著有《柳河东集》。

得西山后八日,寻[①]山口西北道二百步,又得钴鉧潭。西二十五步,当湍而浚者,为鱼梁[②]。梁之上有丘焉,生竹树。其石之突怒偃蹇[③],负土而出,争为奇状者,殆不可数[④]。其嵚然相累而下者[⑤],若牛马之饮于溪;其冲然角列而上者[⑥],若熊罴之登于山。

丘之小不能一亩,可以笼而有之[⑦]。问其主,曰:“唐氏之弃地,货而不售[⑧]。”问其价,曰:“止四百。”余怜而售之。李深源、元克己时同游[⑨],皆大喜,出自意外。即更取器用[⑩],铲刈秽草[⑪],伐去恶木[⑫],烈火而焚之[⑬]。嘉木立,美竹露,奇石显。由其中以望[⑭],则山之高,云之浮,溪之流,鸟兽之遨游,举熙熙然回巧献技,以效兹丘之下[⑮]。枕席而卧[⑯],则清泠之状与目谋[⑰],瀯瀯之声与耳谋[⑱],悠然而虚者与神谋,渊然而静者与心谋。不匝旬而得异地者二[⑲],虽古好事之士,或未能至焉。

噫!以兹丘之胜[⑳],致之沣、镐、鄠、杜[㉑],则贵游之士争买者,日增千金而愈不可得。今弃是州也,农夫渔父,过而陋之[㉒],贾四百[㉓],连岁不能售。而我与深源、克己独喜得之,是其果有遭乎[㉔]!书于石,所以贺兹丘之遭也。

【注释】

① 西山：山名，位于永州（今湖南零陵）城西。寻：通“循”，沿着。

② 当湍而浚者，为鱼梁：在水急而深的地方是一座鱼梁。湍，急流。浚，深。鱼梁，障水的石堰，中空，以通鱼之往来。

③ 突怒：形容石头突出隆起。偃蹇（yǎn jiǎn）：形容石头高耸的姿态。

④ 殆：几乎，差不多。

⑤ 嵚（qīn）然：山势高峻的样子。相累：层层相叠。

⑥ 冲（chòng）然：突起貌。角列：如兽角斜列。

⑦ 笼：包笼，包罗。

⑧ 货而不售：意为作价待卖而未出售。货，卖。售，卖出。

⑨ 李深源、元克己：作者友人。深源名幼清，原任太府卿。克己原任侍御史。此时同贬居永州。时：此时。

⑩ 更：轮番，一次又一次。器用：器具，工具。

⑪ 刈（yì）：割。秽草：杂草。

⑫ 恶木：不成材的杂树。

⑬ 烈火：燃起猛火。烈，作动词用。

⑭ 其中：小丘的当中。

⑮ “举熙熙然”二句：全都欢快地呈巧献技，来为这个小丘效力。举：全都。熙熙然：欢欣的样子。回：有运行意。效：呈现。

⑯ 枕席而卧：就小丘枕石席地而卧。

⑰ 清泠（líng）：指天宇的清澈明净。谋：合。

⑱ 潆潆（yíng yíng）：象声词，泉水回流声。

⑲ 不匝旬而得异地者二：不满十天而得到两处奇境。匝旬，周旬。异地，胜地，指钴鉧潭和小丘。

⑳ 胜：指优美的景色。

㉑ 沣：古地名，在今陕西省西安市鄠邑区，周文王所都。镐：古地名，今陕西省西安市西南，周武王所都。鄠：汉朝县名，今陕西省西安市鄠邑区，汉上林苑所在。杜：旧县名，今西安市东南，也称杜陵。四地都是唐代帝都近郊豪门贵族居住的地方。

㉒ 陋：鄙视，轻视。

㉓ 贾：同“价”。

㉔ 遭：遇合，运气。

【赏析】

山水游记是柳宗元最富有特色的一种文体。这些游记大部分是他被贬永州时所写，最著名的就是《始得西山宴游记》《钴鉧潭记》《钴鉧潭西小丘记》《至小丘西小石潭记》《袁家渴记》《石渠记》《石涧记》《小石城山记》，后人称为“永州八记”。这八记各自成篇，又连缀成一体，下一篇篇首与上一篇篇末互相照应，构成一幅山水长卷。

本文便是与前两篇西山、钴鉧潭相连接而开头。文章写小丘位置，写买丘，写开荒刈秽，写赏游，最后发出感慨，全文布置有序，详略得当。第一段，写小丘的基本情况。小丘的形势主体则是石，用拟人的手法，着重描写石的“奇”。形象地将静止的无生命的石头，描绘成了一群群虎虎有生气的牛马和猛兽，联想奇妙，下笔传神。第二段，写小丘的遭遇和小丘带给自己的感受。小丘美好奇特却被主人抛弃，萌生了购买的念头。明写的是小丘的遭遇，实际上暗含着作者自身被贬到永州，怀才不遇的感慨，同样是被遗弃，和小丘的命运非常相似。最后一段，作者直抒胸臆。作者感叹同样一个小丘，在繁华之地被争相购买，在穷乡僻壤遭人鄙视。最后说明写此文的目的，字面上是祝贺小丘得到赏识，真正的用意是为自己被贬谪的不公平待遇而郁闷和忧伤，通过“贺兹丘之遭”来发泄胸中的积郁。全文笔致幽冷，寄慨深远，是古文中的著名篇章。

定风波①

苏　轼

苏轼(1037—1101年),字子瞻,号东坡居士,北宋眉州(今属四川)人。其祖父苏序好诗文,父亲苏洵是古文名家,母亲能教他读《汉书》。苏轼21岁出蜀进京,22岁中进士,26岁又中制科优入三等(宋代最高等)。他为人坦荡,讲究风节,入仕后有志于改革朝政,积极进言,但因对王安石厉行新法持反对态度,又与司马光废除新法持不同意见,多次受到排斥打击。44岁时遭遇"乌台诗案",险遭不测,晚年被一贬再贬。而苏轼以坚毅的精神、超越的态度以及禅宗平常心对待一切变故,因而他能在逆境中保持浓郁的生活情趣,有着坚定、沉着、乐观、旷达、超然物外的精神。

苏轼在文、诗、词三方面都有着极高的造诣,堪称宋代文学最高成就的代表。其诗题材广阔,清新豪健,独具风格,与黄庭坚并称"苏黄";其词开豪放一派,与辛弃疾并称"苏辛";其散文著述宏富,豪放自如,与欧阳修并称"欧苏",为"唐宋八大家"之一。苏轼亦善书,为"宋四家"之一;工于画,尤擅墨竹、怪石、枯木等。有《东坡七集》《东坡易传》《东坡乐府》等传世。

三月七日,沙湖道中遇雨②。雨具先去,同行皆狼狈,余独不觉,已而遂晴③,故作此。

莫听穿林打叶声④,何妨吟啸且徐行⑤。竹杖芒鞋轻胜马⑥,谁怕?一蓑烟雨任平生⑦。

料峭春风吹酒醒,微冷,山头斜照却相迎。回首向来萧瑟处⑧,归去,也无风雨也无晴⑨。

【注释】

① 定风波:词牌名。

② 沙湖:在今湖北黄冈东南三十里。苏轼被贬黄州后,准备在沙湖买田终老。

③ 已而：不久，过一会儿。
④ 穿林打叶声：指大雨点透过树林打在树叶上的声音。
⑤ 吟啸：吟咏长啸，意态闲适貌。
⑥ 芒鞋：草鞋。
⑦ 蓑(suō)：蓑衣，用棕制成的雨披。本句意为，披着蓑衣在风雨里过一辈子也处之泰然。
⑧ 向来：方才。萧瑟：风雨吹打草木的声音。
⑨ 本句意为，风雨天气和晴朗天气是一样的，没有差别。

【赏析】

此词为词人醉归遇雨抒怀之作。词人借雨中潇洒徐行之举动，表现了自己虽处逆境屡遭挫折而不畏惧、不颓丧的倔强性格和旷达胸怀。全词即景生情，语言诙谐。

上阕写雨骤风狂，词人却在雨中照常舒徐行步，呼应小序“同行皆狼狈，余独不觉”，而“竹杖芒鞋轻胜马，谁怕？一蓑烟雨任平生”表明自己拥有平静悠闲的心态，即使是竹杖芒鞋行走在泥泞之中，也胜过骑马扬鞭疾驰而去。苏轼在政治上不断地受到打击，一贬再贬，但是在精神上，他始终保持一颗鲜活灵动的心。下阕写雨后的情景和感受。一边是料峭春风，词人感到丝丝的冷意；一边是山头斜照，又感到些许的暖意。这既是写景，也是表达人生的哲理。所谓风雨，所谓晴，不过是人心中的幻象而已。并劝人既不要因风雨而担惊受怕，也不要因阳光而欣喜若狂，一切都要泰然处之。

此词体现了三种人生态度：第一种——悲观，执着于风雨，畏惧风雨，骤雨袭来，紧张且狼狈的态度；第二种——乐观，身于风雨之中，心在风雨之外，既能看见风雨，也可以看到雨后的晴天，带着希望向前看的人生态度；第三种——达观，看破风雨，把自己的心情交给自己的内心，不畏惧风雨，超越自我，回归心灵的态度。

天山景物记

碧　野

碧野(1916—2008年),原名黄潮洋,广东大埔人。散文家、小说家。抗战期间曾参加华北游击队、农村巡回演剧队以及中华全国文艺界抗敌协会。后当过中学教员。1948年到解放区,在一些大学任教。新中国成立后在中央文学研究所、中国作协、新疆文联等处工作。1960年任中国作协湖北分会副主席、中国作协理事等职,出版报告文学、小说、散文等多种著作。

朋友,你到过天山吗?天山是我们祖国西北边疆的一条大山脉,连绵几千里,横亘准噶尔盆地和塔里木盆地之间,把广阔的新疆分为南北两半。远望天山,美丽多姿,那长年积雪高插云霄的群峰,像集体起舞时的维吾尔族少女的珠冠,银光闪闪;那富于色彩的不断的山峦,像孔雀正在开屏,艳丽迷人。

天山不仅给人一种稀有美丽的感觉,而且更给人一种无限温柔的感情。它有丰饶的水草,有绿发似的森林。当它披着薄薄云纱的时候,它像少女似的含羞;当它被阳光照耀得非常明朗的时候,又像年轻母亲饱满的胸膛。人们会同时用两种甜蜜的感情交织着去爱它,既像婴儿喜爱母亲的怀抱,又像男子依偎自己的恋人。

如果你愿意,我陪你进天山去看一看。

雪峰·溪流·森林

七月间新疆的戈壁滩炎暑逼人,这时最理想是骑马上天山。新疆北部的伊犁和南部的焉耆都出产良马,不论伊犁的哈萨克马或者焉耆的蒙古马,骑上它爬山就像走平川,又快又稳。

进入天山,戈壁滩上的炎暑就远远地被撇在后边,迎面送来的雪山寒气,立刻会使你感到像秋天似的凉爽。蓝天衬着高矗的巨大的雪峰,在太阳下,几块白云在雪峰间投下云影,就像白缎上绣上了几朵银灰的暗花。那融化的雪水,从高悬的山涧、从峭壁断崖上飞将下来，像千百条闪耀的银链。这飞泻下来的雪水，在山脚汇成冲激的溪流，浪花往上抛，形成千万朵盛开的白莲。可是每到水势缓慢的洄水涡，却有鱼儿在跳跃。当这个时候，饮马溪边，你坐在马鞍上，就可以俯视那阳光透射到的清澈的水底，在五彩斑斓的水石间，鱼群闪闪的鳞光映着雪水清流，给寂静的天山添上了无限生机。

再往里走，天山越来显得越优美，沿着白皑皑群峰的雪线以下，是蜿蜒无尽的翠绿的原始森林，密密的塔松像撑天的巨伞，重重叠叠的枝丫，只漏下斑斑点点细碎的日影，骑马穿行林中，只听见马蹄溅起漫流在岩石上的水声，增添了密林的幽静。在这林海深处，连鸟雀也少飞来，只偶然能听到远处的几声鸟鸣。这时，如果你下马坐在一块岩石上吸烟休息，虽然林外是阳光灿烂，而遮去了天日的密林中却闪耀着你烟头的红火光。从偶然发现的一棵两棵烧焦的枯树看来，这里也许来过辛勤的猎人，在午夜中他们生火宿过营，烤过猎获的野味。这天山上有的是成群的野羊、草鹿、野牛和野骆驼。

如果说进到天山这里还像是秋天，那么再往里走就像是春天了。山色逐渐变得柔嫩，山形也逐渐变得柔和，很有一伸手就可以触摸到凝脂似的感觉。这里溪流缓慢，萦绕着每一个山脚，在轻轻荡漾着的溪流两岸，满是高过马头的野花，红、黄、蓝、白、紫，五彩缤纷，像织不完的织锦那么绵延，像天边的彩霞那么耀眼，像高空的长虹那么绚烂。这密密层层成丈高的野花，朵儿赛八寸的玛瑙盘，瓣儿赛巴掌大。马走在花海中，显得格外矫健，人浮在花海上，也显得格外精神。在马上你用不着离鞍，只要稍微伸手就可以满怀捧到你最心爱的大鲜花。

虽然天山这时并不是春天，但是有哪一个春天的花园能比得过这时天山的无边繁花呢？

迷人的夏季牧场

就在雪的群峰的围绕中，一片奇丽的千里牧场展现在你的眼前。墨绿的原始森林和鲜艳的野花，给这辽阔的千里牧场镶上了双重富丽的花边。千里牧场上长着一色青翠的酥油草，清清的溪水齐着两岸的草丛在漫流。草原是这样无边的平展，就像风平浪静的海洋。在太阳下，那点点水泡似的蒙古包在闪烁着白光。

当你尽情策马在这千里草原上驰骋的时候，处处都可以看见千百成群肥壮的羊群、马群和牛群。它们吃了含有乳汁的酥油草，毛色格外发亮，好像每一根毛都冒着油星。特别是那些被碧绿的草原衬托得十分清楚的黄牛、花牛、白羊、红羊，在太阳下就像绣在绿色缎面上的彩色图案一样美。

有的时候，风从牧群中间送过来银铃似的叮当声，那是哈萨克牧女们坠满衣角的银饰在风中击响。牧女们骑着骏马，优美的身姿映衬在蓝天、雪山和绿草之间，显得十分动人。她们欢笑着跟着嬉逐的马群驰骋，而每当停下来，就骑马轻轻地挥动着牧鞭歌唱她们的爱情。

这雪峰、绿林、繁花围绕着的天山千里牧场，虽然给人一种低平的感觉，但位置却在海拔两三千米以上。每当一片乌云飞来，云脚总是扫着草原，洒下阵雨，牧群在雨云中出没，加浓了云意，很难分辨得出哪是云头哪是牧群。而当阵雨过去，雨洗后的草原就变得更加清新碧绿，远看像块巨大的蓝宝石，近看缀满草尖上的水珠，却又像数不清的金刚钻。

特别诱人的是牧场的黄昏，周围的雪峰被落日映红，像云霞那么灿烂；雪峰的红光映射到这辽阔的牧场上，形成一个金碧辉煌的世界，蒙古包、牧群和牧女们，都镀上了一色的玫瑰红。当落日沉没，周围雪峰的红光逐渐消褪，银灰色的暮霭笼罩草原的时候，你就可以看见无数点点的红火光，那是牧民们在烧起铜壶准备晚餐。

你用不着客气，任何一个蒙古包都是你的温暖的家，只要你朝火光的地方走去，不论走进哪一家蒙古包，好客的哈萨克牧民都会像对待亲兄弟似的热情地接待你。渴了你可以先喝一盆马奶，饿了有烤羊排、有酸奶疙瘩、有酥油饼，你可以一如哈萨克牧民那样豪情地狂饮大嚼。

当家家蒙古包的吊壶三脚架下的野牛粪只剩下一堆红火烬的时候，夜风就会送来冬不拉的弦音和哈萨克牧女们婉转嘹亮的歌声。这是十家八家聚居在一处的牧民们齐集到一家比较大的蒙古包里，欢度一天最后的幸福时辰。

过后，整个草原沉浸在夜静中。如果这时你披上一件皮衣走出蒙古包，在月光下或者繁星下，你就可以朦胧地看见牧群在夜的草原上轻轻地游荡，夜的草原是这么宁静而安详，只有漫流的溪水声引起你对这大自然的遐思。

野马·蘑菇圈·旱獭·雪莲

夜幕中，草原在繁星的闪烁下或者在月光的披照中，该发生多少动人的情景，但人们却在安静的睡眠中疏忽过去了；只有当黎明来到这草原上，人们才会发现自己马群里的马匹在一夜间忽然变多了，而当人们怀着惊喜的心情走拢去，马匹立刻就分为两群，其中一群会奔腾离你远去，那长长的鬣鬃在黎明淡清的天光下，就像许多飘曳的缎幅。这个时候，你才知道那是一群野马。它们由几匹最膘壮的公野马领群，机警善跑，游走无定，夜间混入牧群。它们对许多牧马都熟悉，相见时彼此用鼻子对闻，彼此用头亲热地磨擦，然后就合群在一起吃草、嬉逐。黎明，当牧民们走出蒙古包，就是它们分群的一刻。公野马总是掩护着母野马和野马驹远离人们。当野马群远离人们站定的时候，在日出的草原上，还可以看见屹立护群的公野马的长鬣鬃，那鬣鬃一直披垂到膝下，闪着美丽的光泽。

日出后的草原千里通明，这时最便于发现蘑菇。天山蘑菇又嫩又肥厚，鲜嫩无比。这个时候你只要立马瞭望，便可以发现一些特别翠绿的圆点子，那就是蘑菇圈。你朝着它策马前去，就很容易在这三四丈宽的一圈沁绿的酥油草丛里，发现像夏天夜空里的繁星似的蘑菇。眼看着这许许多多雪白的蘑菇隐藏在碧绿的草丛中，谁都会动心。一只手忙不过来，你自然会用双手去采；身上的口袋装不完，你自然会添上你的帽子甚至马靴去装。第一次采到这么多新鲜蘑菇，对一个远来的客人是一桩最快乐的事。你把鲜蘑菇在溪水里洗净，不要油，不要盐，光是白煮来吃就有一种特别鲜甜的滋味，如果你再加上一条野羊腿，那就又鲜甜又浓香。

天山上奇珍异品很多，我们知道水獭是生活在水滨和水里的，而天山上却生长着旱獭。在牧场边缘的山脚下，你随处都可以看见一个个洞穴，这就是旱獭居住的地方。从九十月大雪封山，到第二年四五月冰消雪化，旱獭要整整在洞穴里冬眠半年。到了夏至后，发青的酥油草把它们养得胖墩墩，圆滚滚。这时它们的毛色麻黄发亮，肚子拖着地面，短短的四条腿行走迟缓，正可以大量捕捉。

另一种奇珍异品是雪莲。如果你从山脚往上爬，在那天山雪线以上，就可以看见在青凛凛的寒光中挺立着一朵朵玉琢似的雪莲，这习惯于生长在奇寒环境中的雪莲，根部扎入岩隙间，汲取着雪水，承受着雪光，柔静多姿，洁白晶莹。这生长在人迹罕到的海拔几千米以上的灵花异草，据说是稀世之宝——一种很难求得的妇女良药。

天然湖与果子沟

在天山峰峦的高处，常常出现有巨大的天然湖，湖面平静，水清见底，高空的白云和四周的雪峰清晰地倒映水中，把湖山天影融为晶莹的一体。在这幽静的湖中，唯一活动的东西就是天鹅。天鹅的洁白增添了湖水的明净，天鹅的叫声增添了湖面的幽静。人家说山色多变，而事实上湖色也是多变，如果你站立高处瞭望湖面，眼前是一片爽心悦目的碧水茫茫，如果你再留意一看，接近你的视线的是鳞光闪闪，像千万条银鱼在游动，而远处平展如镜，没有一点纤尘或者没有一根游丝的侵扰。湖色越远越深，由近到远，是银白、淡蓝、深青、墨绿，界线非常分明。传说中有这么一个湖是古代一个不幸的哈萨克少女滴下的眼泪，湖色的多变是象征着那个古代少女的万种哀愁。

就在这个湖边，传说中的少女的后代子孙们现在已在放牧着羊群。湖水滋润着湖边的青草，青草喂胖了羊群，羊奶哺育着少女的后代子孙。当然，这象征着哈萨克族不幸的湖，今天已经变为实际的幸福湖。

山高爽朗，湖边清净，日里披满阳光，夜里缀满星辰，牧民们的蒙古包随着羊群环湖周游，他们的羊群一年年繁殖，他们恋爱、生育，他们弹琴歌唱自己幸福的生活。

高山的雪水汇入湖中，又从像被一刀劈开的峡谷岩石间，泻落到千丈以下的山涧里去，水从悬崖上像条飞链地泻下，即使站在几十里外的山头上，也能看见那飞链的白光。如果你走到悬崖跟前，脚下就会受到一种惊心动魄的震撼。俯视水链冲泻到深谷的涧石上，溅起密密的飞沫，在日中的阳光下，形成濛濛的瑰丽的彩色水雾。就在急湍的涧流边，绿色的深谷里也散布着一顶顶牧民的蒙古包，像水洗的玉石那么洁白。

如果你顺着弯弯曲曲的涧流走，沿途汇入千百泉流就逐渐形成溪流，然后沿途再汇入涧流和溪流，就形成河流奔腾出天山。

就在这种深山野谷的溪流边，往往有着果树夹岸的野果子沟。春天繁花开遍峡谷，秋天果实压满山腰。每当花红果熟，正是鸟雀野兽的乐园。这种野果子沟往往不为人们所发现。其中有这么一条野果子沟，沟里长满野苹果，连绵五百里。春天，五百里的苹果花开无人知，秋天，五百里成熟累累的苹果无人采。老苹果树凋枯了，更多的新苹果树茁长起来。多少年来，这条五百里长沟堆积了几丈厚的野苹果泥。

现在，已经有人发现了这条野苹果沟，开始在沟里开辟猪场，用野苹果来养育成群成群的乌克兰大白猪；而且有人已经开始计划在沟里建立酿酒厂，把野苹果酿造成大量芬芳的美酒，让这大自然的珍品化成人们的血液，增进人们的健康。

朋友，天山的丰美景物何止这些，天山绵延几千里，不论高山、深谷，不论草原、湖泊，不论森林、溪流，处处都有丰饶的物品，处处都有奇丽的美景，你要我说我可真说不完。如果哪一天你有豪情去游天山，临行前别忘了通知我一声，也许我可能给你当一个不很出色的向导。当向导在我只是一个漂亮的借口，其实我私心里也很想找个机会去重游天山。

【赏析】

《天山景物记》是一篇以山川景物为内容的抒情色彩浓厚的游记散文，作者通过记叙游览天山的见闻，热情歌颂了祖国西北边疆的富饶美丽、雄奇壮观的自然风光和牧民幸福美满的新生活，抒发了热爱祖国山河，热爱边疆生活的真挚感情。

文章在记叙天山壮丽风光的同时，也介绍了天山特有的丰富物产。作者有意以一个导游的身份，向读者逐一介绍了天山的雪峰、溪流和森林，然后记叙天山的夏季牧场、野马、蘑菇圈、旱獭、雪莲，最后则描述了天山的天然湖与果子沟。全篇叙述从容不迫，井然有序，给人身临其境的感觉。

此外，作者运用了大量的比喻和丰富的联想，注意到色彩的调配和镶嵌，因而写得尤为鲜明生动。作者笔下天山的景物，很少是静态的，这些景致多在晨昏和四季发生奇妙的变化。在描写天山景物的同时，作者也有意识地穿插那里的风土人情，把自己的这份热爱之情，深深地蕴藏在对天山景物和对哈萨克牧民生活的描写之中。

黄山三天

叶圣陶

叶圣陶(1894—1988年),原名叶绍钧,字秉臣、圣陶,江苏苏州人。现代著名作家、教育家、文学出版家和社会活动家,有“优秀的语言艺术家”之称。在我国儿童文学史上有着特殊的地位,是我国现代童话创作的重要奠基人。

叶圣陶曾任教育部副部长、中央文史馆馆长、出版总署副署长等职。著有长篇小说《倪焕之》、童话集《稻草人》等。

我游黄山只有三天,真用得上“窥豹一斑”那个成语。可是我还要写篇简略的游记,目的在劝人家去游。有心研究植物的可以去。我虽然说不清楚,可是知道植物种类一定很多。山高将近两千公尺,从下层到最高处该可以把植物分成几个主要的族类来研究。研究地质矿石的也可以去。谁要是喜欢爬山翻岭,锻炼体力和意志,那么黄山真是个理想的地方。那么多的山峰尽够你爬的,有几处相当险,需要你付出十二分的小心,满身的大汗。可是你也随时得到报酬,站在一个新的地点,先前见过的那些山峰又有新的姿态了。就说不为以上说的那些目的,光到那里去看看大自然,山啊,云啊,树木啊,流泉啊,也可以开开眼界,宽宽胸襟,未尝没有好处。

从杭州依杭徽公路到黄山大约三百公里。公共汽车可以到黄山南边脚下的汤口,小包车可以再上去一点儿,到温泉。温泉那里有旅馆。山上靠北边的狮子林那里也有旅馆。山上中部偏南的文殊院原来可以留宿,一九五二年烧毁了,现在就文殊院原址建筑旅馆,年内可以完工。住狮子林便于游黄山的北部和西部,住文殊院便于游中部,主要是天都峰和莲花峰。

上山下山的路上全部铺石级,宽的五六尺,窄的不到三尺。路在裸露的大石上通过,就凿石成级。大石面要是斜度大,凿成的石级就非常陡,旁边或者装一道石栏或者拦一条铁索。山泉时时渗出,石上潮湿,路旁边又往往是直下绝壁,这样的防备是必要的。

现在约略说一说我们所到的几处地方。写游记最难叫读者弄清楚位置和方向,前啊,后啊,左啊,右啊,说上一大堆,读者还是捉摸不定。我想把它说清楚,恐怕未必真能办到。我们所到的地点,温泉最南,狮子林最北,这两处几乎正直。我们走的东路,先到温泉东边的苦竹溪,在那里上山。一路取西北方向,好比是直角三角形的一条弦,经过九龙瀑、云谷寺,最后到狮子林住宿,那里的高度大约一千七百公尺。这段路据说是三十多里。第二天下了一天的雨,旅馆楼窗外一片白茫茫,什么都看不见。台阶前几棵松树,有时只显出朦胧的影子,有时也完全看不见。偶尔开门,雾气就卷进屋来。当然没法游览了,只好守在小楼上听雨。第三天放晴,我们登了狮子林背面的清凉台,又登了狮子林偏东南的始信峰,然后大体上向南走,到了光明顶。在这两三个钟点内,我们饱看了"云海"。有些游客在山上守了好几天,要看"云海",终于没看成,怏怏而下。我们不存一定要看到的想头,却碰巧看到了。在光明顶南望天都峰和莲花峰,天都在东,莲花在西,两峰之间就是文殊院。从前有人说天都最高,有人说蓬花最高,据说最近实测,光明顶最高。那里正在建筑房屋,准备测候气象的人员在那里经常工作。我们绕道莲花峰的西半边到文殊院,又绕过天都峰的西南脚,一路而下,回到温泉。说绕过,可见这段路的方向时时改变,可是大体上还是向南。从狮子林曲折向南,回到温泉,据说也是三十多里。我们所到的只是黄山东半边靠南的部分,整个黄山究竟有多大,我没有参考什么图籍,说不上。

以下就前一节提到的分别记一点儿。

九龙瀑曲折而下,共九截,第二截最长。形式很有致,可惜瘦些。山泉大的时候,应该更可观。附带说一说人字瀑。人字瀑在温泉旅馆那儿。高处山泉流到大石壁顶部,分为左右两道,沿着石壁的边缘下,约略像个人字。也嫌瘦,瘦了就减少了瀑布的意味。

云谷寺没有寺了,只留寺基,台阶前有一棵异萝松,说是树上长着两种不同形状的叶子。我们仔细察看,只见一枝上长着长圆形的小叶子,跟绝大部分的叶子不同。就绝大部分的叶子形状和翠绿色看来,那该是柏树,不知道为什么叫它松。年纪总有几百岁了。

清凉台和始信峰的顶部都是稍微向外突出的悬崖,下边是树木茂密的深壑。站脚处很窄,只能容七八个人,要不是有石栏杆,站在那儿不免要心慌。如果风力猛,恐怕也不容易站稳。文殊院前边的文殊台比较宽阔些,可是靠南突出的东西两块大石，顶部凿平，留在边缘作自然的栏杆，那地位更窄了，只能容两三个人。光明顶虽是黄山最高处，却比较平坦开阔，到那里就像在平地上走一样。

我们就在前边说的几处地方看“云海”。望出去全是云，大体上可以说铺平，可是分别开来看，这边荡漾着又细又缓的波纹，那边却涌起汹涌澎湃的浪头，千姿百态，尽够你作种种想象。所有的山全没在云底下，只有几座高峰露顶，作暗绿色，暗到几乎黑，那自然可以想象作海上的小岛。

在光明顶看天都峰和莲花峰，因为是平视，看得最清楚。就岩石的纹理看，用中国画的术语就是就岩石的皴法看，这两个峰显然不同。天都峰几乎全部是垂直线条，所有线条排得相当密，引起我们一种高耸挺拔的感觉。莲花峰的岩石大略成莲花瓣的形状，一瓣瓣堆叠得相当整齐，就整个峰看，我们想象到一朵初开的莲花。莲花峰这个名称不知道是谁给取的，居然形容得那么切当。

前边说我们绕过莲花峰的西半边到文殊院，这条路很不容易走。道上要经过鳌鱼背。鳌鱼背是巨大的岩石，中部高起，坡度相当大。凿在岩石上的石级又陡又窄，右手边望下去是绝壁。下了鳌鱼背穿过鳌鱼洞，那是个天然的洞，从前人修山路就从洞里通过去。出了洞还得爬百步云梯，又是很陡很险的石级。这才到达文殊院。

从文殊院绕过天都峰的西南脚，这条路也不容易走。极窄的路介在石壁之间，石壁渗水，石级潮湿，立脚不稳就会滑倒。有几处石壁倾斜，跟对面的石壁构成个不完整的山洞，几乎碰着我们的头顶，我们就非弓着身子走不可。

走完了这段路，我们抬头望爬上天都峰的路，陡极了，大部分有铁链条作栏杆。我们本来不准备上去，望望也够了。据说将要到峰顶的时候有一段路叫鲫鱼背，那是很窄的一段山脊，只容一个人过，两边都没依傍，地势又那么高，心脏不强健的人是决不敢过的。一阵雾气浮过，顶峰完全显露，我们望见了鲫鱼背，那里也有铁链条。我想，既然有铁链条，大概我也能过去。

我们也没上莲花峰。听说登莲花峰顶要穿过几个洞，像穿过藕孔似的。山峰既然比作莲花，山洞自然联想到藕孔了。

现在说一说温泉。我到过的温泉不多，只有福州、重庆、临潼几处。那几处都有硫磺味。黄山的温泉却没有。就温度说，比那几处都高些，可也并不热得叫人不敢下去。池子是小石粒铺底，起沙滤作用，因而水经常澄清。坐在池子里的石头上，全身浸在水里，只露出个脑袋，伸伸胳膊，擦擦胸脯，湿热的感觉遍布全身，舒畅极了。这个温泉的温度据说自然能调节，天热的时候凉些，天凉的时候热些。

我想这或许是由于人的感觉，泉水的温度跟大气的温度相比，就见得凉些热些了。这个猜想对不对，不敢断定。

我们在狮子林宿两宵，都盖两条被。听雨那一天留心看寒暑表，清早是华氏六十度，后来升到六十二度。那一天是八月二十九日。三十一日回到杭州，西湖边是八十六度。黄山上半部每年三月底四月初还可能下雪，十一月间就让冰雪封了。最适宜上去游览的当然是夏季。

【赏析】

《黄山三天》是叶圣陶观光游览黄山风景区时写作的游记，这篇游记好在朴实无华，亲近自然，明白如话，给人展示了黄山的雄奇险幽。

游记开篇就交代了写作的目的："我游黄山只有三天，真用得上'窥豹一斑'那个成语。可是我还要写篇简略的游记，目的在劝人家去游。""就说不为以上说的那些目的，光到那里去看看大自然，山啊，云啊，树木啊，流泉啊，也可以开开眼界，宽宽胸襟，未尝没有好处。"黄山有五种独特的自然景观，分别是奇松、怪石、云海、温泉、冬雪。不同季节到黄山旅游，可以体验到不同的美景。作者移步换景，描绘了黄山的美丽和神奇。群峰、奇松、怪石，经过云海的点缀，日出日落的渲染，美如巨大的天然画卷，带给读者强烈的美的视觉震撼。

窗

钱钟书

钱钟书(1910—1998年),字默存,号槐聚,笔名中书君,江苏无锡人。现当代著名作家、文学研究家。他出身于书香门第,幼承家学,天资过人,青少年时期受传统经史教育,古典文学功底深厚。

钱钟书博古通今,学贯中西,在中国史学、哲学、文学、训诂学等方面均有极深刻的研究,并取得了重要的成就。他还通晓多种外文,包括英语、法语、德语,懂拉丁文、意文、希腊文、西班牙文等。其在西方语言文化方面都有所建树,对西方新旧文学、哲学、心理学也有较深入的研究,著有多部学术著作,在当代学术界自成一家。因其多方面的成就,被誉为"文化昆仑"。钱钟书先生一生致力于人文社会科学研究,为国家和民族作出了卓越贡献,培养了几代学者,是中国的宝贵财富。其主要作品有:散文集《写在人生边上》、长篇小说《围城》、短篇小说集《人·兽·鬼》、学术专著《宋诗选注》《谈艺录》《管锥编》《管锥编增订》等,辑有《钱钟书全集》。

又是春天,窗子可以常开了。春天从窗外进来,人在屋子里坐不住,就从门里出去。不过屋子外的春天太贱了!到处是阳光,不像射破屋里阴深的那样明亮;到处是给太阳晒得懒洋洋的风,不像搅动屋里沉闷的那样有生气。就是鸟语,也似乎琐碎而单薄,需要屋里的寂静来作衬托。我们因此明白,春天是该镶嵌在窗子里看的,好比画配了框子。

同时,我们悟到,门和窗有不同的意义。当然,门是造了让人出进的。但是,窗子有时也可作为进出口用,譬如小偷或小说里私约的情人就喜欢爬窗子。所以窗子和门的根本分别,决不仅是有没有人进来出去。若据赏春一事来看,我们不妨这样说:有了门,我们可以出去;有了窗,我们可以不必出去。窗子打通了大自然和人的隔膜,把风和太阳逗引进来,使屋子里也关着一部分春天,让我们安坐了享受,无需再到外面去找。古代诗人像陶渊明对于窗子的这种精神,颇有会心。

《归去来辞》有两句道:“倚南宫以寄傲,审容膝之易安。”不等于说,只要有窗可以凭眺,就是小屋子也住得么?他又说:“夏月虚闲,高卧北窗之下,清风飒至,自谓羲皇上人。”意思是只要窗子透风,小屋子可成极乐世界;他虽然是柴桑人,就近有庐山,也用不着上去避暑。所以,门许我们追求,表示欲望,窗子许我们占领,表示享受。这个分别,不但是住在屋里的人的看法,有时也适用于屋外的来人。一个外来者,打门请进,有所要求,有所询问,他至多是个客人,一切要等主人来决定。反过来说,一个钻窗子进来的人,不管是偷东西还是偷情,早已决心来替你做个暂时的主人,顾不到你的欢迎和拒绝了。缪塞(Musset)在《少女做的是什么梦》(A Quoi revent les jeunes filles)那首诗剧里,有句妙语,略谓父亲开了门,请进了物质上的丈夫(materiel epoux),但是理想的爱人(ideal),总是从窗子出进的。换句话说,从前门进来的,只是形式上的女婿,虽然经丈人看中,还待博取小姐自己的欢心;要是从后窗进来的,才是女郎们把灵魂肉体完全交托的真正情人。你进前门,先要经门房通知,再要等主人出现,还得寒暄几句,方能说明来意,既费心思,又费时间,哪像从后窗进来的直接痛快?好像学问的捷径,在乎书背后的引得,若从前面正文看起,反见得迂远了。这当然只是在社会常态下的分别,到了战争等变态时期,屋子本身就保不住,还讲什么门和窗!

世界上的屋子全有门,而不开窗的屋子我们还看得到。这指示出窗比门代表更高的人类进化阶段。门是住屋子者的需要,窗多少是一种奢侈,屋子的本意,只像鸟窠兽窟,准备人回来过夜的,把门关上,算是保护。但是墙上开了窗子,收入光明和空气,使我们白天不必到户外去,关了门也可生活。屋子在人生里因此增添了意义,不只是避风雨、过夜的地方,并且有了陈设,挂着书画,是我们从早到晚思想、工作、娱乐、演出人生悲喜剧的场子。门是人的进出口,窗可以说是天的进出口。屋子本是人造了为躲避自然的胁害,而向四垛墙、一个屋顶里,窗引诱了一角天进来,驯服了它,给人利用,好比我们笼络野马,变为家畜一样。从此我们在屋子里就能和自然接触,不必去找光明,换空气,光明和空气会来找到我们。所以,人对于自然的胜利,窗也是一个。不过,这种胜利,有如女人对于男子的胜利,表面上看来好像是让步——人开了窗让风和日光进来占领,谁知道来占领这个地方的就给这个地方占领去了!我们刚说门是需要,需要是不由人做得主的。譬如我,饿了就要吃,渴了就得喝。所以,有人敲门,你总得去开,也许是易卜生所说比你下一代的青年想冲进来,也许像德昆希《论谋杀后闻打门声》(On the Knocking at the Gate in the Macheth)所说,光天化日的世界想攻进黑暗罪恶的世界,也许是浪子回家，也许是有人借债（更许是讨债），你愈不知道，怕去开，你愈想知道究竟，愈要去开。甚至每天邮差打门的声音，也使你起了带疑惧的希冀，因为你不知道而又愿知道他带来的是什么消息。门的开关是由不得你的。但是窗呢？你清早起来，只要把窗幕拉过一边，你就知道窗外有什么东西在招呼着你，是雪，是雾，是雨，还是好太阳，决定要不要开窗子。上面说过窗子算得奢侈品，奢侈品原是在人看情形斟酌增减的。

我常想，窗可以算房屋的眼睛。刘熙《释名》说："窗，聪也；于内窥外，为聪明也。"正和凯罗（Gottfried Keller）《晚歌》（Abendlied）起句所谓："双瞳如小窗（Fensterlein），佳景收历历。"同样地只说着一半。眼睛是灵魂的窗户，我们看见外界，同时也让人看到了我们的内心；眼睛往往跟着心在转，所以孟子认为"相人莫良于眸子"，梅特林克戏剧里的情人接吻时不闭眼，可以看见对方有多少吻要从心里上升到嘴边。我们跟戴黑眼镜的人谈话，总觉得捉摸不住他的用意，仿佛他以假面具相对，就是为此。据爱戈门（Eckermann）记一八三〇年四月五日歌德的谈话，歌德恨一切戴眼镜的人，说他们看得清楚他脸上的皱纹，但是他给他们的玻璃片耀得眼花缭乱，看不出他们的心境。窗子许里面人看出去，同时也许外面人看进来，所以在热闹地方住的人要用窗帘子，替他们私生活做个保障。晚上访人，只要看窗里有无灯光，就约略可以猜到主人在不在家，不必打开了门再问，好比不等人开口，从眼睛里看出他的心思。关窗的作用等于闭眼。天地间有许多景象是要闭了眼才看得见的，譬如梦。假使窗外的人声物态太嘈杂了，关了窗好让灵魂自由地去探胜，安静地默想。有时，关窗和闭眼也有连带关系，你觉得窗外的世界不过尔尔，并不能给予你什么满足，你想回到故乡，你要看见跟你分离的亲友，你只有睡觉，闭了眼向梦里寻去，于是你起来先关了窗。因为只是春天，还留着残冷，窗子也不能整天整夜不关的。

【赏析】

钱钟书的《窗》是一篇散文。通过门与窗的对比，引出窗比门更加灵动，给予窗一个新的起点、新的视角。作者先说屋外春天和屋内春天的区别，紧接着悟到"窗子和门的根本分别，决不仅是有没有人进来出去"，进而得出"窗子打通了大自然和人的隔膜"，并举例论述窗对屋内人和屋子外的人不同意义。语言诙谐幽默，思想灵动，睿智洒脱，见解深刻。在此基础上作者指出"窗比门代表更高的人类进化阶段""窗多少是一种奢侈"，并加以证明。随后作者仍用窗子和门作对比，论述

“门的开关是由不得你的”，窗子是奢侈品，“奢侈品原是在人看情形斟酌增减的”。最后，作者用类比推理：窗子之于屋子的价值等同于眼睛之于人的价值，罗列古今中外例子，可见作者举重若轻的从容思想境界。

胡同文化

汪曾祺

汪曾祺(1920—1997 年),江苏高邮人,著名作家、散文家、戏剧家,京派作家的代表人物,被誉为“抒情的人道主义者,中国最后一个纯粹的文人,中国最后一个士大夫”。汪曾祺在短篇小说创作上颇有成就,对戏剧与民间文艺也有深入钻研。著作有《受戒》《晚饭花集》《逝水》《晚翠文谈》等。

北京城像一块大豆腐,四方四正。城里有大街,有胡同。大街、胡同都是正南正北,正东正西。北京人的方位意识极强。过去拉洋车的,逢转弯处都高叫一声“东去!”“西去!”以防碰着行人。老两口睡觉,老太太嫌老头子挤着她了,说“你往南边去一点”。这是外地少有的。街道如是斜的,就特别标明是斜街,如烟袋斜街、杨梅竹斜街。大街、胡同,把北京切成一个又一个方块。这种方正不但影响了北京人的生活,也影响了北京人的思想。

胡同原是蒙古语,据说原意是水井,未知确否。胡同的取名,有各种来源。有的是计数的,如东单三条、东四十条。有的原是皇家储存物件的地方,如皮库胡同、惜薪司胡同(存放柴炭的地方),有的是这条胡同里曾住过一个有名的人物,如无量大人胡同、石老娘(老娘是接生婆)胡同。大雅宝胡同原名大哑巴胡同,大概胡同里曾住过一个哑巴。王皮胡同是因为有一个姓王的皮匠。王广福胡同原名王寡妇胡同。有的是某种行业集中的地方。手帕胡同大概是卖手帕的。羊肉胡同当初想必是卖羊肉的,有的胡同是像其形状的。高义伯胡同原名狗尾巴胡同。小羊宜宾胡同原名羊尾巴胡同。大概是因为这两条胡同的样子有点像羊尾巴、狗尾巴。有些胡同则不知道何所取义,如大绿纱帽胡同。

胡同有的很宽阔,如东总布胡同、铁狮子胡同。这些胡同两边大都是“宅门”,到现在房屋都还挺整齐。有些胡同很小,如耳朵眼胡同。北京到底有多少胡同?北京人说,有名的胡同三千六,没名的胡同数不清,通常提起“胡同”,多指的是小胡同。

胡同是贯通大街的网络。它距离闹市很近,打个酱油,约二斤鸡蛋什么的,很方便，但又似很远。这里没有车水马龙，总是安安静静的。偶尔有剃头挑子的“唤头”（像一个大镊子，用铁棒从当中擦过，便发出噌的一声）、磨剪子磨刀的“惊闺”（十几个铁片穿成一串，摇动作声）、算命的盲人（现在早没有了）吹的短笛的声音。这些声音不但不显得喧闹，倒显得胡同里更加安静了。

胡同和四合院是一体。胡同两边是若干四合院连接起来的。胡同、四合院，是北京市民的居住方式，也是北京市民的文化形态。我们通常说北京的市民文化，就是指的胡同文化。胡同文化是北京文化的重要组成部分，即便不是最主要的部分。

胡同文化是一种封闭的文化。住在胡同里的居民大都安土重迁，不大愿意搬家。有在一个胡同里一住住几十年的，甚至有住了几辈子的。胡同里的房屋大都很旧了，“地根儿”房子就不太好，旧房檩，断砖墙。下雨天常是外面大下，屋里小下。一到下大雨，总可以听到房塌的声音，那是胡同里的房子。但是他们舍不得“挪窝儿”——“破家值万贯”。

四合院是一个盒子。北京人理想的住家是“独门独院”。北京人也很讲究“处街坊”。“远亲不如近邻”“街坊里道”的，谁家有点事，婚丧嫁娶，都得“随”一点“份子”，道个喜或道个恼，不这样就不合“礼数”。但是平常日子，过往不多，除了有的街坊是棋友，“杀”一盘；有的是酒友，到“大酒缸”（过去山西人开的酒铺，都没有桌子，在酒缸上放一块规成圆形的厚板以代酒桌）喝两“个”（大酒缸二两一杯，叫作“一个”）；或是鸟友，不约而同，各晃着鸟笼，到天坛城根、玉渊潭去“会鸟”（会鸟是把鸟笼挂在一处，既可让鸟互相学叫，也互相比赛），此外，“各人自扫门前雪，休管他人瓦上霜”。

北京人易于满足，他们对生活的物质要求不高。有窝头，就知足了。大腌萝卜，就不错。小酱萝卜，那还有什么说的。臭豆腐滴几滴香油，可以待姑奶奶。虾米皮熬白菜，嘿！我认识一个在国子监当过差，伺候过陆润庠、王垿等祭酒的老人，他说：“哪儿也比不了北京。北京的熬白菜也比别处好吃——五味神在北京。”五味神是什么神？我至今考查不出来。但是北京人的大白菜文化却是可以理解的。北京人每个人一辈子吃的大白菜摞起来大概有北海白塔那么高。

北京人爱瞧热闹，但是不爱管闲事。他们总是置身事外，冷眼旁观。北京是民主运动的策源地，“民国”以来，常有学生运动。北京人管学生运动叫作“闹学生”。学生示威游行，叫作“过学生”。与他们无关。

北京胡同文化的精义是“忍”，安分守己、逆来顺受。老舍《茶馆》里的王利发说“我当了一辈子的顺民”，是大部分北京市民的心态。

我的小说《八月骄阳》里写到“文化大革命”，有这样一段对话：

“还有个章法没有？我可是当了一辈子安善良民，从来奉公守法。这会儿，全乱了。我这眼面前就跟‘下黄土’似的，简直的，分不清东西南北了。”

“您多余操这份儿心。粮店还卖不卖棒子面？”

“卖！”

“还是的。有棒子面就行。……”

我们楼里有个小伙子，为一点事，打了开电梯的小姑娘一个嘴巴。我们都很生气，怎么可以打一个女孩子呢！我跟两个上了岁数的老北京（他们是“搬迁户”，原来是住在胡同里的）说，大家应该主持正义，让小伙子当众向小姑娘认错，这二位同志说：“叫他认错？门儿也没有！忍着吧！——穷忍着，富耐着，睡不着眯着！”“睡不着眯着”这话实在太精彩了！睡不着，别烦躁，别起急，眯着，北京人，真有你的！

北京的胡同在衰败，没落。除了少数“宅门”还在那里挺着，大部分民居的房屋都已经很残破，有的地基柱础甚至已经下沉，只有多半截还露在地面上。有些四合院门外还保存已失原形的拴马桩、上马石，记录着失去的荣华。有打不上水来的井眼、磨圆了棱角的石头棋盘，供人凭吊。西风残照，衰草离披，满目荒凉，毫无生气。

看看这些胡同的照片，不禁使人产生怀旧情绪，甚至有些伤感，但是这是无可奈何的事。在商品经济大潮的席卷之下，胡同和胡同文化总有一天会消失的。也许像西安的虾蟆陵，南京的乌衣巷，还会保留一两个名目，使人怅望低徊。

再见吧，胡同。

一九九三年三月十五日

【赏析】

胡同文化是什么文化？北京胡同到底有什么特点？文章的前半部分作者绘声绘色地介绍了胡同的方位特点、产生等，这些为下文阐释由胡同形成的胡同文化作了铺垫。在对北京人生活细节的形象描绘中，我们能够领会胡同文化的深刻内涵：封闭、自足、忍耐、安分守己、逆来顺受。北京胡同文化是一种传统，传统的东西自有其生存、发展的理由。

作者对胡同文化的感情又是复杂的。他大半辈子都在北京度过，耳濡目染北京文化，从这篇文章可看出作者对北京文化了解之深和喜爱之情。但是随着城市建设的发展，自己所熟悉并钟爱的一切都将随着四合院、胡同的消逝而消逝，让一个对传统文化情有独钟的老人油然而生无奈、惆怅之情。封闭保守的胡同文化在迅速发展的商品社会里，已不适应开放进取的现今时代，作者清醒地意识到这一点，所以他在怅望低徊之余，也豁达乐观地对着将逝的胡同文化道一声“再见吧，胡同”。

先贤传记篇

李将军列传(节选)

司马迁

司马迁(约前145或前135—?),字子长,夏阳(今陕西韩城南)人。西汉史学家、文学家、思想家。祖上世代为史官。其父司马谈在汉武帝前期任太史令,有修撰通史的愿望并作了初步准备,生前已写出了一些篇章。司马迁幼年在家乡耕读。10岁入长安,开始学习古文经典,曾求学于经学大师董仲舒、孔安国门下。20岁时开始漫游,并多次随汉武帝出巡,足迹遍及大半个中国。元封元年(前110年),其父卒;两年后,他秉承父亲的遗志,继任太史令,遍观历代史官所藏图书,进而开始撰写《史记》。天汉二年(前99年),由于为投降匈奴的李陵作辩护,触怒汉武帝而受宫刑。最终,忍辱完成了《史记》的撰写。

司马迁是中国历史上迄今为止最伟大的史学家之一。《史记》是名震古今中外的史学巨著和文学名著。它始称《太史公书》,或《太史公记》《太史记》。《史记》对中华民族的发展历史进行了生动而真实的反映,对不合理的社会现象和统治阶级丑恶凶残的本质进行了无情的揭露与批判,对较为善良正直而命运悲惨的历史人物寄予了极大的同情,对下层人民的正义反抗进行了热情的歌颂。它首创纪传体,记叙人物既从历史真实出发,又注入了自己的思想感情,写作手法多样,艺术高超,语言畅达传神,雅俗共赏,塑造出一大批血肉丰满、神采飞扬的人物形象。因而被鲁迅誉为“史家之绝唱,无韵之离骚”。

李将军广者,陇西成纪人也。其先曰李信,秦时为将,逐得燕太子丹者也。故槐里,徙成纪。广家世世受射[①]。孝文帝十四年,匈奴大入萧关,广以良家子从军击胡,用善骑射,杀首虏多[②],为汉中郎。广从弟李蔡亦为郎,皆为武骑常侍,秩八百石[③]。尝从行,有所冲陷折关及格猛兽[④],而文帝曰:“惜乎,子不遇时!如令子当高帝时,万户侯岂足道哉!”

及孝景初立,广为陇西都尉,徙为骑郎将。吴楚军时[⑤],广为骁骑都尉,从太尉亚夫击吴楚军,取旗,显功名昌邑下[⑥]。以梁王授广将军印[⑦],还,赏不行[⑧]。徙为上谷太守，匈奴日以合战。典属国公孙昆邪为上泣曰："李广才气，天下无双，自负其能，数与虏敌战，恐亡之。"于是乃徙为上郡太守。后广转为边郡太守，徙上郡。尝为陇西、北地、雁门、代郡、云中太守，皆以力战为名。

匈奴大入上郡，天子使中贵人从广勒习兵击匈奴[9]。中贵人将骑数十纵[10]，见匈奴三人，与战。三人还射，伤中贵人，杀其骑且尽。中贵人走广。广曰："是必射雕者也[11]。"广乃遂从百骑往驰三人。三人亡马步行[12]，行数十里。广令其骑张左右翼[13]，而广身自射彼三人者，杀其二人，生得一人，果匈奴射雕者也。已缚之，上马。望匈奴有数千骑，见广，以为诱骑，皆惊，上山陈[14]。广之百骑皆大恐，欲驰还走。广曰："吾去大军数十里，今如此以百骑走，匈奴追射我立尽。今我留，匈奴必以我为大军诱之，必不敢击我。"广令诸骑曰："前！"前未到匈奴陈二里所[15]，止，令曰："皆下马解鞍！"其骑曰："虏多且近，即有急[16]，奈何？"广曰："彼虏以我为走，今皆解鞍以示不走，用坚其意[17]。"于是胡骑遂不敢击。有白马将出护其兵，李广上马与十余骑奔射杀胡白马将，而复还至其骑中，解鞍，令士皆纵马卧[18]。是时会暮，胡兵终怪之，不敢击。夜半时，胡兵亦以为汉有伏军于旁，欲夜取之，胡皆引兵而去。平旦[19]，李广乃归其大军。大军不知广所之，故弗从[20]。

居久之，孝景崩，武帝立，左右以为广名将也，于是广以上郡太守为未央卫尉[21]，而程不识亦为长乐卫尉[22]，程不识故与李广俱以边太守将军屯[23]。及出击胡，而广行无部伍行阵[24]，就善水草屯[25]，舍止[26]，人人自便，不击刁斗以自卫[27]，莫府省约文书籍事[28]，然亦远斥候[29]，未尝遇害。程不识正部曲行伍营阵[30]，击刁斗，士吏治军簿至明[31]，军不得休息，然亦未尝遇害。不识曰："李广军极简易，然虏卒犯之[32]，无以禁也；而其士卒亦佚乐[33]，咸乐为之死。我军虽烦扰，然虏亦不得犯我。"是时汉边郡李广、程不识皆为名将，然匈奴畏李广之略，士卒亦多乐从李广而苦程不识。程不识孝景时以数直谏为太中大夫。为人廉，谨于文法[34]。

后，汉以马邑城诱单于，使大军伏马邑旁谷，而广为骁骑将军，领属护军将军[35]。是时，单于觉之，去，汉军皆无功。其后四岁，广以卫尉为将军，出雁门击匈奴。匈奴兵多，破败广军，生得广。单于素闻广贤，令曰："得李广必生致之[36]。"胡骑得广，广时伤病，置广两马间，络而盛卧广[37]。行十余里，广佯死，睨其旁有一胡儿骑善马[38]，广暂腾而上胡儿马[39]，因推堕儿，取其弓，鞭马南驰数十里，复得其余军，因引而入塞。匈奴捕者骑数百追之，广行取胡儿弓，射杀追骑，以故得脱。于是至汉，汉下广吏[40]。吏当广所失亡多[41]，为虏所生得，当斩，赎为庶人[42]。

顷之，家居数岁。广家与故颍阴侯孙屏野居蓝田南山中射猎[43]。尝夜从一骑出，从人田间饮[44]。还至霸陵亭，霸陵尉醉，呵止广[45]。广骑曰："故李将军。"尉曰："今将军尚不得夜行，何乃故也！"止广宿亭下。居无何[46]，匈奴入杀辽西太守，败韩将军，后韩将军徙右北平。于是天子乃召拜广为右北平太守。广即请霸陵尉与俱，至军而斩之。广居右北平，匈奴闻之，号曰"汉之飞将军"，避之数岁，不敢入右北平。

广出猎，见草中石，以为虎而射之，中石没镞[47]，视之石也。因复更射之，终不能复入石矣。广所居郡闻有虎，尝自射之。及居右北平射虎，虎腾伤广，广亦竟射杀之。

广廉，得赏赐辄分其麾下，饮食与士共之。终广之身，为二千石四十余年[48]，家无余财，终不言家产事。广为人长，猿臂[49]，其善射亦天性也，虽其子孙他人学者，莫能及广。广讷口少言[50]，与人居则画地为军陈，射阔狭以饮[51]。专以射为戏，竟死[52]。广之将兵乏绝之处[53]，见水，士卒不尽饮，广不近水；士卒不尽食，广不尝食。宽缓不苛，士以此爱乐为用。其射，见敌急[54]，非在数十步之内，度不中不发，发即应弦而倒。用此，其将兵数困辱，其射猛兽亦为所伤云。

居顷之，石建卒，于是上召广代建为郎中令。元朔六年[55]，广复为后将军，从大将军军出定襄[56]，击匈奴。诸将多中首虏率[57]，以功为侯者，而广军无功。

后二岁，广以郎中令将四千骑出右北平，博望侯张骞将万骑与广俱，异道。行可数百里，匈奴左贤王将四万骑围广，广军士皆恐，广乃使其子敢往驰之[58]。敢独与数十骑驰，直贯胡骑，出其左右而还，告广曰："胡虏易与耳[59]。"军士乃安。广为圜陈外向[60]，胡急击之，矢下如雨。汉兵死者过半，汉矢且尽。广乃令士持满毋发，而广身自以大黄射其裨将[61]，杀数人，胡虏益解[62]。会日暮，吏士皆无人色，而广意气自如，益治军。军中自是服其勇也。明日，复力战，而博望侯军亦至，匈奴军乃解去。汉军罢[63]，弗能追。是时广军几没，罢归[64]。汉法，博望侯留迟后期[65]，当死，赎为庶人。广军功自如[66]，无赏。

初，广之从弟李蔡与广俱事孝文帝。景帝时，蔡积功劳至二千石。孝武帝时，至代相。以元朔五年为轻车将军，从大将军击右贤王，有功中率，封为乐安侯。元狩二年中[67]，代公孙弘为丞相。蔡为人在下中[68]，名声出广下甚远，然广不得爵邑，官不过九卿，而蔡为列侯，位至三公[69]。诸广之军吏及士卒或取封侯。广尝与望气王朔燕语[70]，曰："自汉击匈奴，而广未尝不在其中，而诸部校尉以下，才能不及中人，然以击胡军功取侯者数十人，而广不为后人，然无尺寸之功以得封邑者，何也？岂吾相不当侯邪？且固命也？"朔曰："将军自念，岂尝有所恨乎[71]？"广曰："吾尝为陇西守，羌尝反，吾诱而降，降者八百余人，吾诈而同日杀之。至今大恨独此耳。”朔曰：“祸莫大于杀已降，此乃将军所以不得侯者也。”

后二岁，大将军、骠骑将军大出击匈奴，广数自请行，天子以为老，弗许；良久乃许之，以为前将军。是岁，元狩四年也。

广既从大将军青击匈奴，既出塞，青捕虏知单于所居，乃自以精兵走之[72]，而令广并于右将军军，出东道[73]。东道少回远[74]，而大军行，水草少，其势不屯行[75]。广自请曰：“臣部为前将军，今大将军乃徙令臣出东道，且臣结发而与匈奴战[76]，今乃一得当单于[77]，臣愿居前，先死单于[78]。”大将军青亦阴受上诫[79]，以为李广老，数奇[80]，毋令当单于，恐不得所欲[81]。而是时公孙敖新失侯[82]，为中将军，从大将军，大将军亦欲使敖与俱当单于，故徙前将军广。广时知之，固自辞于大将军。大将军不听，令长史封书与广之幕府[83]，曰：“急诣部，如书[84]。”广不谢大将军而起行[85]，意甚愠怒而就部[86]，引兵与右将军食其合军出东道。军亡导，或失道，后大将军[87]。大将军与单于接战，单于遁走，弗能得而还。南绝幕[88]，遇前将军、右将军。广已见大将军，还入军。大将军使长史持糒醪遗广[89]，因问广、食其失道状，青欲上书报天子军曲折[90]。广未对，大将军使长史急责广之幕府对簿[91]。广曰：“诸校尉无罪，乃我自失道。吾今自上簿。”

至莫府，广谓其麾下曰：“广结发与匈奴大小七十余战，今幸从大将军出接单于兵，而大将军又徙广部，行回远，而又迷失道，岂非天哉！且广年六十余矣，终不能复对刀笔之吏[92]。”遂引刀自刭[93]。广军士大夫一军皆哭。百姓闻之，知与不知，无老壮皆为垂涕。而右将军独下吏，当死，赎为庶人。

……

太史公曰：传曰“其身正，不令而行；其身不正，虽令不从[94]”。其李将军之谓也？余睹李将军悛悛如鄙人[95]，口不能道辞。及死之日，天下知与不知，皆为尽哀。彼其忠实心诚信于士大夫也[96]！谚曰：“桃李不言，下自成蹊[97]。”此言虽小，可以谕大也[98]。

【注释】

① 受：接受，此处意指学习。

② 杀首虏多：斩杀敌人首级和俘虏敌人多。

③ 秩：官吏的俸禄，引申指官吏的职位或品级。

④ 冲陷折关：冲锋陷阵，抵挡敌人。

⑤ 吴楚军时：指景帝三年(前 154 年)吴楚等七国起兵叛乱。

⑥ 显功名昌邑下:在昌邑建功扬名。昌邑,梁国的要邑,在今山东省金乡县西北。

⑦ 梁王授广将军印:梁王把将军印授予李广,也就是让李广兼有梁国将军的称号。梁王,梁孝王刘武。

⑧ 赏不行:没有给予赏赐。按当时规定,李广是朝廷部队的将领,不应该私自接受诸侯给予的将军称号。

⑨ 中贵人:皇帝亲信的宦官。勒习兵:约束、指挥和训练军队。

⑩ 将:率领。骑:骑兵。纵:放马驰骋。

⑪ 射雕者:射雕的能手。雕,猛禽,飞翔力极强且迅猛,能射雕的人必有很高的射箭本领。

⑫ 亡马:失掉了马。亡,通“无”。

⑬ 张左右翼:指从左右两边包抄。

⑭ 陈(zhèn):通“阵”,这里指布置阵地。

⑮ 所:表示大约的数目。二里所即二里左右。

⑯ 即有急:假如有危险。

⑰ 用坚其意:以坚定敌人(以我为诱骑)的看法。

⑱ 纵马卧:把马放开,随意躺下。

⑲ 平旦:天刚明。

⑳ 所之:所往。弗从:没有去接应他。

㉑ 未央卫尉:未央宫禁卫军的长官。未央宫为皇帝所居住的地方。

㉒ 程不识:西汉时的名将,这时做长乐宫卫尉。长乐宫为太后所居住的地方。

㉓ 故:过去。俱以边太守将军屯:都以边郡太守身份领军驻防。

㉔ 部伍行(háng)阵:部队行军时的队伍编制和行列阵势。

㉕ 就善水草屯:凑近水草好的地方屯驻下来。

㉖ 舍止:留居,留宿。

㉗ 刁斗:铜制的军用锅,白天用它做饭,夜里敲它巡更。

㉘ 莫府:即“幕府”,莫,通“幕”。古代军队出征驻屯时,将帅的办公机构设在大帐幕中,称为“幕府”。省约:简化。籍:考勤或记载功过之类的簿册。籍事:文书簿籍之事。

㉙ 斥候:侦察瞭望的士兵。远斥候:远远地布置侦察哨。另一种解释,到远离侦察瞭望所及的地方。

㉚ 正:整齐,严格约束。部曲:古代军队编制,将军率领的军队,下有部,部下有曲,曲下有屯。行伍:古代军队的基层编制,五人为伍,二十五人为行。营阵:营地和军队的阵势。

㉛ 治:办理,处理。至明:直到天明。

㉜ 虏卒(cù)犯之:敌人突然袭击他。卒,通“猝”,突然。

㉝ 佚:通“逸”,安逸,安闲。

㉞ 谨于文法:严格遵守朝廷的条文法令。

㉟ 领属:隶属于。护军将军:指这次战斗的主将韩安国。

㊱ 生致之:把活的送来。

㊲ 络而盛卧广:在两马间结成网络,让李广躺在网里。络,用绳子编结的网兜。盛,放,装。

㊳ 睨(nì):斜视。

㊴ 暂:骤然。

㊵ 下:交付。吏:指执法的官吏。

㊶ 当(dàng):判决。

㊷ 赎:古代罪犯交纳财物可减免刑罚,称为“赎罪”或“赎刑”。庶人:平民。

㊸ 故颍阴侯孙:过去颍阴侯灌婴之孙灌强。屏野:退隐田野。蓝田南山:蓝田县南山。

㊹ 从人田间饮:受人邀约到乡间饮酒。

㊺ 呵止广:喝令李广停下。

㊻ 居无何:过了不久。

㊼ 镞(zú):箭头。

㊽ “终广”二句:李广一生,担任年俸二千石的官职有四十多年。

㊾ 猿臂:手臂像猿猴手臂那样长而且灵活。

㊿ 讷口:说话迟钝,口拙。

51 阔狭:指上句所说在地上画的军阵图中,有的行列宽,有的行列窄。这句的意思是,比赛射军阵图,射中窄的行列为胜,射中宽的行列及不中都为负,负者罚酒。

52 竟死:一直到死。

53 乏绝:缺水断粮。

54 急:逼近。

55 元朔:汉武帝的年号。元朔六年:公元前123年。

56 大将军:当时军职中最高勋衔。本文指武帝卫皇后的同母弟卫青,当时的名将。定襄:汉郡名,约在今山西省右玉县以北及内蒙古自治区西南部。

57 中(zhòng)首虏率(lǜ):斩敌人首级和俘虏的数量符合标准。中,符合。率(lǜ),标准。

58 敢:李广第三子,时为郎。往驰之:驰往左贤王的队伍。

59 易与:容易对付。与,打交道。

60 圜陈:圆形的兵阵。圜,通“圆”。

61 大黄:弩弓名,用兽角制成,色黄,体大,是当时射程最远的武器。裨(pí)将:副将。

62 益解:逐渐松懈。解,通“懈”。

63 罢:通“疲”,疲惫。

64 几没:几乎覆没。罢归:收兵回朝。

65 留迟后期:行军迟缓,没有按期会合。

66 军功自如:军功和过失相当。

67 元狩:汉武帝年号(前122—前117年)。

68 为人在下中:才能在下等的中级。当时以九品论人,即上上、上中、上下、中上、中中、中下、下上、下中、下下。李蔡在第八级。

69 三公:指丞相、太尉、御史大夫,地位高于九卿。

70 望气:观测星象,占卜吉凶。王朔:当时有名的天文学家。燕语:私下交谈。

71 恨:悔恨。

72 走:追逐。

73 并于右将军军:与右将军赵食其合并前进。出东道:从东路出兵。

74 少回远:稍微迂回绕远。

⑮ 屯行:并队行进。屯,聚集。
⑯ 结发:即束发。古代男子到十五岁即可束发。这里指少年或年轻之时。
⑰ 当:面对,对敌。
⑱ 先死单于:先跟单于决一死战。
⑲ 阴受上诫:暗中得到汉武帝的吩咐。上:武帝。
⑳ 数奇:命运不好。数,命运;奇,单数。古代占卜以得偶为吉,奇为不吉。
㉑ 不得所欲:不能获得战争的胜利。
㉒ 公孙敖:原为合骑侯,后因罪当斩,赎为庶人,所以说“新失侯”。他曾救过卫青的性命,所以卫青想给他立功的机会而排挤李广。
㉓ 长史:官名,这里指大将军的秘书。封书:写好公文加封。
㉔ 急诣部:赶快到右将军的军部去。诣:到……去。如书:照文书执行。
㉕ 谢:辞别。
㉖ 愠怒:怨忿。就部:到达右将军的军部。
㉗ 亡导:没有向导。亡,通“无”。或:通“惑”,迷惑。失道:走错道路。后大将军:未能与大将军如期会合。
㉘ 绝幕:穿过沙漠。幕,通“漠”。
㉙ 糒醪(bèi láo):干粮浊酒。
㉚ 报天子军曲折:向汉武帝报告军事行动的详细经过。曲折,详细的经过。
㉛ 急责广之幕府对簿:催迫李广的幕府人员前往受审。对簿,就文书对质,即受审。
㉜ 刀笔之吏:掌管文书的官。古代的文书用笔书写在简牍上,如有错误,则用刀削去。
㉝ 引刀:拔刀。自刭:自刎。
㉞ 传:指《论语》,引语出自《论语·子路》篇。
㉟ 悛悛(xún)如鄙人:实实在在地像个乡下人。悛悛,通“恂恂”,诚朴的样子。鄙人,乡下人。
㊱ “彼其”句:他那忠实诚信的思想品德确实得到了天下士大夫们对他的信任和称赞。
㊲ “桃李”句:桃树和李树虽然不会说话,但由于它们花实并茂,能够吸引人们爱慕,以至在树下自然地踏出一条条小路。蹊(xī):小路。
㊳ 谕:通“喻”,比喻。

【赏析】

本文是《史记》中的人物传记名篇之一。《太史公自序》云:“勇于当敌,仁爱士卒,号令不烦,师徒向之,作《李将军列传》。”文章围绕“数奇”这一线索,通过一系列生动的故事和细节,刻画了李广的智勇双全、不畏强敌,清廉善良、爱护士卒,治军简易、号令不烦三个鲜明特点,极写一代名将的英风豪气;同时,作者对他的悲剧命运寄予了无限的惋惜和同情,还对造成其悲剧命运的主要客观因素——汉代皇帝及其宠臣,进行了揭露和批判。此外,对于李广负才轻敌、气度偏狭等人格缺点也作了如实描写。如此一来,一位性格丰富、有血有肉、可歌可叹的人物形象就跃然纸上了。

本文充分展示了作者在人物传记写作方面的卓越才能。第一，善于抓住主要特征刻画人物形象。围绕李广的智勇双全这一特征，作者选取了他以百骑吓退匈奴数千骑，陷敌军四万人围困仍能指挥若定等惊险的战斗故事加以浓墨重彩的描写。又紧扣李广善射的最大特长，以射杀匈奴射雕手，射杀敌军白马将，射退敌人的追骑等，生动地展现了这位神射手的迷人风采。第二，结构跌宕起伏，摇曳生姿。本传记在描写紧张激烈的战斗场面之余，又不时在中间穿插一些奇闻异事，如两次出猎射虎，终生专以射为戏、与望气者燕语等，笔致张弛有度、千回百转，使人读来兴趣盎然。此外，巧妙运用烘托对比手法，语言的精炼流畅生动传神等，也都吸引了读者的注意。

新时代公安英模精神包括“忠”“义”“勇”“智”“严”等多方面，要将英模精神与公安民警作风建设结合起来，激励公安民警在公安工作中践行英模精神，做到忠诚履职能担当，不断增进人民群众的安全感和对公安工作的满意度。公安院校的大学生更应当弘扬英模精神。

苏武传(节选)

班　固

班固(32—92 年),东汉史学家、文学家。字孟坚,扶风安陵(今陕西咸阳东北)人。初继续完成其父班彪所著《史记后传》,被人告发私改国史,下狱。弟超上书力辩,得释。后召为兰台令史,典校秘书。奉诏续成其父所著书,凡历二十余年。《汉书》的八表及《天文志》尚未竟功,后由妹昭与马续续成。

《汉书》,又称《前汉书》,是中国第一部纪传体断代史。由东汉史学家班固编撰,前后历时二十余年,于建初年中基本修成,后唐朝颜师古为之释注。《汉书》是继《史记》之后中国古代又一部重要史书,与《史记》《后汉书》《三国志》并称为“前四史”。《汉书》全书主要记述了上起西汉的汉高祖元年(前 206 年),下至新朝王莽地皇四年(23 年)的史事。《汉书》包括本纪 12 篇,表 8 篇,志 10 篇,传 70 篇,共 100 篇,后人划分为 120 卷,全书共 80 万字。《苏武传》是《汉书》中的一篇,语言千锤百炼,俭省精净,将史家笔法与文学语言较好地结合起来,刻画人物入骨三分。

武字子卿①,少以父任,兄弟并为郎②,稍迁至栘中厩监③。时汉连伐胡,数通使相窥观④。匈奴留汉使郭吉、路充国等前后十余辈⑤。匈奴使来,汉亦留之以相当⑥。

天汉元年⑦,且鞮侯单于初立⑧,恐汉袭之,乃曰:“汉天子,我丈人行也。⑨”尽归汉使路充国等。武帝嘉其义,乃遣武以中郎将使持节送匈奴使留在汉者⑩;因厚赂单于⑪,答其善意。武与副中郎将张胜及假吏常惠等,募士、斥候百余人俱⑫。既至匈奴,置币遗单于。单于益骄,非汉所望也。

方欲发使送武等,会缑王与长水虞常等谋反匈奴中⑬——缑王者,昆邪王姊子也⑭,与昆邪王俱降汉,后随浞野侯没胡中⑮——及卫律所降者⑯,阴相与谋劫单于母阏氏归汉⑰。会武等至匈奴。虞常在汉时,素与副张胜相知,私候胜⑱曰:“闻汉天子甚怨卫律,常能为汉伏弩射杀之。吾母与弟在汉,幸蒙其赏赐。”张胜许之,以货物与常。

后月余，单于出猎，独阏氏、子弟在。虞常等七十余人欲发[19]，其一人夜亡，告之。单于子弟发兵与战，缑王等皆死，虞常生得。单于使卫律治其事。张胜闻之，恐前语发，以状语武。武曰："事如此，此必及我[20]。见犯乃死，重负国[21]！"欲自杀，胜、惠共止之。虞常果引张胜[22]。单于怒，召诸贵人议，欲杀汉使者。左伊秩訾曰[23]："即谋单于，何以复加？宜皆降之。"单于使卫律召武受辞，武谓惠等："屈节辱命，虽生，何面目以归汉！"引佩刀自刺。卫律惊，自抱持武，驰召医[24]。凿地为坎，置煴火，覆武其上，蹈其背以出血[25]。武气绝，半日复息。惠等哭，舆归营[26]。单于壮其节，朝夕遣人候问武，而收系张胜[27]。

武益愈，单于使使晓武，会论虞常[28]，欲因此时降武。剑斩虞常已，律曰："汉使张胜谋杀单于近臣，当死。单于募降者赦罪。"举剑欲击之，胜请降。律谓武曰："副有罪，当相坐[29]。"武曰："本无谋，又非亲属，何谓相坐？"复举剑拟之，武不动。律曰："苏君！律前负汉归匈奴，幸蒙大恩，赐号称王，拥众数万，马畜弥山，富贵如此。苏君今日降，明日复然[30]。空以身膏草野[31]，谁复知之！"武不应。律曰："君因我降，与君为兄弟。今不听吾计，后虽欲复见我，尚可得乎！"

武骂律曰："女为人臣子[32]，不顾恩义，畔主背亲[33]，为降虏于蛮夷[34]，何以女为见！且单于信女，使决人死生，不平心持正，反欲斗两主，观祸败[35]！南越杀汉使者，屠为九郡[36]；宛王杀汉使者，头县北阙[37]；朝鲜杀汉使者，即时诛灭[38]。独匈奴未耳！若知我不降明，欲令两国相攻。匈奴之祸，从我始矣[39]！"律知武终不可胁，白单于。单于愈益欲降之，乃幽武，置大窖中，绝不饮食。天雨雪，武卧啮雪，与旃毛并咽之[40]，数日不死。匈奴以为神，乃徙武北海上无人处，使牧羝[41]，羝乳乃得归[42]。别其官属常惠等，各置他所。

武既至海上，廪食不至[43]，掘野鼠、去草实而食之[44]。仗汉节牧羊，卧起操持，节旄尽落[45]。积五六年，单于弟於靬王弋射海上[46]。武能网纺缴[47]，檠弓弩[48]，於靬王爱之，给其衣食。三岁余，王病，赐武马畜、服匿、穹庐[49]。王死，后人众徙去。其冬，丁令盗武牛羊，武复穷厄[50]。

初，武与李陵俱为侍中[51]。武使匈奴明年，陵降，不敢求武。久之，单于使陵至海上，为武置酒设乐。因谓武曰："单于闻陵与子卿素厚，故使陵来说。足下虚心欲相待。终不得归汉，空自苦亡人之地，信义安所见乎？前长君为奉车[52]，从至雍棫阳宫[53]，扶辇下除[54]，触柱折辕，劾大不敬[55]，伏剑自刎，赐钱二百万以葬。孺卿从祠河东后土[56]，宦骑与黄门驸马争船[57]，推堕驸马河中，溺死，宦骑亡；诏使孺卿逐捕，不得，惶恐饮药而死。来时，太夫人已不幸[58]，陵送葬至阳陵。子卿妇年少，闻已更嫁矣。独有女弟二人[59]，两女一男[60]，今复十余年，存亡不可知，人生如朝露，何久自苦如此！陵始降时，忽忽如狂，自痛负汉，加以老母系保宫[61]，子卿不欲降，何以过陵！且陛下春秋高，法令亡常，大臣亡罪夷灭者数十家，安危不可知。子卿尚复谁为乎？愿听陵计，勿复有云！”

武曰：“武父子亡功德，皆为陛下所成就，位列将，爵通侯[62]，兄弟亲近，常愿肝脑涂地。今得杀身自效，虽蒙斧钺汤镬[63]，诚甘乐之。臣事君，犹子事父也；子为父死，亡所恨。愿勿复再言！”

陵与武饮数日，复曰：“子卿壹听陵言。”武曰：“自分已死久矣[64]！王必欲降武，请毕今日之驩，效死于前[65]！”陵见其至诚，喟然叹曰：“嗟乎，义士！陵与卫律之罪，上通于天！”因泣下沾衿[66]，与武决去。陵恶自赐武，使其妻赐武牛羊数十头。

后陵复至北海上，语武：“区脱捕得云中生口[67]，言太守以下吏民皆白服，曰上崩[68]。”武闻之，南乡号哭，欧血，旦夕临数月。

昭帝即位数年，匈奴与汉和亲[69]。汉求武等，匈奴诡言武死。后汉使复至匈奴，常惠请其守者与俱，得夜见汉使，具自陈道。教使者谓单于，言天子射上林中[70]，得雁，足有系帛书，言武等在某泽中。使者大喜，如惠语以让单于[71]。单于视左右而惊，谢汉使曰：“武等实在。”于是李陵置酒贺武曰：“今足下还归，扬名于匈奴，功显于汉室。虽古竹帛所载，丹青所画，何以过子卿！陵虽驽怯，令汉且贳陵罪[72]，全其老母，使得奋大辱之积志，庶几乎曹柯之盟[73]，此陵宿昔之所不忘也！收族陵家，为世大戮，陵尚复何顾乎？已矣，令子卿知吾心耳！异域之人，壹别长绝！”陵起舞，歌曰：“径万里兮度沙幕，为君将兮奋匈奴。路穷绝兮矢刃摧，士众灭兮名已陨。老母已死，虽欲报恩将安归！”陵泣下数行，因与武决。单于召会武官属，前已降及物故[74]，凡随武还者九人。

武以始元六年春至京师[75]。诏武奉一太牢谒武帝园庙[76]。拜为典属国[77]，秩中二千石[78]；赐钱二百万，公田二顷，宅一区。常惠、徐圣、赵终根皆拜为中郎，赐帛各二百匹。其余六人老，归家，赐钱人十万，复终身。常惠后至右将军，封列侯，自有传。武留匈奴凡十九岁，始以强壮出，及还，须发尽白。

武来归明年，上官桀、子安与桑弘羊及燕王、盖主谋反[79]。武子男元与安有谋，坐死。初，桀、安与大将军霍光争权[80]，数疏光过失予燕王，令上书告之。又言苏武使匈奴二十年，不降，还，乃为典属国。大将军长史无功劳[81]，为搜粟都尉，光颛权自恣。及燕王等反诛，穷治党与。武素与桀、弘羊有旧，数为燕王所讼，子又在谋中，廷尉奏请逮捕武[82]。霍光寝其奏[83]，免武官。

数年，昭帝崩。武以故二千石与计谋立宣帝[84]，赐爵关内侯，食邑三百户[85]。久之，卫将军张安世荐武明习故事[86]，奉使不辱命，先帝以为遗言[87]。宣帝即时召武待诏宦者署[88]，数进见，复为右曹典属国[89]。以武著节老臣，令朝朔望，号称祭酒[90]，甚优宠之。武所得赏赐，尽以施予昆弟、故人，家不余财。皇后父平恩侯、帝舅平昌侯、乐昌侯、车骑将军韩增、丞相魏相、御史大夫丙吉，皆敬重武。

武年老，子前坐事死，上闵之。问左右："武在匈奴久，岂有子乎？"武因平恩侯自白："前发匈奴时，胡妇适产一子通国，有声问来，愿因使者致金帛赎之。"上许焉。后通国随使者至，上以为郎。又以武弟子为右曹[91]。武年八十余，神爵二年病卒[92]。

【注释】

① 武字子卿：苏武的传是附在其父苏建的传后面的，所以这里不再写明他的姓。

② 少以父任，兄弟并为郎：年轻时，因为父亲职任的关系而被任用，兄弟都做了皇帝的侍从官。父，指苏武的父亲苏建，有功封平陵侯，做过代郡太守。任，指他父亲的职任。汉朝制度，凡职位在二千石以上的官吏可以保举子弟一人做郎官。并，都。郎，官名。汉代专指皇帝的侍从官。

③ 稍迁至栘(yí)中厩监：渐渐升到栘中厩监。稍，渐渐。迁，升迁、升任。栘中，厩名。监，管事的官员，这里指管理马厩的官。

④ 时汉连伐胡，数通使相窥观：当时汉朝接连讨伐匈奴，屡次互派使者窥探观察(对方的情况)。伐，征讨。胡，这里指匈奴。通使，互派使者。

⑤ 郭吉：元封元年(前 110 年)，汉武帝亲统大军十八万到北地，派郭吉到匈奴，晓谕单于归顺，单于大怒，扣留了郭吉。路充国：元封四年(前 107 年)，匈奴派遣使者至汉，病故。汉派路充国送丧到匈奴，单于以为是被汉杀死，扣留了路充国。辈：批。

⑥ 当(dàng)：抵押。

⑦ 天汉元年：前 100 年。天汉，汉武帝年号。

⑧ 且(jū)鞮(dī)侯单于：且鞮侯，单于名。单于，匈奴的最高首领。

⑨ 汉天子，我丈人行(háng)也：汉天子是我的长辈啊。丈人，对老人和长辈的尊称。行，辈。

⑩ 中郎将：皇帝的侍卫长。节：使臣所持信物，以竹为杆，柄长八尺，上缀三重旄(máo)牛尾为装饰，故又称旄节。

⑪ 厚赂(lù)：赠以丰厚的礼物。赂，赠送礼物。

⑫ 假吏：临时委任的使臣属官。斥候：军中担任警卫的侦察人员。

⑬ 缑(gōu)王：匈奴的一个亲王。长水：水名，在今陕西省蓝田县西北。虞常：长水人，后投降匈奴。

⑭ 昆(hún)邪(yē)王：匈奴的一个亲王。

⑮ 后随浞(zhuó)野侯没胡中：后来又跟随浞野侯陷没在匈奴。浞野侯，汉将赵破奴的封号，太初二年(前 103 年)出击匈奴，兵败投降。。

⑯ 及卫律所降者：以及卫律所带领的那些被迫投降匈奴的人。卫律，其父为长水胡人，生长于汉，曾任汉使出使匈奴，后因事株连，畏罪逃亡投降匈奴，封为丁灵王，成为单于的亲信。降者，投降匈奴的人。

⑰ 阴相与谋劫单于母阏(yān)氏(zhī)归汉:暗地里一起密谋抢劫单于的母亲阏氏归附汉朝。阴,暗地里。相与,共同、一起。阏氏,匈奴单于配偶的称号,如王后。
⑱ 私候胜:私自拜访张胜。
⑲ 欲发:准备发动(事)。
⑳ 此必及我:这一定会牵连到我。及,动词,牵连到。
㉑ 见犯乃死,重(zhòng)负国:等到被(匈奴)侮辱以后才死,更加对不起国家。见犯,受到侵犯、侮辱。重,更加。
㉒ 引:牵攀、招供。
㉓ 左伊秩訾(zī):匈奴贵族的一种称号。
㉔ 驰召医:(派人)骑马跑去召医生来。
㉕ 坎:坑。煴(yūn)火:无焰的火。覆武其上:把苏武背朝上放在坑上。蹈:轻轻敲打。
㉖ 舆:用车载运。
㉗ 收系:逮捕并监禁。
㉘ 会论虞常:共同判定虞常的罪。论,判罪。
㉙ 相坐:连带(治罪)。一个人犯了罪,有关的人连带治罪,叫"连坐"或"相坐"。
㉚ 复然:也会这样。
㉛ 膏:用作动词,使……肥沃。
㉜ 女(rǔ):即汝,你。
㉝ 畔主背亲:背叛主上,离弃双亲。畔,通"叛"。
㉞ 为降虏于蛮夷:在异族那里投降做奴隶。蛮夷,古代用以指边远民族。
㉟ 斗两主,观祸败:挑拨汉天子和单于的关系,(从旁)观看祸败。斗两主,使两主相斗。斗,使动用法。
㊱ 南越:国名,今广东、广西南部一带。屠:平定。
㊲ 宛王:指大宛国王毋寡。北阙:宫殿的北门。《史记·大宛列传》载,汉武帝太初元年(前104年),宛王毋寡派人杀前来求良马的汉使。武帝即命李广利讨伐大宛,大宛诸贵族乃杀毋寡而降汉。
㊳《史记·朝鲜列传》载,汉武帝元封二年(前109年)派遣涉何出使朝鲜,涉何暗害了伴送他的朝鲜人,谎报为杀了朝鲜武将,因而被封为辽东东部都尉。朝鲜王右渠枭杀涉何。于是汉武帝发兵讨伐。朝鲜相杀王右渠降汉。
㊴ 匈奴之祸,从我始矣:匈奴的灾难,就要从(杀死)我苏武开始了。
㊵ 旃(zhān):通"毡",毛织的毡毯。
㊶ 羝(dī):公羊。
㊷ 羝乳乃得归:公羊生了小羊才能回。乳,生子,公羊不能生子,说明苏武永远没有回国的希望。
㊸ 廪食不至:公家发给的粮食不来。指匈奴断绝了苏武的粮食供应。
㊹ 掘野鼠、去草实而食之:掘野鼠、收草实来吃。
㊺ 节旄尽落:节上旄牛尾的毛全部脱落。
㊻ 单于弟於(wū)靬(jiān)王弋(yì)射海上:单于的弟弟於王在北海打猎。弋射,用绳系在箭上而射。
㊼ 纺缴(zhuó):纺制系在箭尾的丝绳。
㊽ 檠(qíng)弓弩:矫正弓和弩。檠,本是矫正弓弩的工具,此处用作动词,用檠矫正弓弩。

㊾ 服匿：盛酒酪的瓦器。穹庐：毡帐，类似“蒙古包”。

㊿ 丁令：即丁灵，匈奴北边的一个部族。

51 李陵：字少卿，西汉陇西成纪（今甘肃秦安）人，李广之孙，汉武帝时曾为侍中。天汉二年（前 99 年）出征匈奴，兵败投降，后病死匈奴。侍中：官名，皇帝的侍从。

52 长君：指苏武的长兄苏嘉。奉车：官名，即“奉车都尉”，皇帝出巡时，负责车马的侍从官。

53 雍：汉代县名，在今陕西凤翔县南。棫（yù）阳宫：秦时所建宫殿，在雍东北。

54 辇（niǎn）：皇帝的坐车。除：宫殿的台阶。

55 劾（hé）：弹劾，汉时称判罪为劾。大不敬：不敬皇帝的罪名，为一种不可赦免的重罪。

56 孺卿：苏武弟苏贤的字。河东：郡名，在今山西夏县北。后土：地神。

57 宦骑：骑马的宦官。黄门驸马：宫中掌管车辇马匹的官。

58 太夫人：指苏武的母亲。不幸：对去世的委婉说法。

59 女弟：妹妹。

60 两女一男：指苏武的三个孩子。

61 系保宫：关押在保宫。保宫，汉代囚禁大臣及其眷属的处所。

62 位：指被封的爵位。列将：一般将军的总称。苏武父子曾被任为右将军、中郎将等。通侯：汉爵位名，本名彻侯，因避汉武帝讳改。苏武父亲苏建曾被封为平陵侯。

63 虽蒙斧钺（yuè）汤镬（huò）：即使被杀。斧钺，古时用以杀犯人的斧子。汤，沸水。镬，大锅。汤镬，指把人投入开水锅煮死，此泛指酷刑。

64 分（fèn）：料想，断定。

65 王必欲降武，请毕今日之驩，效死于前：您一定要逼迫我投降，那就请结束今天的欢聚，在您面前死去。王，指李陵（李陵被单于封为右校王）。毕，尽。驩，同“欢”。效，献出。

66 沾衿：沾湿了衣襟。衿，同“襟”。

67 区（ōu）脱：接近汉地的一个匈奴部落名。云中：郡名，在今山西省北部和内蒙古自治区南部一带。生口：活口，即俘虏。

68 上崩：指后元二年（前 87 年）汉武帝死。

69 昭帝：汉武帝少子，名弗陵。公元前 87 年，汉武帝死，昭帝即位。次年，改元始元。于始元六年（前 81 年），与匈奴达成和议。

70 上林：即上林苑。故址在今陕西省西安市附近。汉朝皇帝游玩射猎的园林。

71 如惠语以让单于：（汉使）依照常惠的话去责备单于。让，责问。

72 贳（shì）：赦免。

73 曹柯之盟：《史记・刺客列传》载，春秋时，曹沫鲁将，与齐作战，三战三败，鲁庄公割地求和，但仍用曹沫为将。后齐桓公与鲁庄公会盟于柯邑（时为齐邑，在今山东省阳谷县东北），曹沫持匕首胁迫齐桓公，齐桓公只得归还鲁地。李陵引此以自比，表示要立功赎罪。

74 前已降及物故：以前已经投降匈奴和死去的。物故，死亡。

75 京师：京都，指长安。

76 太牢：祭品，即牛、羊、豕三牲。园：陵园。庙：祭祀祖先的祠庙。

77 典属国：官名，掌管依附汉朝的各属国事务。

78 秩：官俸。中（zhòng）二千石：官俸的等级之一，即每月一百八十石，一年合计二千一百六十石。此举整数而言。

⑲ 上官桀：汉武帝末年封安阳侯，与大将霍光同辅昭帝。其子上官安，娶霍光女，生女，为昭帝皇后，安被封桑乐侯。后桀父子欲废昭帝，杀霍光，立燕王。事败，被灭宗族。桑弘羊：汉武帝末为御史大夫。燕王：名旦，汉武帝第三子。盖主：汉武帝长女，封鄂邑长公主，因嫁盖侯（王信），故又称盖主。谋反事败，与燕王皆自杀。

⑳ 霍光：字子孟。汉武帝时为奉车都尉，后受汉武帝遗诏辅昭帝。昭帝死，迎立昌邑王刘贺。后又废之，迎立宣帝。一切政事都由其决定。

㉑ 大将军：指霍光。长史：指大将军属下的长史官杨敞。

㉒ 廷尉：掌管刑狱的官。

㉓ 寝：搁置不理。

㉔ 宣帝：汉武帝曾孙刘洵。

㉕ 食邑：又名采邑、采地。因食其封邑的租税而称。

㉖ 张安世：张汤之子，宣帝时拜大司马。故事：指典章制度。

㉗ 先帝：指昭帝。

㉘ 宦者署：宦者令的衙门。

㉙ 右曹：加官的一种，由任其他职务的官员担任。

㉚ 祭酒：古代祭祀时，必先推年高有德者举酒以祭。后即称年高有德者为“祭酒”。这里是对苏武的尊称。

㉛ 武弟子：苏贤的儿子。

㉜ 神爵二年：即公元前 60 年。神爵，汉宣帝年号。

【赏析】

《苏武传》是《汉书》中最出色的名篇之一，记述了苏武出使匈奴，面对威逼利诱坚守节操，历尽艰辛而不辱使命的事迹，生动刻画了一个“富贵不能淫，威武不能屈”的爱国志士的光辉形象。

文章首先，介绍了苏武的身世、出使的背景及原因。其次，重点记述了苏武留胡十九年备受艰辛始终坚持民族气节的事迹。该部分是文章着力描写的部分，以精彩的笔墨描写了苏武反抗匈奴统治者招降的种种斗争情形。最后描写了苏武返汉以后受尊宠的情形。《苏武传》是《汉书》中最能表现班固塑造人物形象的艺术才华的优秀篇章之一。

爱国主义是中华民族民族精神的核心。要大力弘扬爱国主义精神，大力弘扬以改革创新为核心的时代精神，为实现中华民族伟大复兴的中国梦提供精神支柱和强大精神动力。责任呼唤担当，使命引领未来。作为公安队伍中的一员更要能负重、敢担当，这样才能推动公安事业一往无前。

班超传(节选)

范　晔

范晔(398—445年),南朝宋史学家。字蔚宗,顺阳(今河南淅川东南)人。曾任尚书吏部郎,元嘉初年(424年)为宣城太守。后迁左卫将军、太子詹事,掌管禁旅,参与机要。元嘉二十二年(454年)末,因孔熙先等谋迎立彭城王义康一案牵涉,被杀。著《后汉书》,成纪传80卷。《班超传》是《后汉书》中的一篇传记,讲述了班超的生平。班超是东汉名将。在西域的31年中,以非凡的军事才能和勇气纵横捭阖,瓦解了匈奴势力,使西域五十余国均归服于汉朝,既维护了汉帝国的安全,又促进了汉朝与西域各民族之间的交流融合,为我国多民族国家的形成、巩固和发展作出了重大贡献。

班超,字仲升,扶风平陵人[①],徐令彪之少子也[②]。为人有大志,不修细节。然内孝谨,居家常执勤苦,不耻劳辱。有口辩,而涉猎书传。永平五年[③],兄固被召诣校书郎[④],超与母随至洛阳[⑤]。家贫,常为官佣书以供养[⑥]。久劳苦,尝辍业投笔叹曰:"大丈夫无它志略,犹当效傅介子、张骞立功异域[⑦],以取封侯,安能久事笔砚间乎[⑧]?"左右皆笑之。超曰:"小子安知壮士志哉!"其后行诣相者,曰:"祭酒[⑨],布衣诸生耳,而当封侯万里之外。"超问其状。相者指曰:"生燕颔虎颈[⑩],飞而食肉,此万里侯相也。"久之,显宗问固[⑪]:"卿弟安在?"固对:"为官写书,受直以养老母[⑫]。"帝乃除超为兰台令史[⑬]。后坐事免官。

十六年[⑭],奉车都尉窦固出击匈奴[⑮],以超为假司马[⑯],将兵别击伊吾[⑰],战于蒲类海[⑱],多斩首虏而还。固以为能,遣与从事郭恂俱使西域[⑲]。超到鄯善[⑳],鄯善王广奉超礼敬甚备,后忽更疏懈。超谓其官属曰:"宁觉广礼意薄乎?此必有北虏使来[㉑],狐疑未知所从故也[㉒]。明者睹未萌,况已著邪。"乃诏侍胡诈之曰[㉓]:"匈奴使来数日,今安在乎?"侍胡惶恐,具服其状[㉔]。超乃闭侍胡[㉕],悉会其吏士三十六人,与共饮,酒酣,因激怒之曰:"卿曹与我俱在绝域[㉖],欲立大功,以求富贵。今虏使到裁数日[㉗],而王广礼敬即废;如令鄯善收吾属送匈奴,骸骨长为豺狼食矣[㉘]。为之奈何?”官属皆曰:“今在危亡之地,死生从司马!”超曰:“不入虎穴,不得虎子。当今之计,独有因夜以火攻虏[29],彼不知我多少,必大震怖,可殄尽也[30]。灭此虏,则鄯善破胆,功成事立矣。”众曰:“当与从事议之。”超怒曰:“吉凶决于今日。从事文俗吏[31],闻此必恐而谋泄,死无所名,非壮士也!”众曰:“善。”初夜,遂将吏士往奔虏营。会天大风,超令十人持鼓藏虏舍后,约曰:“见火然[32],皆当鸣鼓大呼!”余人悉持兵弩夹门而伏[33],超乃顺风纵火,前后鼓噪。虏众惊乱,超手格杀三人,吏兵斩其使及从士三十余级,余众百许人悉烧死。明日乃还告郭恂,恂大惊,既而色动。超知其意,举手曰:“掾虽不行[34],班超何心独擅之乎[35]?”恂乃悦。超于是召鄯善王广,以虏使首示之,一国震怖。超晓告抚慰,遂纳子为质[36]。还奏于窦固,固大喜,具上超功效,并求更选使使西域。帝壮超节[37],诏固曰:“吏如班超,何故不遣而更选乎?今以超为军司马[38],令遂前功[39]。”超复受使,固欲益其兵,超曰:“愿将本所从三十余人足矣,如有不虞[40],多益为累。”

是时,于阗王广德新攻破莎车[41],遂雄张南道[42],而匈奴遣使监护其国。超既西,先至于阗。广德礼意甚疏。且其俗信巫[43]。巫言:“神怒何故欲向汉?汉使有騧马[44],急求取以祠我!”广德乃遣使就超请马。超密知其状,报许之,而令巫自来取马。有顷,巫至,超即斩其首以送广德,因辞让之[45]。广德素闻超在鄯善诛灭虏使,大惶恐,即攻杀匈奴使者而降超。超重赐其王以下,因镇抚焉。

时龟兹王建为匈奴所立[46],倚恃虏威,据有北道,攻破疏勒[47],杀其王,而立龟兹人兜题为疏勒王。明年春,超从间道至疏勒,去兜题所居槃橐城九十里[48],逆遣吏田虑先往降之[49]。敕虑曰[50]:“兜题本非疏勒种,国人必不用命,若不即降,便可执之。”虑既到,兜题见虑轻弱,殊无降意。虑因其无备,遂前劫缚兜题。左右出其不意,皆惊惧奔走。虑驰报超,超即赴之,悉召疏勒将吏,说以龟兹无道之状,因立其故王兄子忠为王,国人大悦。忠及官属皆请杀兜题,超不听,欲示以威信,释而遣之。疏勒由是与龟兹结怨。

十八年,帝崩。焉耆以中国大丧[51],遂攻没都护陈睦[52]。超孤立无援,而龟兹、姑墨数发兵攻疏勒[53]。超守槃橐城,与忠为首尾,士吏单少,拒守岁余。肃宗初即位[54],以陈睦新没,恐超单危不能自立,下诏征超。超发还,疏勒举国忧恐,其都尉黎弇曰[55]:“汉使弃我,我必复为龟兹所灭耳。诚不忍见汉使去。”因以刀自刭[56]。超还至于阗,王侯以下皆号泣曰:“依汉使如父母,诚不可去。”互抱超马脚,不得行。超恐于阗终不听其东,又欲遂本志,乃更还疏勒。疏勒两城自超去后,复降龟兹,而与尉头连兵[57]。超捕斩反者,击破尉头,杀六百余人,疏勒复安。

建初三年[58]，超率疏勒、康居[59]、于阗、拘弥兵一万人[60]，攻占墨石城，破之，斩首七百级。超欲因此叵平诸国[61]，乃上疏请兵曰："臣窃见先帝欲开西域[62]，故北击匈奴[63]，西使外国[64]，鄯善、于阗，即时向化。今拘弥、莎车、疏勒、月氏[65]、乌孙[66]、康居复愿归附，欲共并力破灭龟兹，平通汉道。若得龟兹，则西域未服者百分之一耳。臣伏自惟念[67]，卒伍小吏，实愿从谷吉效命绝域[68]，庶几张骞弃身旷野[69]。昔魏绛列国大夫[70]，尚能和辑诸戎，况臣奉大汉之威，而无铅刀一割之用乎[71]？前世议者皆曰取三十六国[72]，号为断匈奴右臂。今西域诸国，自日之所入[73]，莫不向化[74]，大小欣欣，贡奉不绝，唯焉耆、龟兹独未服从。臣前与官属三十六人奉使绝域，备遭艰厄，自孤守疏勒，于今五载，胡夷情数[75]，臣颇识之。问其城郭小大，皆言'倚汉与依天'等；以是效之[76]，则葱领可通[77]，葱领通，则龟兹可伐。今宜拜龟兹侍子白霸为其国王[78]，以步骑数百送之，与诸国连兵。岁月之间，龟兹可禽[79]。以夷狄攻夷狄[80]，计之善者也。臣见莎车、疏勒田地肥广，草牧饶衍[81]，不比敦煌[82]、鄯善间也。兵可不费中国，而粮食自足。且姑墨、温宿二王，特为龟兹所置[83]，既非其种，更相厌苦，其势必有降反。若二国来降，则龟兹自破。愿下臣章，参考行事。诚有万分，死复何恨。臣超区区，特蒙神灵[84]，窃冀未便僵仆[85]，目见西域平定，陛下举万年之觞[86]，荐勋祖庙[87]，布大喜于天下。"书奏，帝知其功可成，议欲给兵。平陵人徐幹素与超同志[88]，上疏愿奋身佐超。五年，遂以幹为假司马，将弛刑及义从千人就超[89]。

先是，莎车以为汉兵不出，遂降于龟兹，而疏勒都尉番辰亦复反叛，会徐幹适至，超遂与幹击番辰，大破之，斩首千余级，多获生口。超既破番辰，欲进攻龟兹。以乌孙兵强，宜因其力[90]，乃上言："乌孙大国，控弦十万[91]，故武帝妻以公主[92]，至孝宣皇帝，卒得其用[93]。今可遣使招慰，与共合力。"帝纳之。八年，拜超为将兵长史[94]，假鼓吹幢麾[95]，以徐幹为军司马，别遣卫候李邑护送乌孙使者[96]，赐大小昆弥以下锦帛[97]。李邑始到于阗，而值龟兹攻疏勒，恐惧不敢前，因上书陈西域之功不可成，又盛毁超拥爱妻[98]，抱爱子，安乐外国，无内顾心。超闻之，叹曰："身非曾参[99]而有三至之谗[100]，恐见疑于当时矣。"遂去其妻。帝知超忠，乃切责邑曰："纵超拥爱妻，抱爱子，思归之士千余人，何能尽与超同心乎？"令邑诣超受节度[101]。诏超：若邑任在外者，便留与从事[102]。超即遣邑将乌孙侍子还京师。徐幹谓超曰："邑前亲毁君，欲败西域[103]。今何不缘诏书留之[104]，更遣他吏送侍子乎？"超曰："是何言之陋也！以邑毁超，故今遣之。内省不疚，何恤人言[105]！快意留之，非忠臣也。"

明年，复遣假司马和恭等四人将兵八百诣超，超因发疏勒、于阗兵击莎车。莎车阴通使疏勒王忠，啖以重利[106]，忠遂反从之，西保乌即城。超乃更立其府丞成大为疏勒王[107]，悉发其不反者以攻忠。积半岁，而康居遣精兵救之，超不能下。是时，月氏新与康居婚，相亲，超乃使使多赍锦帛遗月氏王[108]，令晓示康居王。康居王乃罢兵，执忠以归其国，乌即城遂降于超。后三年，忠说康居王借兵，还据损中[109]，密与龟兹谋，遣使诈降于超，超内知其奸而外伪许之。忠大喜，即从轻骑诣超。超密勒兵待之[110]，为供张设乐[111]，酒行，乃叱吏缚忠斩之。因击破其众，杀七百余人，南道于是遂通。

明年，超发于阗诸国兵二万五千人，复击莎车。而龟兹王遣左将军发温宿、姑墨、尉头合五万人救之。超召将校及于阗王议曰："今兵少不敌，其计莫若各散去。于阗从是而东，长史亦于此西归，可须夜鼓声而发[112]。"阴缓所得生口[113]。龟兹王闻之大喜，自以万骑于西界遮超[114]，温宿王将八千骑于东界徼于阗[115]。超知二虏已出，密召诸部勒兵，鸡鸣驰赴莎车营，胡大惊乱奔走，追斩五千余级，大获其马畜财物。莎车遂降，龟兹等因各退散。自是威震西域。

【注释】

① 扶风：汉郡名，辖区相当于今咸阳、兴平、扶风、乾县一带。平陵：扶风下属县名，故城在今陕西咸阳市东北。

② 徐令：徐县县令。徐县，汉朝县名，当时属临淮郡，在今安徽泗县西北部。彪：即班彪，班固和班超的父亲，史学家。性"沉重好古"，汉光武帝时举茂才，任徐县县令。后因病去职，专心撰写史籍。《汉书》是从他开始编写的。

③ 永平五年：公元 62 年。永平，东汉明帝刘庄的年号(58—75 年)。

④ 固：班固，字孟坚，博贯载籍，曾历时二十余年，著《汉书》一百二十卷(其中"八表"及《天文志》为班昭续作)。永元四年(92 年)，因窦宪被控"图谋弑逆"案，牵连入狱，并死于狱中。诣(yì)：到。这里指赴任。校书郎：管理书籍的官。

⑤ 洛阳：东汉首都。

⑥ 为官佣书：受官府雇用抄写书籍。

⑦ 傅介子：汉义渠人，年幼好学，曾弃笔而叹曰："大丈夫当立功绝域，何能坐事散儒！"遂从军。昭帝时奉命出使西域，因楼兰(即下文之"鄯善")帮助匈奴反对汉朝，他"愿往刺之"，杀楼兰王而还，被封为义阳侯。张骞：西汉汉中人，曾应募出使月氏，经匈奴时被留居十余年，逃归后拜大中大夫，随大将军卫青击匈奴，封博望侯，是汉武帝时代首先打通西域的探险家。

⑧ 久事笔砚：以舞文弄墨为生。

⑨ 祭酒：犹言先辈。古代酹酒祭神，每由座中尊长率先举酒以祭，后遂称位尊或年长者为祭酒。

⑩ 燕颔虎颈：下巴颏像燕子，头颈像老虎一般肥硕粗健。这是相士的迷信说法。

⑪ 显宗：东汉明帝的庙号。汉代皇帝有在谥号外别具庙号者，如明帝全称是"显宗孝明皇帝"，其中

“显宗”是庙号，“孝明皇帝”是谥号。

⑫ 受直：得到报酬。

⑬ 除：任命。兰台：皇室藏珍秘图书的地方。令史：官名，掌报表文书事。据《续汉志》：“兰台令史六人，秩百石，掌书劾奏及印，主文书。”

⑭ 十六年：永平十六年(73年)。

⑮ 奉车都尉：官名，掌管皇帝御乘舆车，是皇帝的高级侍从。窦固：字孟孙，窦融之侄，汉光武帝之婿。好览书传，尤喜兵法，中元初封显亲侯，明帝时拜奉车都尉。窦固与班超是同乡，窦氏家族因班彪劝导而归附汉光武帝，故二人交好。

⑯ 假司马：次于军司马的官职。汉制，大将军营凡五部，每部设校尉、军司马各一人，又有军假司马一人为副。

⑰ 伊吾：西域地名，故址在今新疆哈密市一带，汉取此以通西域。

⑱ 蒲类海：湖泊名。即今新疆巴里坤湖。

⑲ 从事：幕僚一类的文职官员。

⑳ 鄯善：西域国名，西汉曰“楼兰”，昭帝元凤四年(前77年)改称鄯善。故地在今新疆婼羌县。

㉑ 北虏：指匈奴。

㉒ 狐疑：犹豫不决。

㉓ 侍胡：服侍汉使的胡人。

㉔ 具服其状：把实情都招供了。服，通“伏”，有“伏罪”之意。

㉕ 闭：指关押。

㉖ 卿曹：你们。曹，辈。绝域：离中原极远的地方。

㉗ 裁：才，仅仅。

㉘ 长：永远。

㉙ 因：趁着。

㉚ 殄(tiǎn)：灭绝。

㉛ 文俗吏：平庸的文官。

㉜ 然：同“燃”。

㉝ 弩：用机关放射的弓。这里泛指弓箭。

㉞ 掾(yuàn)：古代官府属员的通称，这里指从事。

㉟ 独擅：此指独占(功劳)。

㊱ 纳：派遣。质：人质。

㊲ 壮：称赞，嘉许。节：此指为人行事。

㊳ 军司马：汉代大将军下属部将，率部卒三千。

㊴ 遂：完成。前功：指通西域。

㊵ 不虞：不测，意料不到的情况。

㊶ 于阗(tián)：西域国名，在今新疆和田一带。莎车：西域国名，即今新疆莎车县。

㊷ 雄张：谓声威大振。南道：汉通西域的南部道路。

㊸ 巫(wū)：为人祈祷求神的人。

㊹ 騧(guā)马：嘴黑的黄马。

㊺ 让:责备。
㊻ 龟兹(qiū cí):西域国名,故地在今新疆库车、沙雅两县间。
㊼ 疏勒:西域国名,故地即今新疆疏勒县。与莎车国相邻,居"丝绸之路"要冲。
㊽ 槃槖(tuó)城:即《后汉书·西域传》所记之"槃槖城",其址未详。
㊾ 逆:预先。
㊿ 敕(chì):命令。
51 焉耆(qí):西域国名,即今新疆焉耆回族自治县。
52 都护:汉朝驻西域负责监督保护西域国家和东西交通的最高行政和军事长官。始置于西汉宣帝时期,并保护南北道使者,故称都护。陈睦为都护时,郭恂为副校尉,陈睦驻地被攻陷,战死,郭恂亦被杀。
53 姑墨:西域国名,即今新疆拜城县。数(shuò):屡次。
54 肃宗:东汉章帝刘炟的庙号。
55 都尉:西域官名,其职次于将军。
56 自刭(jǐng):割颈自杀。
57 尉头:西域国名,故地在今新疆乌什县西。
58 建初:汉章帝刘炟年号(76—83 年)。
59 康居:古国名,故地相当于今新疆北部一带及苏联中亚地区,不属汉都护所辖范围。
60 拘弥:一称"扜弥",西域国名,位于今新疆于田县克里雅河东古拘弥城遗址一带。
61 叵(pǒ):遂,就。
62 先帝:指汉明帝刘庄,在位十九年(57—75 年)。
63 北击匈奴:指窦固击匈奴事。
64 西使外国:即遣班超与郭恂出使西域。
65 月氏(ròu zhī):古国名,世居甘肃西部,西汉时为匈奴所击,西走阿母河(中亚细亚一带),号大月氏。余部留住今甘肃、青海二地,为小月氏。
66 乌孙:西域国名,故地相当于今新疆阿克苏县以北伊宁市以南一带。
67 伏:俯伏。作者自谦之词。惟念:思量。
68 谷吉:西汉谷永之父,长安人。汉元帝时为卫司马,曾奉命出使西域,为匈奴郅支单于所杀。
69 庶几:但愿。
70 魏绛:春秋时晋国大夫。《左传》载,晋悼公时,山戎曾使孟乐至晋国,因魏绛献上虎豹之皮请求和山戎各派议和,晋悼公于是让魏绛与各派结盟,从而使晋国免遭戎族国家的侵犯骚扰。
71 铅刀一割:铅制之刀,利不如宝剑,一割即失其锋。这里是班超自喻才力微薄的自谦之词。
72 耿:联合。三十六国:指西域诸国,均位于匈奴之西,乌孙之南,后逐渐分裂为五十五国,乃至百余国。匈奴在中国北方,坐北朝南向,西域处其右,它经常胁迫、利用西域,视为己之右臂。
73 日之所入:指日落之处的国家,极言其西、其远。《后汉书·西域列传》:"自条支国乘水西行,可百余日,近日所入。"
74 向化:倾向归化汉朝。
75 情数:情况。
76 效:检验。

⑦⑦ 葱领：天山、昆仑之发源处，在今新疆西南部。领，通“岭”。
⑦⑧ 侍子：为表示臣服而派往汉朝作人质的外国王子。
⑦⑨ 禽：同“擒”，制服。
⑧⓪ 夷：古代东部少数民族；狄：亦作“翟”，北方少数民族。夷狄，对边地民族的通称。
⑧① 草牧饶衍：水草丰茂，牧业兴旺。
⑧② 敦煌：郡名，汉代设置。今属甘肃。
⑧③ 温宿：西域国名，故地在今新疆阿克苏地区。特：只是，不过是。
⑧④ 特蒙神灵：恭维的话语，意思是只不过托天子的洪福罢了。
⑧⑤ 未便：还不至于。僵仆：死亡。
⑧⑥ 举万年之觞：意谓举杯祝贺天下长治久安。觞，酒杯。
⑧⑦ 荐勋：进献功劳。
⑧⑧ 平陵：古县名，在今咸阳市西北。西汉五陵之一，汉昭帝刘弗陵筑陵置县，死后即葬于此地。徐幹：字伯张，擅长书法，与班超友善。
⑧⑨ 弛刑：减刑的罪犯。义从：自愿从军者。
⑨⓪ 宜：理应。因：借助。
⑨① 控弦：引弓待发，这里指强健的兵卒。
⑨② 公主：名细君，汉景帝孙，江都王刘建之女。汉武帝以她为公主，远嫁乌孙，赠送对方丰厚的物品，乌孙封她为右夫人。
⑨③ 孝宣皇帝：即汉宣帝刘询，汉武帝曾孙，在位二十五年(前74—前48年)。卒：终于。用：功效。
⑨④ 将兵长(zhǎng)史：汉代特置的驻防边郡的统兵长官。
⑨⑤ 鼓吹：军乐。幢(chuáng)麾：旗帜一类仪仗，其上饰以鸟羽。这都是大将所拥有的仪式，班超不是统兵万人的大将，所以说“假”，即特准借用的意思。
⑨⑥ 卫候：官名，禁卫军中级军职。
⑨⑦ 昆弥：乌孙称王为昆弥。老昆弥死，其子孙争王位，汉宣帝时令乌孙立大小两昆弥，各赐印绶。
⑨⑧ 盛毁：竭力诋毁。
⑨⑨ 曾参：孔子弟子，字子舆，事亲孝，有德行。
⑩⓪ 三至之谗：《战国策·秦策》载，有与曾参同姓名的人在外杀人，别人告诉曾参的母亲，她不相信，像平常一样织布。不一会儿，又一人来告诉曾参的母亲，她仍然照常织布。一会儿，又有第三个人来告诉她曾参杀人。她终于误信传闻，吓得放下织机翻墙逃走了。
⑩① 受节度：接受(班超)指挥。
⑩② “若邑”二句：意思是如果李邑在外面还能任职，便留他在那里共事(否则即遣送回国)。
⑩③ 欲败西域：要破坏打通西域的谋划。
⑩④ 缘：依据。
⑩⑤ 内省(xǐng)：自我检查。疚：病。原本出自《论语·颜渊》：“内省不疚，夫何忧何惧？”恤：顾虑，忧患。
⑩⑥ 啖(dàn)：这里指引诱。
⑩⑦ 府丞：西域各国王室之行政长官。
⑩⑧ 赍(jī)：携带。遗(wèi)：赠送。

⑲ 损中:应作“桢中”,疏勒城。
⑳ 勒兵:布置军队。勒,拉紧缰绳令马前行。
⑪ 供张:陈设营帐。张,通“帐”。
⑫ 须:等到。夜鼓声:《司马法》记载:“军中夜间击鼓凡三次。昏黑之鼓四通,夜半三通,旦明五通也。”
⑬ 阴缓:暗中放松。
⑭ 遮:阻击,拦击。
⑮ 徼(yāo):半路上截击。

【赏析】

班超是东汉著名的军事家和外交家。他为人孝顺而恭谨,志向远大。班超居西域31年,正确执行汉朝安抚政策,以过人的勇谋和非凡的军事才能,战必胜,攻必取,瓦解了匈奴势力,既维护了汉帝国安全,又促进了与西域各民族的融合。本传详尽记述了班超在西域戎马倥偬、浴血奋战的一生。文字雅洁,叙事流利,头绪虽多而脉络不乱。人物形象鲜明,写来有声有色。

弘扬爱国主义精神,必须维护祖国统一和民族团结。在新时代条件下,弘扬爱国主义精神,必须把维护祖国统一和民族团结作为重要着力点和落脚点。公安院校的大学生,要做到在大是大非立场上特别清醒、在维护民族团结的行动中特别坚定、在热爱各族群众的感情上特别真诚,凝心聚力、旗帜鲜明地与反分裂行为作斗争,维护社会稳定和谐。

陶渊明集序

萧　统

萧统(501—531年),字德施,小字维摩。南兰陵(今江苏常州西北)人。梁武帝萧衍长子,天监元年(502年)立为皇太子。幼年聪睿,5岁时已遍读“五经”,后并阅读大量佛教典籍。生性仁孝,性格恬淡,喜爱山水自然。平时喜结交文士,讨论文章,评说古今,创作诗文,编纂文籍。梁中大通三年(531年)游东宫后池,不慎坠入水中,引发寒疾,发病而死,谥为昭明,故世称昭明太子。在其短暂的一生中,留下《昭明太子集》20卷,现有6卷存世。另编有《正序》10卷、《文章英华》20卷。搜集校理陶渊明诗文,编成《陶渊明集》7卷并为之作《序》和《传》。影响最大的著述是他主持编纂的文学总集《文选》30卷。《文选》序中提出的“事出于沉思,义归乎翰藻”的选文标准,符合我国文学创作的审美理想,从而使《文选》成了一部文范之作,是后世文人的一部必读之书。

夫自炫自媒者[①],士女之丑行[②];不忮不求者[③],明达之用心。是以圣人韬光[④],贤人遁世。其故何也?含德之至[⑤],莫逾于道;亲己之切,无重于身。故道存而身安,道亡而身害。处百龄之内[⑥],居一世之中,倏忽比之白驹[⑦],寄寓谓之逆旅[⑧],宜乎与大块而盈虚[⑨],随中和而任放。岂能戚戚劳于忧畏[⑩],汲汲役于人间[⑪]?齐讴、赵女之娱[⑫],八珍、九鼎之食[⑬],结驷、连骑之荣,侈袂、执圭之贵[⑭],乐则乐矣,忧亦随之。何倚伏之难量[⑮],亦庆吊之相及[⑯]。智者、贤人居之,甚履薄冰;愚夫、贪士竞之,若泄尾闾[⑰]。玉之在山,以见珍而终破;兰之生谷,难无人而自芳。故庄周垂钓于濠,伯成躬耕于野。或货海东之药草,或纺江南之落毛。譬彼鸳雏,岂竞鸢、鸱之肉;犹斯杂县[⑱],宁劳文仲之牲[⑲]!至如子常、宁喜之伦[⑳],苏秦、卫鞅之匹[㉑],死之而不疑,甘之而不悔。主父偃言生不五鼎食,死则五鼎烹,卒如其言。岂不痛哉!又楚子观周,受折于孙满[㉒];霍侯骖乘,祸起于负芒[㉓]。饕餮之徒,其流甚众。唐尧四海之主,而有汾阳之心;子晋天下之储[㉔],而有洛滨之志。轻之若脱屣,视之若鸿毛,而况于他乎?是以至人达士,因以晦迹。或怀厘而谒帝[㉕],或披褐而负薪[26]，鼓枻清潭，弃机汉曲[27]。情不在于众事[28]，寄众事以忘情者也。

有疑陶渊明诗篇篇有酒。吾观其意不在酒，亦寄酒为迹者也。其文章不群，辞彩精拔[29]，跌宕昭彰[30]，独超众类，抑扬爽朗，莫之与京[31]。横素波而傍流，干青云而直上。语时事则指而可想，论怀抱则旷而且真。加以贞志不休，安道苦节，不以躬耕为耻，不以无财为病[32]，自非大贤笃志，与道污隆[33]，孰能如此乎？余素爱其文，不能释手，尚想其德，恨不同时。故加搜校，粗为区目。白璧微瑕惟在闲情一赋，扬雄所谓劝百而讽一者[34]；卒无讽谏，何足摇其笔端？惜哉！无是可也。并粗点定其传，编之于录。尝谓有能读渊明之文者，驰竞之情遣，鄙吝之意祛，贪夫可以廉，懦夫可以立，岂止仁义可蹈，抑乃爵禄可辞。不必傍游泰华[35]，远求柱史[36]，此亦有助于风教也。

【注释】

① 炫：夸耀卖弄。

② 士女：旧指男女或未婚男女。

③ 不忮(zhì)不求：不妒忌，不贪求。

④ 韬光：比喻隐藏声名才华。

⑤ 含德：怀藏道德。

⑥ 百龄：百岁，指人的一生。

⑦ 白驹：原指骏马，后比喻日影；白驹过隙：像小白马在细小的缝隙前跑过一样。形容时间过得极快。

⑧ 逆：古语中为"迎接"。旅：旅人、行者；逆旅引申即为旅店的意思。

⑨ 大块：大自然；大地。

⑩ 戚戚：心动的样子。

⑪ 汲的本义是从井里打水，取水。而"汲汲"则专门形容急切的样子，表示急于得到的意思。

⑫ 讴(ōu)：歌颂，赞美。

⑬ 八珍：指古代八种珍贵的食品。九鼎：《周礼》，王九鼎：牛、羊、乳猪、干鱼、干肉、牲肚、猪肉、鲜鱼、鲜肉干。这里指各种珍稀的美食。

⑭ 袂：衣袖。圭：古玉器名。

⑮ 倚伏：《老子》第五十八章："祸兮福之所倚，福兮祸之所伏。"

⑯ 庆吊：指庆贺与吊慰。亦指喜事与丧事。

⑰ 尾闾：古代传说中海水所归之处(语见《庄子·秋水》)，也就是海拔很低、承接所有的江水、河水并且汇聚这些水的地方。现多用来指江河的下游。

⑱ 杂县：海鸟名，亦名爰居。《尔雅·释鸟》："爰居，杂县。"典出自《国语·鲁语上》：海鸟曰爰居，止于鲁东门之外三日。臧文仲使国人祭之，展禽曰："越哉，臧孙之为政也！夫祀，国之大节也；而节，政之所成也。故慎制礼以为国典。今无故而加典，非政之宜也。"

⑲ 文仲：即臧文仲，春秋时鲁国正卿。牲：古代特指供宴飨祭祀用的牛、羊、猪。
⑳ 伦：辈。
㉑ 匹：同类。
㉒ 孙满：春秋时周大夫。楚庄王八年(前606年)，楚攻陆浑之戎，至洛，陈兵于周效。他奉周定王命前往劳军。楚王问周鼎的大小轻重，意欲代周，他答以："周德虽衰，天命未改，鼎之轻重，未可问也。"终使楚军退去。
㉓ 负芒：锋芒太露。霍光年轻时曾负责保卫汉武帝的安全，所谓"出则奉车，入侍左右"。
㉔ 子晋：王子乔的字。神话人物。相传为周灵王太子，喜吹笙；作凤凰鸣，被浮丘公引往嵩山修炼，后升仙。
㉕ 怀厘：怀着求福的愿望。厘，通"禧"，福。谒帝：谒见皇帝。
㉖ 褐：粗布或粗布衣服。
㉗ 机：心计。曲：指幽深之处。
㉘ 众事：公事。
㉙ 拔：突出、超出。
㉚ 昭彰：昭著，显著。
㉛ 京：大、盛。
㉜ 病：苦恼，困恼。
㉝ 污隆：升与降。
㉞ 劝百而讽一：形容规讽正道的言辞远远比不上劝诱奢靡的言辞。意在使人警戒，但结果却适得其反。司马相如《子虚赋》和《上林赋》两篇，代表了汉大赋的最高成就。他在两赋中基本规定了汉大赋的模式：先是连篇累牍地堆砌辞藻，极尽夸张美饰之能事，最后以淫乐足以亡国，仁义必然兴邦的讽谏作为结尾，铸成"劝百讽一"的体制；《史记·司马相如列传》："扬雄以为靡丽之赋，劝百而讽一，犹驰骋郑卫之声，曲终而奏雅，不已亏乎？"
㉟ 泰华：泰山、华山。
㊱ 柱史："柱下史"的省称，代指老子。相传老子曾为周柱下史，故以代称。

【赏析】

本文可分为两部分，第一部分，作者泛论立身处世的人生态度，第二部分重点评论陶渊明的为人及其作品。

文章的语言受骈文影响非常明显，句式精工对仗，排偶叠出，富有气势。骈散结合，抑扬顿挫，跌宕起伏，大量用典，且多引用道家著作，既体现当时文坛的风尚，也表现了萧统对老庄自然哲学思想的偏好，符合萧统偏好于自然的恬淡性格。文章的结构，先一般后具体，先放论后收束。先纵论一般的人生态度，提出合"道"的人生理想，再具体评价陶渊明的人品和文品。这种文章结构具有很强的逻辑性和说服力。

《张中丞传》后序[①]

韩　愈

韩愈(768—824年),字退之,河南河阳(今河南孟县西)人,唐代文学家、政治家,其郡望在昌黎,世称“韩昌黎”。三岁而孤,由嫂郑氏抚养成人。贞观八年(792年)中进士,先后任汴州观察推官、四门博士、监察御史等职。任监察御史时曾因关中旱饥,上疏请免徭役赋税,指斥朝政,被贬为阳山令。元和十二年(817年),从裴度平淮西吴元济有功,迁为刑部侍郎。后二年,又因谏阻宪宗迎佛骨,几被杀,经裴度等援救,改贬为潮州刺史。穆宗即位,奉召回京,为兵部侍郎,又转吏部侍郎,世也称“韩吏部”,卒谥文,后称“韩文公”。韩愈在政治上反对藩镇割据,思想上尊儒排佛,所作《原道》《原性》《师说》等对后世影响很大。在文学上主张“词必己出”“惟陈言之务去”,反对形式主义的骈偶之风,与柳宗元一起倡导并推行“古文运动”,创作了许多优秀的散文,形成了一种独具风格的富于逻辑性与规范性的文体。他的散文在继承先秦、两汉古文的基础上加以创新发展,是一种从内容到形式都具有改革精神的散文。他的散文对后世影响很大,故被人誉为“文起八代之衰”。有《韩昌黎集》。

元和二年四月十三日夜[②],愈与吴郡张籍阅家中旧书[③],得李翰所为《张巡传》[④]。翰以文章自名[⑤],为此传颇详密。然尚恨有阙者:不为许远立传[⑥],又不载雷万春事首尾[⑦]。

远虽材若不及巡者,开门纳巡[⑧],位本在巡上。授之柄而处其下[⑨],无所疑忌,竟与巡俱守死,成功名。城陷而虏,与巡死先后异耳[⑩]。两家子弟材智下,不能通知二父志[⑪],以为巡死而远就虏,疑畏死而辞服于贼。远诚畏死,何苦守尺寸之地,食其所爱之肉,以与贼抗而不降乎[⑫]?当其围守时,外无蚍蜉蚁子之援[⑬],所欲忠者,国与主耳,而贼语以国亡主灭[⑭]。远见救援不至,而贼来益众,必以其言为信。外无待而犹死守[⑮],人相食且尽,虽愚人亦能数日而知死所矣。远之不畏死亦明矣!乌有城坏,其徒俱死,独蒙愧耻求活?虽至愚者不忍为,呜呼!而谓远之贤而为之耶！

说者又谓，远与巡分城而守，城之陷，自远所分始[16]。以此诟远。此又与儿童之见无异。人之将死，其脏腑必有先受其病者；引绳而绝之，其绝必有处。观者见其然，从而尤之，其亦不达于理矣！小人之好议论，不乐成人之美，如是哉！如巡、远之所成就，如此卓卓，犹不得免，其他则又何说！

当二公之初守也，宁能知人之卒不救，弃城而逆遁？苟此不能守，虽避之他处何益？及其无救而且穷也，将其创残饿羸之余[17]，虽欲去，必不达。二公之贤，其讲之精矣[18]！守一城，捍天下，以千百就尽之卒，战百万日滋之师，蔽遮江淮，沮遏其势[19]，天下之不亡，其谁之功也？当是时，弃城而图存者，不可一二数；擅强兵坐而观者，相环也。不追议此，而责二公以死守，亦见其自比于逆乱，设淫辞而助之攻也。

愈尝从事于汴、徐二府[20]，屡道于两府间，亲祭于其所谓双庙者[21]。其老人往往说巡、远时事云：南霁云之乞救于贺兰也[22]，贺兰嫉巡、远之声威功绩出己上，不肯出师救。爱霁云之勇且壮，不听其语，强留之，具食与乐，延霁云坐。霁云慷慨语曰："云来时，睢阳之人，不食月馀日矣！云虽欲独食，义不忍；虽食，且不下咽！"因拔所佩刀，断一指，血淋漓，以示贺兰。一座大惊，皆感激为云泣下。云知贺兰终无为云出师意，即驰去。将出城，抽矢射佛寺浮图，矢著其上砖半箭，曰："吾归破贼，必灭贺兰！此矢所以志也。"愈贞元中过泗州[23]，船上人犹指以相语。城陷，贼以刃胁降巡，巡不屈，即牵去，将斩之。又降霁云，云未应。巡呼云曰："南八[24]，男儿死耳，不可为不义屈！"云笑曰："欲将以有为也，公有言，云敢不死？"即不屈。

张籍曰："有于嵩者，少依于巡。及巡起事，嵩常在围中[25]。"籍大历中于和州乌江县见嵩[26]，嵩时年六十馀矣。以巡初尝得临涣县尉[27]，好学，无所不读。籍时尚小，粗问巡、远事，不能细也。云巡长七尺馀，须髯若神。尝见嵩读《汉书》，谓嵩曰："何为久读此？"嵩曰："未熟也。"巡曰："吾于书读不过三遍，终身不忘也。"因诵嵩所读书，尽卷不错一字。嵩惊，以为巡偶熟此卷，因乱抽他帙以试[28]，无不尽然。嵩又取架上诸书，试以问巡，巡应口诵无疑。嵩从巡久，亦不见巡常读书也。为文章，操纸笔立书，未尝起草。初守睢阳时，士卒仅万人[29]，城中居人户亦且数万，巡因一见问姓名。其后无不识者。巡怒，须髯辄张。及城陷，贼缚巡等数十人坐，且将戮。巡起旋，其众见巡起，或起或泣。巡曰："汝勿怖！死，命也。"众泣不能仰视。巡就戮时，颜色不乱，阳阳如平常。远宽厚长者，貌如其心。与巡同年生，月日后于巡，呼巡为兄，死时年四十九。嵩贞元初死于亳、宋间[30]。或传嵩有田在亳、宋间，武人夺而有之，嵩将诣州讼理，为所杀。嵩无子。张籍云。

【注释】

① 张中丞：即张巡，中丞，张巡驻守睢阳时朝廷所加的官衔。

② 元和二年：807 年。元和，唐宪宗李纯的年号。

③ 张籍：字文昌，吴郡（今江苏省苏州市）人，唐代著名诗人，韩愈学生。

④ 李翰：字子羽，赵州赞皇（今河北省元氏县）人，官至翰林学士。

⑤ 自名：自诩。

⑥ 许远：字令威，唐代杭州盐官（今浙江省海宁县）人。

⑦ 雷万春：张巡部下勇将。

⑧ 开门纳巡：肃宗至德二年（757 年）正月，叛军安庆绪部将尹子奇带兵十三万围睢阳，许远向张巡告急，张巡自宁陵率军入睢阳城（见《资治通鉴》卷二一九）。

⑨ 柄：权柄。

⑩ “城陷”二句：此年十月，睢阳陷落，张巡、许远被虏。张巡与部将被斩，许远被送往洛阳邀功。

⑪ “两家”句：《新唐书·许远传》载，安史之乱平定后，大历年间，张巡之子张去疾上书代宗，谓城破后张巡等被害，惟许远独存，是屈降叛军，请追夺许远官爵。诏令去疾与许远之子许岘及百官议此事。两家子弟即指张去疾、许岘。通知：通晓。

⑫ “食其”句：尹子奇围睢阳时，城中粮尽，军民以雀鼠为食，最后只得以妇女与老弱男子充饥。当时，张巡曾杀爱妾、许远曾杀奴仆以充军粮。

⑬ 蚍蜉：黑色大蚁。蚁子：幼蚁。意指当时没有援军。

⑭ “而贼”句：安史乱时，长安、洛阳陷落，玄宗逃往西蜀，唐室岌岌可危。

⑮ 外无待：睢阳被围后，河南节度使贺兰进明等皆拥兵观望，不来相救。

⑯ “说者”句：张巡和许远分兵守城，张守东北，许守西南。城破时叛军先从西南处攻入，故有此说。

⑰ 羸（léi）：瘦弱。

⑱ “二公”二句：谓二公功绩前人已有精当的评价。此指李翰《进张中丞传表》所云：“巡退军睢阳，扼其咽领，前后拒守，自春徂冬，大战数十，小战数百，以少击众，以弱击强，出奇无穷，制胜如神，杀其凶丑九十余万。贼所以不敢越睢阳而取江淮，江淮所以保全者，巡之力也。”

⑲ 沮遏（è）：阻止。

⑳ “愈尝”句：韩愈曾先后在汴州（治所在今河南省开封市）、徐州（治所在今江苏省徐州市）任推官之职。唐称幕僚为从事。

㉑ 双庙：张巡、许远死后，后人在睢阳立庙祭祀，称为双庙。

㉒ 南霁云：魏州顿丘（今河南省清丰县西南）人。安禄山反叛，被遣至睢阳与张巡议事，为张所感，遂留为部将。贺兰：复姓，指贺兰进明。时为御史大夫、河南节度使，驻节于临淮一带。

㉓ 贞元：唐德宗李适年号。泗州：唐属河南道，州治在临淮（今江苏省泗洪县东南），当年贺兰屯兵于此。

㉔ 南八：南霁云排行第八，故称。

㉕ 常：通“尝”，曾经。

㉖ 大历：唐代宗李豫年号（766—779 年）。和州乌江县：在今安徽省和县东北。

㉗ “以巡”句：张巡死后，朝廷封赏他的亲戚、部下，于嵩因此得官。临涣：故城在今安徽省宿州西南。

㉘ 帙：书套，也指书本。

㉙ 仅：几乎。

㉚ 亳：亳州，治所在今安徽省亳州。宋：宋州，治所在睢阳。

【赏析】

安史之乱中，张巡奋起抗敌，后与许远死守睢阳，最终因粮尽援绝而城破，壮烈牺牲。然而平乱以后，竟有人诬蔑、毁谤张许降贼有罪，为割据势力张目。

其友人李翰写了《张巡传》，上给肃宗，澄清事实。韩愈读了李翰的《张巡传》后，写了这篇后叙。

本文在结构上前叙后议，前后承接。文章的记叙、议论都服务于赞美英雄、斥责小人的主题。作者强烈的爱憎贯穿文章的始末，议论时感慨愤激，不能自已；叙述处，情注笔端，动人心魄。本文的议论带有概括的叙述，通过议论睢阳保卫战的情景，概括地呈现于读者的眼前；本文的叙述又堪称形象的议论，英雄壮烈献身的事迹，就是对形形色色无耻诬蔑的有力否定，对造谣中伤者的无情鞭挞。在前面的议论中，指出必须追究“相环”于阳城外的“擅强兵坐而观者”的责任，在后面的叙述中，即以贺兰进明“不肯出师救”的例子证明其事，并寓严厉的谴责于形象的描写之中。

夹叙夹议是文章突出的特点。文章在议论的同时包含对人物形象的刻画、性格的凸显，而在记叙的同时又有着议论的成分，发表了自身的感情倾向。总之，叙议结合之紧密，已达到了融为一体、不可分割的程度。

人生的意义与价值

季羡林

季羡林(1911—2009年),山东临清人,著名古文字学家、佛学家、历史学家和作家。1930年考入国立清华大学西洋文学系,1934年毕业。1935年秋入德国哥廷根大学主修印度学,先后掌握了梵文、巴利文、佛教混合梵文、吐火罗文等古代语言。在德期间,发表论文多篇,获得国际学术界高度评价。1941年获哲学博士学位,1946年回国,任北京大学教授兼东方语言文学系主任。1949年后历任中国科学院哲学社会科学部委员、聊城大学名誉校长、北京大学副校长、中国社会科学院南亚研究所所长。季羡林是北京大学的终身教授,与饶宗颐并称为“南饶北季”。生前曾撰文三辞桂冠:国学大师、学界泰斗、国宝。

当我还是一个青年大学生的时候,报纸杂志上曾刮起一阵讨论人生的意义与价值的微风,文章写了一些,议论也发表了一通。我看过一些文章,但自己并没有参加进去。原因是,有的文章不知所云,我看不懂。更重要的是,我认为这种讨论本身就无意义,无价值,不如实实在在地干几件事好。

时光流逝,一转眼,自己已经到了望九之年,活得远远超过了我的预算。有人认为长寿是福,我看也不尽然。人活得太久了,对人生的种种相,众生的种种相,看得透透彻彻,反而鼓舞时少,叹息时多。远不如早一点离开人世这个是非之地,落一个耳根清净。

那么,长寿就一点好处都没有吗?也不是的。这对了解人生的意义与价值,会有一些好处的。

根据我个人的观察,对世界上绝大多数人来说,人生一无意义,二无价值。他们也从来不考虑这样的哲学问题。走运时,手里攥满了钞票,白天两顿美食城,晚上一趟卡拉OK,玩一点小权术,耍一点小聪明,甚至恣睢骄横,飞扬跋扈,昏昏沉沉,浑浑噩噩,等到钻入了骨灰盒,也不明白自己为什么活一生。

其中不走运的则穷困潦倒,终日为衣食奔波,愁眉苦脸,长吁短叹。即使日子还能过得去的，不愁衣食，能够温饱，然也终日忙忙碌碌，被困于名缰，被缚于利索。同样是昏昏沉沉，浑浑噩噩，不知道为什么活一生。

对这样的芸芸众生，人生的意义与价值从何处谈起呢？我自己也属于芸芸众生之列，也难免浑浑噩噩，并不比任何人高一丝一毫。如果想勉强找一点儿区别的话，那也是有的——我，当然还有一些别的人，对人生有一些想法，动过一点儿脑筋，而且自认这些想法是有点道理的。

我有些什么想法呢？话要说得远一点。当今世界上战火纷飞，人欲横流，“黄钟毁弃，瓦釜雷鸣”，是一个十分不安定的时代。但是，对于人类的前途，我始终是一个乐观主义者。我相信，不管还要经过多少艰难曲折，不管还要经历多少时间，人类总会越变越好的，人类大同之域决不会仅仅是一个空洞的理想。但是，想要达到这个目的，必须经过无数代人的共同努力。有如接力赛，每一代人都有自己的一段路程要跑。又如一条链子，是由许多环组成的，每一环从本身来看，只不过是微不足道的一点东西；但是没有这一点儿东西，链子就组不成。在人类社会发展的长河中，我们每一代人都有自己的任务，而且是绝非可有可无的。如果说人生有意义与价值的话，其意义与价值就在这里。

但是，这个道理在人类社会中只有少数有识之士才能理解。鲁迅先生所称之“中国的脊梁”，指的就是这种人。对于那些肚子里吃满了肯德基、麦当劳、比萨饼，到头来终不过是浑浑噩噩的人来说，有如夏虫不足以语冰，这些道理是没法谈的。他们无法理解自己对人类发展所应当承担的责任。

话说到这里，我想把上面说的意思简短扼要地归纳一下——如果人生真有意义与价值的话，其意义与价值就在于对人类发展的承上启下、承先启后的责任感。

1995 年 3 月 2 日

【赏析】

“真”和“朴”是季羡林散文的两大特点，也是其散文的独特风格。“真”即其散文是他心灵的一面镜子，真实地映照出近九十年坎坷、曲折、追求、奋斗的人生历程。文中传达了他的痛苦与快乐、忧伤与幸福、迷茫与豁达、苦涩与甘甜。季羡林作品的字里行间总带有深情，文章都是从心底“流出来”的。他反复讲：“我写东西有一条金科玉律：凡是没有真正使我感动的事物，我绝不下笔去写。”因此他的作品真实地记录了他对人生的思索、对逆历史潮流而动的邪恶势力的愤慨，更倾泻了对一切美好事物真挚的爱。

“朴”即他的作品朴实无华、小中见大。作品题材大都是从描写身边琐事出发，散文语言具有质朴而凝练的特点。读他的作品就像听他淳朴亲切的娓娓道来，给人以强烈的震撼。在朴实中蕴含着幽美，在静穆中饱含着热情，在飘逸秀丽中不失遒劲和锋刃。在诙谐隽永的语言中蕴含着深刻的人生哲理，在行云流水般的字里行间凸显着人格魅力。季羡林在这篇散文里启发我们：人生的意义与价值就在于对人类发展的承上启下、承先启后的责任感。

我的世界观

阿尔伯特·爱因斯坦

阿尔伯特·爱因斯坦(1879—1955年),德国人,当代伟大的物理学家。他热爱物理学,把毕生献给了物理学的理论研究。人们称他为20世纪的哥白尼、20世纪的牛顿。他不为旧传统所束缚,在洛伦兹等人研究工作的基础上,对空间和时间这样一些基本概念作了本质上的变革。这一理论上的根本性突破,开辟了物理学的新纪元。爱因斯坦创立相对论,依其研究对象的不同可分为狭义相对论和广义相对论。相对论和量子力学的提出给物理学带来了革命性的变化,它们共同奠定了现代物理学的基础。相对论极大地改变了人类对宇宙和自然的“常识性”观念,提出了“同时的相对性”“四维时空”“弯曲时空”等全新的概念。

我们这些终有一死之人的命运是多么奇特啊!在这个世上每个人都是匆匆过客;目的何在,他并不知晓,尽管有时自认为感觉得到。但不必深思,从日常生活就可以知道,人是为他人而活着的——首先是为这样一些人,我们的幸福完全依赖于他们的快乐与健康;还为许多素不相识之人,同情的纽带将其命运与我们紧密相连。我每天无数次地提醒自己:我的精神生活和物质生活都依赖于他人的劳动,无论他们去世还是健在,我必须尽力以同等程度回报我已经领受和正在领受的东西。我强烈向往俭朴的生活,并时常为发觉自己占用了同胞们过多的劳动而心情沉重。我认为阶级的区分是不合理的,它最终以暴力为根据。我也相信,无论在身体上还是精神上,简单纯朴的生活对每个人都是有益的。

我完全不相信人会有哲学意义上的自由。每一个人的行为不仅受到外界的强迫,还要符合内在的必然。叔本华说:“人能做其所意愿,但不能意愿其所意愿。”从青年时代起,这句话就一直激励着我;当我面对生活的困境时,它总能给我慰藉,并且永远是宽容的源泉。这种认识可以减轻那种容易使人气馁的责任感,防止我们太过严肃地对待自己和他人,而且有助于建立一种幽默在其中有着特殊地位的人生观。

客观地讲，要探究一个人自身或所有生物存在的意义或目的，我总觉得是荒唐可笑的。不过，每个人都有一些理想作为他努力和判断的指南。在这个意义上，我从不把安逸和享乐看成目的本身(我把这种伦理基础称为猪栏的理想)。照亮我道路的理想是善、美和真，它们不断给我以新的勇气去愉快地面对生活。倘若没有对志同道合者的亲切感，倘若不是全神贯注于客观世界，那个在艺术和科学研究领域永远达不到的对象，在我看来生活便是空虚的。人们努力追求的庸俗目标——财产、虚名、奢侈——我总觉得是可鄙的。

对于社会正义和社会责任，我有着强烈的感受，但对于直接接触他人和社会，我又表现出明显的淡漠，二者之间总是形成古怪的对照。我实在是一个“孤独的过客”，从未全心全意地属于我的国家、我的家庭、我的朋友，甚至是我的直系亲人；在所有这些关系面前，我从未失去一种疏离感和保持孤独的需要，而且这种感受正与日俱增。人会清楚地发觉，与别人的相互理解和协调一致是有限度的，但这并不足惜。这样的人无疑会失去些天真无邪和无忧无虑，但也因此能在很大程度上不为别人的意见、习惯和判断所左右，并且不去尝试把他内心的平衡建立在这样一些不可靠的基础之上。

我的政治理想是民主。每个人都应当作为人而受到尊重，不要把任何人当作偶像来崇拜。我一直受到别人过分的赞扬和尊敬，这不是我的过错或功劳，而实在是命运的嘲弄。这大概源于许多人无法实现的一种愿望，他们想理解我以自己的绵薄之力通过不懈努力所获得的几个观念。我清楚地知道，一个组织要想实现它的目标，必须有一个人去思考、去指挥，并且全面担负起责任。但被领导的人绝不能受到强迫，他们必须能够选择自己的领袖。在我看来，强迫性的独裁专制很快就会腐化堕落。因为暴力总是会吸引来一些品德低劣之人。我相信，天才的暴君总是由恶棍来继承，这是一条亘古不变的规律。因此，我总是强烈反对当今意大利和俄国的那些制度。今天欧洲的民主形式之所以受到质疑，不能归咎于民主原则本身，而是由于政府缺乏稳定性以及选举制度中人性考虑不足所造成的。在这方面，我相信美国已经找到了正确的道路。他们选出的总统任期足够长，有充分的权力来真正履行职责。而在德国的政治制度中，我所看重的是，它为救助病人或贫困的人作了广泛规定。在丰富多彩的人类生活中，我认为真正可贵的不是政治上的国家，而是有创造性和情感的个人，是人格；只有个人才能创造出高贵和崇高的东西，而民众本身在思想和感觉上总是迟钝的。

接着这个话题，我要谈谈民众生活中一种最坏的表现，那就是我所憎恶的军事制度。一个人能以随着军乐旋律在队列中行进为乐,单凭这一点就足以让我鄙视他。他长了大脑只是出于误会,单凭脊髓就足以满足他的需要了。文明的这个罪恶之源应当尽快铲除。由命令而产生的英雄主义,毫无意义的暴行,打着爱国主义的旗号所进行的一切令人作呕的胡闹,所有这些都令我深恶痛绝。在我看来,战争是多么邪恶、卑鄙!我宁愿被千刀万剐,也不愿参与这种可憎的勾当。无论如何,我对人类的评价还是很高的。我相信,若不是那些通过学校教育和报刊媒体而起作用的商业与政治利益系统地破坏了人们的健康感受,战争这个恶魔早就消失不见了。

我们所能拥有的最美好的体验是神秘体验。这种基本情感是真正的艺术与科学的策源地。谁要是不了解它,不再有好奇心和惊异感,谁就无异于行尸走肉,其视线是模糊不清的。正是这种对神秘的体验——即使夹杂着恐惧——产生了宗教。我们认识到有某种无法参透的东西存在着,感受到只能以最原始的形式为我们的心灵所把握的最深奥的理性和最灿烂的美——正是这种认识和这种情感构成了真正的宗教性;在这个意义上,也仅仅是在这个意义上,我才是一个笃信宗教的人。我无法想象神会对自己的造物加以赏罚,也无法想象他会有我们亲身体验到的那样一种意志。我不能也不愿去想象一个人在肉体死亡之后还会继续活着;让那些脆弱的灵魂,出于恐惧或者可笑的唯我论,去拿这些思想当宝贝吧!我满足于生命永恒的奥秘,满足于知晓和窥探现有世界的神奇结构,能以诚挚的努力去领悟显示于自然之中的那个理性的一部分,哪怕只是极小一部分,我也就心满意足了。

【赏析】

本文中,爱因斯坦对自己的生活态度、政治立场进行了清晰的阐明,也对宇宙的奥秘、宗教的真谛作了深入的哲学思考。第一段提出观点:人是为别人而生存的,每个人都只需要简单朴实的生活就足够了。第二至四段,表明自己对待生活的态度:应该尽量做想做的,树立崇高的理想,追求真、善、美,坚持独立思考。第五至六段,表明自己的政治理想是民主主义,反对一切暴力,呼唤和平。在最后一段,他高度评价人类对“奥秘”勇于探索的精神,坚守真正的艺术和真正的科学。

本文文风朴实,文笔自然流畅,观点坦诚无疑;语言深刻锐利,情感激情洋溢。爱因斯坦透过表象来发掘生活的真谛,看似平淡却表达了自己独特的思想。他有高尚的理想,鄙视世俗的享受。他厌恶战争,呼唤和平。同时文章显现出作者谦虚的品格、对于名利的淡然以及对于人类的信心。

侦查推理篇

胭　脂

蒲松龄

蒲松龄(1640—1715年),字留仙,一字剑臣,别号柳泉居士,世称聊斋先生,清淄川(今山东省淄博市)人,出身没落地主家庭,一生热衷科举,却始终不得志,71岁时才破例补为贡生,因此对科举制度的不合理深有感触。创作出著名的文言文短篇小说集《聊斋志异》,“聊斋”是他的书屋名称,“志”是记述的意思,“异”指奇异的故事。全书有短篇小说400余篇,内容丰富多彩,故事多采自民间传说和野史轶闻,将花妖狐魅和幽冥世界的事物人格化、社会化,充分表达了作者的爱憎感情和美好理想,多数作品通过谈狐说鬼的手法,对当时社会的腐败、黑暗进行了有力的批判,在一定程度上揭露了社会矛盾,表达了人民的愿望。作品继承和发展了我国文学中志怪传奇文学的优秀传统和表现手法,情节幻异曲折,跌宕多变,文笔简练,叙次井然,被誉为我国古代文言短篇小说中成就最高的作品集。鲁迅先生在《中国小说史略》中说此书是“专集之最有名者”;郭沫若先生为蒲氏故居题联,赞蒲氏著作“写鬼写妖高人一等,刺贪刺虐入骨三分”;老舍也曾评价过蒲氏“鬼狐有性格,笑骂成文章”。

东昌卞氏,业牛医者,有女小字胭脂,才姿慧丽。父宝爱之,欲占凤于清门[①],而士族鄙其寒贱,不屑缔盟,以故及笄未字。对户龚姓之妻王氏,佻脱[②]善谑,女闺中谈友也。一日,送至门,见一少年过,白服裙帽,丰采甚都[③]。女意似动,秋波萦转之。少年俯其首,趋而去。去既远,女犹凝眺。王窥其意,戏之曰:“以娘子才貌,得配若人[④],庶可无恨。”女晕红上颊,脉脉[⑤]不作一语。王问:“识得此郎否?”答云:“不识。”王曰:“此南巷鄂秀才秋隼,故孝廉之子。妾向与同里,故识之。世间男子无其温婉。衣素,以妻服未阕[⑥]也。娘子如有意,当寄语委冰[⑦]焉。”女无言,王笑而去。数日无耗,心疑王氏未暇即往;又疑宦裔不肯俯拾,邑邑徘徊,萦念颇苦,渐废饮食,寝疾惙顿[⑧]。王氏适来省视,研诘病因。答言:“自亦不知。但尔日别后,即觉忽忽不快,延命假息[⑨],朝暮人[⑩]也。”王小语曰:“我家男子负贩未归,尚无人致声鄂郎。芳体违和，非为此否？”女赪颜良久。王戏之曰：“果为此，病已至是，尚何顾忌！先令其夜来一聚，彼宁不肯？”女叹息曰：“事至此，已不能羞。但渠[11]不嫌寒贱，即遣媒来，病当愈。若私约，则断断不可！”王颔之，而去。王幼时，与邻生宿介通；既嫁，宿侦夫他出，辄寻[12]旧好。是夜，宿适来，因述女言为笑，戏嘱致意鄂生。宿久知女美，闻之窃喜，幸其机之可乘也。将与妇谋，又恐其妒。乃假无心之辞，问女家闺闼甚悉。次夜，逾垣入，直达女所，以指叩窗。内问：“谁何？”答曰鄂生。女曰：“妾所以念君者，为百年，不为一夕。郎果爱妾，但宜速倩冰人。若言私合，不敢从命。”宿姑诺之，苦求一握纤腕为信。女亦不忍过拒，力疾[13]启扉。宿遽入，即抱求欢。女无力撑拒，仆地上，气息不续。宿急曳之。女曰：“何来恶少，必非鄂郎。果是鄂郎，其人温驯，知妾病由，当相怜惜，何遂狂暴如此！若复尔尔，便当鸣呼，品行亏损，两无所益。”宿恐假迹败露，不敢复强，但请后会。女以亲迎为期，宿以为远，又请之。女厌纠缠，约待病愈。宿求信物，女不许。宿捉足，解绣履而去。女呼之返，曰：“身已许君，复何吝惜！但恐画虎成狗[14]，致贻污谤。今亵物[15]已入君手，料不可反。君如负心，但有一死！”宿既出，又投宿王所。既卧，心不忘履，阴揣衣袂[16]，竟已乌有。急起篝灯，振衣冥索。诘之，不应，疑妇藏匿。妇故笑以疑之。宿不能隐，实以情告。言已，遍烛门外，竟不可得，懊恨归寝。窃幸深夜无人，遗落当犹在途也。早起寻之，亦复杳然。先是，巷中有毛大者，游手无籍[17]。尝挑王氏，不得；知宿与洽，思掩执[18]以胁之。是夜，过其门，推之未扃，潜入。方至窗外，踏一物，软若絮棉；拾视，则巾裹女舄。伏听之，闻宿自述甚悉；喜极，抽息而出。逾数夕，越墙入女家；门户不悉，误诣翁舍。翁窥窗，见男子，察其音迹，知为女来者。心忿怒，操刀直出。毛大骇反走；方欲攀垣，而卞追已近，急无所逃，反身夺刀。媪起，大呼，毛不得脱，因而杀之。女稍痊，闻喧始起。共烛之，翁脑裂不复能言，俄顷已绝。于墙下得绣履，媪视之，胭脂物也。逼女，女哭而实告之，但不忍贻累王氏，言鄂生之自至而已。天明，讼于邑，邑宰拘鄂。鄂为人谨讷，年十九岁，见客羞涩如童子。被执，骇绝，上堂，不知置词，惟有战栗。宰益信其情真，横加梏械。书生不堪痛楚，以是诬服。既解郡，敲扑如邑。生冤气填塞，每欲与女面相质。及相遇，女辄诟詈，遂结舌不能自伸，由是论死。往来复讯，经数官无异词。

后委济南府复案。时吴公南岱守[19]济南，一见鄂生，疑其不类杀人者，阴使人从容私问之，俾得尽其词。公以是益知鄂生冤，筹思数日，始鞫[20]之。先问胭脂：“订约后，有知者否？”答曰：“无之。”“遇鄂生时，别有人否？”亦答：“无之。”乃唤生上，温语慰之。生自言："曾过其门，但见旧邻妇王氏与一少女出，某即趋避，过此并无一言。"吴公叱女曰："适言侧无他人，何以有邻妇也？"欲刑之。女惧曰："虽有王氏，与彼实无关涉。"公罢质，命拘王氏。数日已至，又禁不与女通，立刻出审。便问王："杀人者谁？"王对："不知。"诈之曰："胭脂供言，杀下某汝悉知之，胡得隐匿？"妇呼曰："冤哉！淫婢自思男子，我虽有谋合之言，特戏之耳！彼自引奸夫入院，我何知焉！"公细诘之，始述其前后相戏之词。公呼女上，怒曰："汝言彼不知情，今何以自供撮合哉？"女流涕曰："自己不肖，致父惨死，讼结不知何年，又累他人，诚不忍耳。"公问王氏："既戏后曾语何人？"王供："无之。"公怒曰："夫妻在床，应无不言者，何得云无？"王供："丈夫久客未归。"公曰："虽然，凡戏人者，皆笑人之愚，以炫己之慧。更不向一人言，将谁欺？"命梏十指[21]。妇不得已，实供曾与宿言。公于是释鄂拘宿。宿至，自供："不知。"公曰："宿妓者必非良士。"严械之。宿自供："赚[22]女是真。自失履后，未敢复往，杀人实不知情。"公怒曰："逾墙者何所不至！"又械之。宿不胜凌籍[23]，遂亦诬承。招成报上，无不称吴公之神。铁案如山，宿遂延颈以待秋决矣。

然宿虽放纵无行，故东国[24]名士。闻学使施公愚山[25]贤能称最，又有怜才恤士之德，因以一词控其冤枉，语言怆恻。公乃讨其招供，反复凝思之，拍案曰："此生冤也！"遂请于院司[26]，移案再鞫。问宿生："鞋遗何所？"供言："忘之。但叩妇门时犹在袖中。"转诘王氏："宿介之外，奸夫有几？"供言："无之。"公曰："淫乱之人，岂得专私一人？"供言："身与宿介，稚齿交合，故未能谢绝。后非无见挑者，身实未敢相从。"因使指其人以实之。供云："同里毛大，屡挑而屡拒之矣。"公曰："何忽贞白如此。"命榜之。妇顿首出血，力辩无有，乃释之。又诘："汝夫远出，宁无有托故而来者？"曰："有之。某甲、某乙，皆以借贷、馈赠，曾一二次入小人家。"盖甲、乙皆巷中游荡子，有心于妇而未发者也。公悉籍其名，并拘之。既集，公赴城隍庙，使尽伏案前。便谓："曩梦神人相告，杀人者不出汝等四五人中，今对神明，不得有妄言。如肯自首，尚可原宥，虚者，廉[27]得无赦！"同声言无杀人之事。公以三木[28]置地，将并夹之，括发裸股[29]，齐鸣冤苦。公命释之，谓曰："既不自招，当使鬼神指之。"使人以毡褥悉障殿窗，令无少隙；袒诸囚背，驱入暗中，始授盆水，一一令自盥讫，系诸壁下；戒令："面壁勿动！杀人者，当有神书其背。"少间，唤出验视，指毛曰："此真杀人贼也！"盖公先使人以灰涂壁，又以烟煤濯其手。杀人者恐神来书，故匿背于壁而有灰色；临出，以手护背而有烟色也。公固疑是毛，至此益信。施以毒刑，尽吐其实。判曰："宿介：蹈盆成括杀身之道[30]，成登徒子好色之名。只缘两小无猜，遂野鹜[31]加家鸡之恋；为因一言有漏，致得陇兴望蜀之心[32]。将仲子而逾园墙[33]，便如鸟堕；冒刘郎而入洞[34]口，竟赚门开。感帨惊尨[35]，鼠有皮胡若此[36]？攀花折树，士无刑其谓何！幸而听病燕之娇啼，犹为玉惜；怜弱柳之憔悴，未似莺狂。而释幺凤于罗中，尚有文人之意；[37]乃劫香盟于袜底[38]，宁非无赖之尤！蝴蝶过墙，隔窗有耳；莲花瓣卸，堕地无踪。假中之假以生，冤外之冤谁信？天降祸起，酷械至于垂亡；自作孽盈，断头几于不续。彼逾墙钻隙，固有玷夫儒冠[39]；而僵李代桃[40]，诚难消其冤气。是宜稍宽笞扑，折其已受之惨；姑降青衣[41]，开其自新之路。若毛大者，刁猾无籍，市井凶徒。被邻女之投梭[42]，淫心不死；伺狂童之入巷，贼智忽生！开户迎风，喜得履张生之迹[43]；求浆置酒[44]，妄思偷韩掾之香[45]。何意魄夺自天，魂摄于鬼。浪乘槎木，直入广寒之宫[46]；迳返渔舟，错认桃源之路[47]。遂使情火息焰，欲海生波。刀横直前，投鼠无他顾之意；寇穷安往，急兔起反噬之心。越壁入人家，止期张有冠而李借[48]；夺兵[49]遗绣履，遂教鱼脱网而鸿罹[50]。风流道乃生此恶魔，温柔乡何有此鬼蜮哉！即断首领以快人心。胭脂：身犹未字，岁已及笄。以月殿之仙人，自应有郎似玉；原霓裳之旧队[51]，何愁贮屋无金[52]？而乃感关雎而念好逑[53]，竟绕春婆之梦[54]；怨摽梅而思吉士[55]，遂离倩女之魂[56]。为因一线缠萦，致使群魔交至。争妇女之颜色，恐失胭脂[57]；惹鸷鸟之纷飞，并托秋隼[58]。莲钩[59]摘去，难保一瓣之香；铁限敲来，几破连城之玉[60]。嵌红豆于骰子，相思骨竟作厉阶[61]；丧乔木于斧斤，可憎才真成祸水[62]。葳蕤自守[63]，幸白璧之无瑕；缧绁苦争，喜锦衾之可覆[64]。嘉其入门之拒，犹洁白之情人；遂其掷果之心[65]，亦风流之雅事。仰[66]彼邑令，作尔冰人。案既结，遐迩[67]传颂焉。

自吴公鞫后，女始知鄂生冤。堂下相遇，腼然含涕，似有痛惜之词，而未可言也。生感其眷恋之情，爱慕殊切；而又念其出身微贱，且日登公堂，为千人所窥指，恐娶之为人姗笑。日夜萦回，无以自主。判牒既下，意始安帖。邑令为之委禽[68]，送鼓吹[69]焉。

异史氏曰：甚哉，听讼之不可以不慎也！纵能知李代为冤，谁复思桃僵亦屈？[70]然事虽暗昧，必有其间[71]，要非深思研察，不能得也。呜呼！人皆服哲人之折狱[72]明，而不知良工之用心苦矣。世之居民上者，棋局消日，䌷被放衙，下情民艰，更不肯一劳方寸。至鼓动衙开，巍然高坐，彼哓哓者直以桎梏靖之[73]，何怪覆盆[74]之下多沉冤哉。

【注释】

① 占凤于清门:许配给读书人家里。

② 佻(tiāo)脱:轻佻。

③ 都:美丽。

④ 若人:那个人。

⑤ 脉脉:含情凝视的样子。

⑥ 妻服未阕(què):为妻子服丧尚未满期。阕,完了。

⑦ 委冰:托人做媒。

⑧ 惙(chuò)顿:疲乏困顿。

⑨ 延命假息:借一口气苟延生命。

⑩ 朝暮人:早晚要死的人。

⑪ 渠:他。

⑫ 寻:重温。

⑬ 力疾:勉强支持。

⑭ 画虎成狗:此处的意思是好心办了坏事。

⑮ 亵物:贴身衣物。此处指绣履。

⑯ 阴揣衣抉:暗暗地摸一下衣袖。

⑰ 无籍:没有固定的住所和职业

⑱ 掩执:乘其不备而逮住别人。

⑲ 守:动词,做太守,即做知府。

⑳ 鞫(jū):审讯的意思。

㉑ 梏十指:封建社会所使用的一种酷刑,指用细木棍穿以绳子,套在受刑人手指上收紧。

㉒ 赚:欺骗。

㉓ 凌籍:折磨。

㉔ 东国:指山东。

㉕ 施公愚山:名闰章,别号愚山,是当时有名的文人。

㉖ 院、司:巡抚和臬司(主管全省司法的负责官员)。

㉗ 廉:查访。

㉘ 三木:原指木制的枷、铐、镣,泛指刑具。

㉙ 括发裸股:束起头发,拉下裤子,作施刑的准备。

㉚ "宿介"句:盆成括见于《孟子》,小有才能而不懂大道理,因此被杀。此处用来比喻宿介。

㉛ 野鹜:野鸭,比喻不正当的男女关系。

㉜ "致得陇"句:汉光武刘秀攻下陇右,又想得到蜀地。后来就用得陇望蜀来比喻不知足的人。

㉝ "将仲子"句:《诗经·将仲子》里有"将仲子兮,无逾我墙"的话,意思是女子请求仲子不要越墙过来。这里指宿介越墙。

㉞ "冒刘郎"句:刘晨、阮肇入天台山遇仙女。这里以此比喻宿介冒充鄂生。

㉟ 感帨惊尨(máng):典故见于《诗经·野有死麕》。感帨,拉扯佩巾;尨,长毛狗。原意是少女请求男子不要扯她的佩巾,以免惊动那条长毛狗。此处比喻胭脂拒绝宿介。

㊱“鼠有皮”句:《诗经·相鼠》讽刺不要脸的人不如老鼠,此处用以比喻宿介。

㊲“幺凤”两句:幺凤是一种五色小鸟。这两句说宿介把胭脂放开,还有点文人的品格。

㊳劫:用暴力胁迫;香盟:指男女爱情的盟誓。

㊴玷:玷污;儒冠:指读书人。

㊵僵李代桃:古诗里有“桃生露井上,李树生桃旁。虫来啮桃根,李树代桃僵”的话,此处指宿介代毛大受罪。

㊶青衣:对秀才犯错误或成绩不好的一种处罚,由穿蓝衣改穿青衣。

㊷“被邻女”句:晋朝的谢鲲调戏邻女,被邻女用织布梭子扔过来,打掉两颗牙齿。

㊸“开户迎风”两句:用崔莺莺和张生的故事。

㊹求浆置酒:本来想问人要浆却碰上了酒,比喻出于希望之外。

㊺“妄思”句:晋朝贾充的女儿爱上韩寿,把高贵的香料偷偷地送给了他。后来多用以比喻诱奸妇女。

㊻“浪乘”两句:神话传说,每年八月,海上居民乘船可以上通天河。广寒宫是神话中月宫仙女居住的地方,这里比喻胭脂的卧室。

㊼“迳返”两句:用《桃花源记》中渔人进入桃花源的故事。

㊽张有冠而李借:俗语有“张冠李戴”的话,此处指毛大想冒充鄂生。

㊾兵:武器,指卞翁的刀。

㊿“遂教”句:意思是设网捕鱼,鸿雁遭殃。

51“原霓裳”句:说胭脂长得漂亮,本来是天上仙女一样的人。

52“何愁”句:汉武帝年幼时对姑母说,要造一座金屋子来娶他表妹阿娇。这里用这个典故,说不用怕没有富贵人家来迎娶。

53感关雎而念好逑:《诗经·关雎》:“关关雎鸠(水鸟),在河之洲。窈窕淑女,君子好逑(好配偶)。”这里说胭脂有感于《关雎》而想念鄂生。

54春婆之梦:苏东坡在海南岛,有个老婆婆对他说:“您过去的富贵,只是一场春梦。”后来就有了“春梦婆”的说法。这里借用这个字面,说胭脂在梦中也想念鄂生。

55“怨摽梅”句:《诗经·摽有梅》有“摽有梅,其实七兮,求我庶士,迨其吉兮”的话,以梅子快要落完比喻女子婚姻不能及时。

56“遂离”句:典故见《离魂记》。

57“争妇女”两句:古诗有“失我胭脂山,使我妇女无颜色”的话。这里的“胭脂”是双关语,既指脂粉,又指这个名叫胭脂的女子。

58“惹鸷鸟”两句:鸷鸟比喻宿介、毛大等人,秋隼也是双关语。

59莲钩:绣鞋。

60“铁限”两句:被人踏进门槛,差点失了身。

61“嵌红豆”两句:温庭筠有“玲珑骰子安红豆,人骨相思知不知”的诗句。红豆代表相思,嵌在骨制的骰子上,就是“入骨相思”的意思。

62“丧乔木”两句:古代多以乔木指老人,这里指卞翁。可憎才,如同今天说“讨厌鬼”,实际上是可爱的人,这里指胭脂。

63葳蕤(wēi ruí)自守:葳蕤,草名,即玉竹,形象比较神气,用以比喻严正自守。

㊹“缧绁”两句：缧绁代表被拘押在狱。这两句说，虽然胭脂被拘下狱，抛头露面，然而结局很好，不光彩的事可以加以遮盖。
㊺掷果之心：晋朝潘安长得漂亮，在外出时妇女每每向他投掷果品。此处比喻胭脂对鄂生的爱慕。
㊻仰：过去公文中上级对下级指令时的用语，期望的意思。
㊼遐迩：远近。
㊽委禽：送礼定亲。
㊾鼓吹：指迎亲的乐队。
㊿“纵能知”两句：意思是即使知道鄂生冤枉，但哪里知道宿介也是冤枉的。
71 间：间隙。
72 折狱：判断案件。
73“彼哓哓者”句：对那些陈述冤屈的百姓，干脆用刑罚使他们不开口。
74 覆盆：头上扣一个盆子，看不到天。比喻黑暗。

【赏析】

《胭脂》是《聊斋志异》中清代断案的典型代表，堪称文言公案小说的丰碑。小说由四个部分组成：叙述故事的情节、审案、判词、结论和附录。它完全建立在缜密的逻辑思维基础上，情节由一连串小的“巧合”组织展开，构成大冤案。作者把审案记录写成小说，把案情写成故事情节，通过案情来写人物的性格，通过审案使人物形象更加丰富，审案和故事情节成为不可分割的有机统一体。这桩无头血案从初审到告破，写得符合逻辑，详略得当，有条不紊，环环相扣，引人入胜。

本文通过环环相扣的故事情节深刻地揭露了封建社会等级制度和不合理的婚姻制度，造成了人们生活的扭曲，并通过案情揭示了封建吏治的残酷、昏聩与野蛮。此案的审理发人深省，警示后人既不能轻信口供，也不能专注于事物的表象，更不能刑讯逼供，否则会造成冤假错案，铸成大错，追悔莫及。

错斩崔宁①

《京本通俗小说》

《错斩崔宁》,是宋代话本小说,作者不详,最早收入《京本通俗小说》,后被选入《醒世恒言》第三十三卷,题为《十五贯戏言成巧祸》,又被清代剧作家朱素臣改编为传奇《双熊梦》,20世纪50年代被当时的国风苏剧团(今浙江昆剧团)改编为昆剧《十五贯》,大受欢迎。宋代的话本,在中国文学史上有着重大的影响,使文学接近人民,而且开辟了中国小说的新纪元。此话本以爱憎分明的态度揭露了封建社会的种种罪恶和黑暗,指责了昏官恶吏,对人民遭受的痛苦和迫害予以同情。

聪明伶俐自天生,懵懂痴呆未必真。
嫉妒每因眉睫浅,戈矛时起笑谈深。
九曲黄河心较险,十重铁甲面堪憎。
时因酒色亡家国,几见诗书误好人!

这首诗,单表为人难处。只因世路窄狭,人心叵测。大道既远,人情万端。熙熙攘攘,都为利来;蚩蚩蠢蠢,皆纳祸去。持身保家,万千反覆。所以古人云:颦有为颦,笑有为笑[②]。颦笑之间,最宜谨慎。这回书,单说一个官人,只因酒后一时戏笑之言,遂至杀身破家,陷了几条性命。且先引下一个故事来,权做个德胜头回[③]。

却说故宋朝中,有一个少年举子,姓魏,名鹏举,字冲霄,年方一十八岁,娶得一个如花似玉的浑家。未及一月,只因春榜动[④],选场开,魏生别了妻子,收拾行囊,上京应取。临别时,浑家吩咐丈夫:"得官不得官,蚤蚤回来,休抛闪了恩爱夫妻!"魏生答道:"功名二字,是俺本领前程,不索贤卿忧虑[⑤]。"别后登程到京,果然一举成名,除授一甲第二名榜眼及第,在京甚是华艳动人。少不得修了一封家书,差人接取家眷入京。书上先叙了寒温及得官的事,后却写下一行,道是:"我在京中早晚无人照管,已讨了一个小老婆,专候夫人到京,同享荣华。"家人收拾书程[6]，一径到家，见了夫人，称说贺喜。因取家书呈上。夫人拆开看了，见是如此如此，这般这般，便对家人道："官人直恁负恩[7]！甫能得官[8]，便娶了二夫人。"家人便道："小人在京，并没见有此事。想是官人戏谑之言！夫人到京，便知端的[9]，不得忧虑！"夫人道："恁地说，我也罢了！"却因人舟未便，一面收拾起身，一面寻觅便人，先寄封平安家书到京中去。那寄书人到了京中，寻问新科魏进士寓所，下了家书，管待酒饭自回，不提。

却说魏生接书拆开来看了，并无一句闲言闲语，只说道："你在京中娶了一个小老婆，我在家中也嫁了一个小老公，早晚同赴京师也。"魏生见了，也只道是夫人取笑的说话，全不在意。未及收好，外面报说：有个同年相访[10]。京邸寓中，不比在家宽转，那人又是相厚的同年，又晓得魏生并无家眷在内，直至里面坐下，叙了些寒温，魏生起身去解手，那同年偶翻桌上书帖，看见了这封家书，写得好笑，故意朗诵起来。魏生措手不及，通红了脸，说道："这是没理的事！因是小弟戏谑了他，他便取笑写来的。"那同年呵呵大笑道："这节事却是取笑不得的。"别了就去。

那人也是一个少年，喜谈乐道，把这封家书一节，顷刻间遍传京邸。也有一班妒忌魏生少年登高科的，将这桩事只当作风闻言事的一个小小新闻[11]，奏上一本，说这魏生年少不检，不宜居清要之职[12]，降处外任。魏生懊恨无及。后来毕竟做官蹭蹬不起[13]，把锦片也似一段美前程，等闲放过去了。这便是一句戏言，撒漫了一个美官[14]。

今日再说一个官人，也只为酒后一时戏言，断送了堂堂七尺之躯，连累两三个人，枉屈害了性命。却是为着甚的？有诗为证。

世路崎岖实可哀，旁人笑口等闲开。
白云本是无心物，又被狂风引出来。

却说南宋时，建都临安，繁华富贵，不减那汴京故国。去那城中箭桥左侧，有个官人，姓刘名贵，字君荐，祖上原是有根基的人家。到得君荐手中，却是时乖运蹇。先前读书，后来看看不济，却去改业做生意，便是半路上出家的一般。买卖行中，一发不是本等伎俩[15]，又把本钱消折去了。渐渐大房改换小房，赁得两三间房子。与同浑家王氏，年少齐眉[16]，后因没有子嗣，娶下一个小娘子，姓陈，是陈卖糕的女儿，家中都呼为二姐。这也是先前不十分穷薄时做下的勾当。至亲三口，并无闲杂人在家。那刘君荐，极是为人和气，乡里见爱，都称他刘官人。"你是一时运限不好，如此落莫，再过几时，定须有个亨通的日子！"说便是这般说，哪得有些些好处？只是在家纳闷，无可奈何！

一日闲坐家中，只见丈人家里的老王，年近七旬，走来对刘官人说道："家间老员外生日[17]，特令老汉接取官人娘子，去走一遭。"刘官人便道："便是我日逐愁闷过日子[18]，连那泰山的寿诞[19]，也都忘了。"便同浑家王氏，收拾随身衣服，打叠个包儿，交与老王背了。吩咐二姐："看守家中，今日晚了，不能转回，明晚须索来家[20]。"说了就去。离城二十余里，到了丈人王员外家，叙了寒温。当日坐间客众，丈人女婿，不好十分叙述许多穷相。到得客散，留在客房里宿歇。直到天明，丈人却来与女婿攀话，说道："姐夫，你须不是这般算计，坐吃山空，立吃地陷。咽喉深似海，日月快如梭，你须计较一个常便[21]！我女儿嫁了你，一生也指望丰衣足食，不成只是这等就罢了！"刘官人叹了一口气道："是。泰山在上，道不得个上山擒虎易，开口告人难。如今的时势，再有谁似泰山这般怜念我的？只索守困，若去求人，便是劳而无功。"丈人便道："这也难怪你说。老汉却是看你们不过，今日赍助你些少本钱，胡乱去开个柴米店，赚得些利息来过日子，却不好么？"刘官人道："盛蒙泰山恩顾，可知是好。"当下吃了午饭，丈人取出十五贯钱来，付与刘官人道："姐夫，且将这些钱去，收拾起店面，开张有日，我便再应付你十贯。你妻子且留在此过几日，待有了开店日子，老汉亲送女儿到你家，就来与你作贺，意下如何？"刘官人谢了又谢，驮了钱一径出门。到得城中，天色却早晚了，却撞着一个相识，顺路在他家门前经过。那人也要做经纪的人，就与他商量一会，可知是好。便去敲那人门时，里面有人应诺，出来相揖，便问："老兄下顾，有何见教？"刘官人一一说知就里。那人便道："小弟闲在家中，老兄用得着时，便来相帮。"刘官人道："如此甚好。"当下说了些生意的勾当，那人便留刘官人在家，现成杯盘，吃了三杯两盏。刘官人酒量不济，便觉有些朦胧起来，抽身作别，便道："今日相扰，明早就烦老兄过寒家，计议生理。"那人又送刘官人至路口，作别回家，不在话下。若是说话的同年生，并肩长，拦腰抱住，把臂拖回，也不见得受这般灾悔！却教刘官人死得不如《五代史》李存孝[22]，《汉书》中彭越[23]。

刘官人驮了钱，一步一步挨到家中。敲门已是点灯时分，小娘子二姐独自在家，没一些事做，守得天黑，闭了门，在灯下打瞌睡。刘官人打门，她哪里便听见？敲了半晌，方才知觉，答应一声来了，起身开了门。刘官人进去，到了房中，二姐替刘官人接了钱，放在桌上，便问："官人何处挪移这项钱来，却是甚用？"那刘官人一来有了几分酒，二来怪她开得门迟了，且戏言吓她一吓，便道："说出来，又恐你见怪；不说时，又须通你得知。只是我一时无奈，没计可施，只得把你典与一客人。又因舍不得你，只典得十五贯钱。若是我有些好处，加利赎你回来；若是照前这般不顺溜，只索罢了！”那小娘子听了，欲待不信，又见十五贯钱，堆在面前；欲待信来，他平白与我没半句言语，大娘子又过得好，怎么便下得这等狠心辣手？疑狐不决。只得再问道：“虽然如此，也须通知我爹娘一声。”刘官人道：“若是通知你爹娘，此事断然不成。你明日且到了人家，我慢慢央人与你爹娘说通，他也须怪我不得。”小娘子又问：“官人今日在何处吃酒来？”刘官人道：“便是把你典与人，写了文书，吃他的酒才来的。”小娘子问：“大姐姐如何不来？”刘官人道：“她因不忍见你分离，待得你明日出了门才来，这也是我没计奈何，一言为定。”说罢，暗地忍不住笑，不脱衣裳，睡在床上，不觉睡去了。那小娘子好生摆脱不下：“不知他卖我与甚色样人家？我须先去爹娘家里说知。就是他明日有人来要我，寻到我家，也须有个下落。”沉吟了一会，却把这十五贯钱，一垛儿堆在刘官人脚后边，趁他酒醉，轻轻地收拾了随身衣服，款款地开了门出去，拽上了门。却去左边一个相熟的邻舍，叫作朱三老儿家里，与朱三妈借宿了一夜，说道：“丈夫今日无端卖我，我须先去与爹娘说知，烦你明日对他说一声，既有了主顾，可同我丈夫到爹娘家中来，讨个分晓，也须有个下落。”那邻舍道：“小娘子说得有理，你只顾自去，我便与刘官人说知就理。”过了一宵，小娘子作别去了，不提。正是：

鳌鱼脱却金钩去，摆尾摇头再不回。

放下一头。却说这里刘官人一觉直至三更方醒，见桌上灯犹未灭，小娘子不在身边，只道她还在厨下收拾家伙，便唤二姐讨茶吃。叫了一回，没人答应，却待挣扎起来，酒尚未醒，不觉又睡了去。不想却有一个做不是的，日间赌输了钱，没处出豁，夜间出来掏摸些东西，却好到刘官人门首。因是小娘子出去了，门儿拽上不关，那贼略推一推，豁地开了。捏手捏脚，直到房中，并无一人知觉。到得床前，灯火尚明，周围看时，并无一物可取。摸到床上，见一人朝着里床睡着，脚后却有一堆青钱，便去取了几贯。不想惊觉了刘官人，起来喝道：“你须不近道理！我从丈人家借办得几贯钱来，养身活命，不争你偷了我的去，却是怎的计结？”[24]那人也不回话，照面一拳，刘官人侧身躲过，便起身与这人相持。那人见刘官人手脚活动，便拔步出房。刘官人不舍，抢出门来，一径赶到厨房里。恰待声张邻舍，起来捉贼，那人急了，正好没出豁，却见明晃晃一把劈柴斧头，正在手边，也是人急计生，被他绰起，一斧正中刘官人面门，扑地倒了，又复一斧，斫倒一边。眼见得刘官人不活了，呜呼哀哉，伏惟尚飨[25]。那人便道：“一不做，二不休，却是你来赶我，不是我来寻你。”索性翻身入房，取了十五贯钱。扯条单被，包裹得停当，拽扎得爽俐，出门，拽上了门就走。不提。

次早邻舍起来，见刘官人家门也不开，并无人声息，叫道："刘官人，失晓了[26]。"里面没人答应。挨将进去，只见门也不关，直到里面，见刘官人劈死在地。"他家大娘子，两日前已自往娘家去了，小娘子如何不见？"免不得声张起来。却有昨夜小娘子借宿在邻家朱三老儿说道："小娘子昨夜黄昏时，到我家宿歇，说道，刘官人无端卖了她，她一径先到爹娘家里去了，教我对刘官人说，既有了主顾，可同到她爹娘家中，也讨得个分晓。今一面着人去追她转来，便有下落；一面着人去报他大娘子到来，再作区处。"众人都道："说得是。"先着人去到王老员外家报了凶信。老员外与女儿大哭起来，对那人道："昨日好端端出门，老汉赠他十五贯钱，教他将来作本，如何便恁地被人杀了？"那去的人道："好教老员外大娘子得知，昨日刘官人归时，已自昏黑，吃得半酣，我们都不晓得他有钱没钱，归迟归早。只是今早刘官人家，门儿半开，众人推将进去，只见刘官人杀死在地，十五贯钱一文也不见，小娘子也不见踪迹。声张起来，却有左邻朱三老儿出来，说道：'他家小娘子昨夜黄昏时分，借宿他家。小娘子说道：刘官人无端把她典与人了，小娘子要对爹娘说一声。住了一宵，今日径自去了。'如今众人计议，一面来报大娘子与老员外，一面着人去追小娘子。若是半路里追不着的时节，直到她爹娘家中，好歹追她转来，问个明白。老员外与大娘子，须索去走一遭，与刘官人执命[27]。"老员外与大娘子急急收拾起身，管待来人酒饭，三步做一步，赶入城中，不提。

却说那小娘子，清早出了邻舍人家，挨上路去，行不上一二里，早是脚疼走不动，坐在路旁。却见一个后生，头带万字头巾，身穿直缝宽衫，背上驮了一个搭膊，里面却是铜钱，脚下丝鞋净袜，一直走上前来。到了小娘子面前，看了一看：虽然没有十二分颜色，却也明眉皓齿，莲脸生春，秋波送媚，好生动人。正是：

野花偏艳目，村酒醉人多。

那后生放下搭膊，向前深深作揖。"小娘子独行无伴，却是往哪里去的？"小娘子还了万福，道："是奴家要往爹娘家去，因走不上，权歇在此。"因问："哥哥是何处来？今要往何方去？"那后生叉手不离方寸[28]："小人是村里人，因往城中卖了丝帐，讨得些钱，要往褚家堂那边去的。"小娘子道："告哥哥则个，奴家爹娘也在褚家堂左侧，若得哥哥带挈奴家，同走一程，可知是好？"那后生道："有何不可？既如此说，小人情愿服侍小娘子前去。"两个厮赶着，一路正行，行不到二三里田地，只见后面两个人脚不点地，赶上前来。赶得汗流气喘，衣服拽开，连叫："前面小娘子慢走，我却有话说知。”小娘子与那后生看见赶得跷蹊，都立住了脚。后边两个赶到跟前，见了小娘子与那后生，不容分说，一家扯一个，说道：“你们干得好事！却走往哪里去？”小娘子吃了一惊，举眼看时，却是两家邻舍，一个就是小娘子昨夜借宿的主人。小娘子便道：“昨夜也须告过公公得知，丈夫无端卖我，我自去对爹娘说知。今日赶来，却有何说？”朱三老道：“我不管闲账，只是你家里有杀人公事，你须回去对理。”小娘子道：“丈夫卖我，昨日钱已驮在家中，有甚杀人公事？我只是不去。”朱三老道：“好自在性儿！你若真个不去，叫起地方有杀人贼在此[29]，烦为一捉。不然，须要连累我们，你这里地方也不得清净。”那个后生见不是话头，便对小娘子道：“既如此说，小娘子只索回去，小人自家去休！”那两个赶来的邻舍，齐叫起来说道：“若是没有你在此便罢，既然你与小娘子同行同止，你须也去不得！”那后生道：“却也作怪，我自半路遇见小娘子，偶然伴她行一程路儿，却有甚皂丝麻线[30]，要勒掯我回去？”朱三老道：“他家现有杀人公事，不争放你去了，却打没对头官司！”当下不容小娘子和那后生做主。看的人渐渐立满，都道：“后生你去不得。你日间不作亏心事，半夜敲门不吃惊，便去何妨？”那赶来的邻舍道：“你若不去，便是心虚，我们却和你罢休不得。”四个人只得厮挽着一路转来。

到得刘官人门首，好一场热闹！小娘子入去看时，只见刘官人斧劈倒在地死了，床上十五贯钱分文也不见。开了口合不得，伸了舌缩不上去。那后生也慌了，便道：“我恁地晦气！没来由和那小娘子同走一程，却做了干连人！[31]”众人都和哄着。正在那里分豁不开，只见王老员外和女儿一步一颠走回家来，见了女婿身尸，哭了一场便对小娘子道：“你却如何杀了丈夫？劫了十五贯钱，逃走出去？今日天理昭然，有何理说？”小娘子道：“十五贯钱，委是有的。只是丈夫昨晚回来，说是无计奈何，将奴家典与他人，典得十五贯身价在此，说过今日便要奴家到他家去。奴家因不知他典与甚色样人家，先去与爹娘说知，故此趁他睡了，将这十五贯钱，一垛儿堆在他脚后边，拽上门，借朱三老家住了一宵，今早自去爹娘家里说知。临去之时，也曾央朱三老对我丈夫说，既然有了主顾，便同到我爹娘家里来交割。却不知因甚杀死在此？”那大娘子道：“可又来！我的父亲昨日明明把十五贯钱与他驮来作本，养赡妻小，他岂有哄你说是典来身价之理？这是你两日因独自在家，勾搭上了人；又见家中好生不济，无心守耐；又见了十五贯钱，一时见财起意，杀死丈夫，劫了钱；又使见识，往邻舍家借宿一夜，却与汉子通同计较，一处逃走。现今你跟着一个男子同走，却有何理说，抵赖得过？”众人齐声道：“大娘子之言，甚是有理。”又对那后生道：“后生，你却如何与小娘子谋杀亲夫？却暗暗约定在僻静处等候一同去，逃奔他方？却是如何计结？”那人道：“小人自姓崔名宁，与那小娘子无半面之识。小人昨晚入城，卖得几贯丝钱在这里，因路上遇见小娘子，小人偶然问起往哪里去的，却独自一个行走，小娘子说起是与小人同路，以此作伴同行，却不知前后因依。”众人哪里肯听他分说，搜索他搭膊中，恰好是十五贯钱，一文也不多，一文也不少。众人齐发起喊来道：“是天网恢恢，疏而不漏[32]。你却与小娘子杀了人，拐了钱财，盗了妇女，同往他乡，却连累我地方邻里打没头官司！”

当下大娘子结扭了小娘子，王老员外结扭了崔宁，四邻舍都是证见，一哄都入临安府中来。那府尹听得有杀人公事，即便升厅。便叫一干人犯，逐一从头说来。先是王老员外上去，告说：“相公在上，小人是本府村庄人氏，年近六旬，只生一女，先年嫁与本府城中刘贵为妻。后因无子，娶了陈氏为妾，呼为二姐。一向三口在家过活，并无片言。只因前日是老汉生日，差人接取女儿女婿在家，住了一夜，次日，因见女婿家中全无活计，养赡不起，把十五贯钱与女婿作本，开店养身。却有二姐在家看守，到得昨夜，女婿到家时分，不知因甚缘故，将女婿斧劈死了，二姐却与一个后生，名唤崔宁，一同逃走，被人追捉到来。望相公可怜见老汉的女婿，身死不明，奸夫淫妇，赃证现在，伏乞相公明断。”府尹听得如此如此，便叫陈氏上来：“你却如何通同奸夫，杀死了亲夫，劫了钱，与人一同逃走，是何理说？”二姐告道：“小妇人嫁与刘贵，虽是个小老婆，却也得他看承得好；大娘子又贤慧，却如何肯起这片歹心？只是昨晚丈夫回来，吃得半酣，驮了十五贯钱进门，小妇人问他来历，丈夫说道，为因养赡不周，将小妇人典与他人，典得十五贯身价在此，又不通我爹娘得知，明日就要小妇人到他家去。小妇人慌了，连夜出门，走到邻舍家里，借宿一宵。今早一径先往爹娘家去，教他对丈夫说，既然卖我有了主顾，可到我爹妈家里来交割。才走得到半路，却见昨夜借宿的邻家赶来，捉住小妇人回来，却不知丈夫杀死的根由。”那府尹喝道：“胡说！这十五贯钱，分明是他丈人与女婿的，你却说是典你的身价，眼见的没把臂的说话了[33]。况且妇人家，如何黑夜行走？定是脱身之计。这桩事须不是你一个妇人家做的，一定有奸夫帮你谋财害命，你却从实说来。”那小娘子正待分说，只见几家邻舍一齐跪上去告道：“相公的言语，委是青天。他家小娘子，昨夜果然借宿在左邻第二家的，今早她自去了。小的们见她丈夫杀死，一面着人去赶。赶到半路，却见小娘子和那一个后生同走，苦死不肯回来。小的们勉强捉她转来，却又一面着人去接他大娘子与他丈人，到时，说昨日有十五贯钱，付与女婿做生理的。今者女婿已死，这钱不知从何而去。再三问那小娘子时，说道：她出门时，将这钱一堆儿堆在床上。却去搜那后生身边，十五贯钱分文不少。却不是小娘子与那后生通同作奸？赃证分明，却如何赖得过？”府尹听他们言言有理，便唤那后生上来道：“帝辇之下[34]，怎容你这等胡行？你却如何谋了他小老婆，劫了十五贯钱，杀死了亲夫？今日同往何处？从实招来。”那后生道：“小人姓崔名宁，是乡村人氏，昨日城中卖了丝，卖得这十五贯钱。今早偶然路上撞着这小娘子，并不知她姓甚名谁，哪里晓得她家杀人公事？”府尹大怒喝道：“胡说！世间不信有这等巧事！他家失去了十五贯钱，你却卖的丝恰好也是十五贯钱，这分明是支吾的说话了。况且他妻莫爱，他马莫骑，你既与那妇人没甚首尾，却如何与她同行共宿？你这等顽皮赖骨，不打，如何肯招？”当下众人将那崔宁与小娘子，死去活来拷打一顿。那边王老员外与女儿并一干邻佑人等，口口声声，咬他二人。府尹也巴不得了结这段公案。拷讯一回，可怜崔宁和小娘子，受刑不过，只得屈招了，说是一时见财起意，杀死亲夫，劫了十五贯钱，同奸夫逃走是实。左邻右舍都指画了十字，将两人大枷枷了，送入死囚牢里。将这十五贯钱，给还原主，也只好奉与衙门中人做使用，也还不勾哩。府尹叠成文案，奏过朝廷，部复申详[35]，倒下圣旨，说：“崔宁不合奸骗人妻，谋财害命，依律处斩。陈氏不合通同奸夫，杀死亲夫，大逆不道，凌迟示众[36]。”当下读了招状，大牢内取出二人来，当厅判一个斩字，一个剐字，押赴市曹[37]，行刑标众。两人浑身是口，也难分说。正是：

哑子谩尝黄蘖味[38]，难将苦口对人言。

看官听说，这段公事，果然是小娘子与那崔宁谋财害命的时节，他两人须连夜逃走他方，怎的又去邻舍人家借宿一宵？明早又走到爹娘家去，却被人捉住了？这段冤枉，仔细可以推详出来。谁想问官糊涂，只图了事，不想捶楚之下[39]，何求不得？冥冥之中，积了阴骘[40]，远在儿孙近在身。他两个冤魂，也须放你不过。所以做官的，切不可率意断狱，任情用刑，也要求个公平明允。道不得个死者不可复生，断者不可复续，可胜叹哉！

闲话休提。却说那刘大娘子到得家中，设个灵位，守孝过日。父亲王老员外劝她转身[41]，大娘子说道：“不要说起三年之久，也须到小祥之后[42]。”父亲应允自去。光阴迅速，大娘子在家，巴巴结结，将近一年，父亲见她守不过，便叫家里老王去接她来，说：“叫大娘子收拾回家，与刘官人做了周年，转了身去罢！”大娘子没计奈何，细思：“父言亦是有理。”收拾了包裹，与老王背了，与邻舍家作别，暂去再来。一路出城，正值秋天，一阵乌风猛雨，只得落路[43]，往一所林子去躲，不想走错了路。正是：

猪羊入屠宰之家，一脚脚来寻死路。

走入林子里来，只听他林子背后，大喝一声："我乃静山大王在此！行人住脚，须把买路钱与我。"大娘子和那老王吃那一惊不小，只见跳出一个人来：头带乾红凹面巾，身穿一领旧战袍，腰间红绢搭膊裹肚，脚下蹬一双乌皮皂靴，手执一把朴刀，舞刀前来。那老王该死，便道："你这剪径的毛团[44]！我须是认得你，做这老命着与你兑了罢[45]。"一头撞去，被他闪过空，老人家用力猛了，扑地便倒。那人大怒道："这牛子好生无礼[46]！"连搠一两刀，血流在地，眼见得老王养不大了。那刘大娘子见他凶猛，料道脱身不得，心生一计，叫做脱空计，拍手叫道："杀得好！"那人便住了手，睁圆怪眼，喝道："这是你甚么人？"那大娘子虚心假气地答道："奴家不幸丧了丈夫，却被媒人哄诱，嫁了这个老儿，只会吃饭。今日却得大王杀了，也替奴家除了一害。"那人见大娘子如此小心，又生得有几分颜色，便问道："你肯跟我做个压寨夫人么？"大娘子寻思，无计可施，便道："情愿服侍大王。"那人回嗔作喜，收拾了刀杖，将老王尸首撺入涧中，领了刘大娘子到一所庄院前来，甚是委曲。只见大王向那地上，拾些土块，抛向屋上去，里面便有人出来开门。到得草堂之上，吩咐杀羊备酒，与刘大娘子成亲，两口儿且是说得着。正是：

明知不是伴，事急且相随。

不想那大王自得了刘大娘子之后，不上半年，连起了几主大财，家间也丰富了。大娘子甚是有识见，早晚用好言语劝他："自古道：瓦罐不离井上破，将军难免阵中亡。你我两人，下半世也够吃用了，只管做这没天理的勾当，终须不是个好结果！却不道是梁园虽好[47]，不是久恋之家，不若改行从善，做个小小经纪，也得过养身活命。"那大王早晚被她劝转，果然回心转意，把这门道路撇了，却去城市间赁下一处房屋，开了一个杂货店。遇闲暇的日子，也时常去寺院中，念佛赴斋。忽一日在家闲坐，对那大娘子道："我虽是个剪径的出身，却也晓得冤各有头，债各有主。每日间只是吓骗人东西，将来过日子。后来得有了你，一向买卖顺溜，今已改行从善。闲来追思既往，只曾枉杀了二个人，又冤陷了两个人，时常挂念，思欲做些功德[48]，超度他们，一向不曾对你说知。"大娘子便道："如何是枉杀了两个人？"那大王道："一个是你的丈夫，前日在林子里的时节，他来撞我，我却杀了他。他须是个老人家，与我往日无仇，如今又谋了他老婆，他死也是不肯甘心的！"大娘子道："不恁地时，我却哪得与你厮守？这也是往事，休提了！"又问："杀那一个，又是甚人？"那大王道："说起来这个人，一发天理上放不过去；且又带累了两个人，无辜偿命。是一年前，也是赌输了，身边并无一文，夜间便去掏摸些东西。不想到一家门首，见他门也不闩，推进去时，里面并无一人。摸到门里，只见一人醉倒在床，脚后却有一堆铜钱，便去摸他几贯。正待要走，却惊醒了，那人起来说道：这是我丈人家与我做本钱的，不争你偷去了，一家人口都是饿死。起身抢出房门，正待声张起来，是我一时见他不是话头，却好一把劈柴斧头在我脚边，这叫作人急计生，绰起斧来，喝一声道，不是我，便是你，两斧劈倒。却去房中将十五贯钱，尽数取了。后来打听得他，却连累了他家小老婆，与那一个后生，唤作崔宁，说他两人谋财害命，双双受了国家刑法。我虽是做了一世强人，只有这两桩人命，是天理人心打不过去的！早晚还要超度他，也是该的。”那大娘子听说，暗暗地叫苦：“原来我的丈夫也吃这厮杀了，又连累我家二姐与那个后生无辜被戮。思量起来，是我不合当初执证他两人偿命。料他两人阴司中，也须放我不过。”当下权且欢天喜地，并无他说。明日捉个空，便一径到临安府前，叫起屈来。那时换了一个新任府尹，才得半月，正值升厅，左右捉将那叫屈的妇人进来。刘大娘子到于阶下，放声大哭，哭罢，将那大王前后所为：怎地“杀了我丈夫刘贵，问官不肯推详，含糊了事，却将二姐与那崔宁，朦胧偿命。后来又怎地杀了老王，奸骗了奴家。今日天理昭然，一一是他亲口招承。伏乞相公高抬明镜，昭雪前冤”。说罢又哭。府尹见她情词可悯，即着人去捉那静山大王到来，用刑拷讯，与大娘子口词一些不差。即时问成死罪，奏过官里。待六十日限满，倒下圣旨来，勘得：“静山大王，谋财害命，连累无辜，准律[49]：杀一家非死罪三人者，斩加等，决不待时。原问官断狱失情，削职为民。崔宁与陈氏枉死可怜，有司访其家，量行优恤。王氏既系强徒威逼成亲，又能伸雪夫冤，着将贼人家产，一半没入官[50]，一半给与王氏养赡终身。”刘大娘子当日往法场上，看决了静山大王，又取其头去祭献亡夫并小娘子及崔宁，大哭一场。将这一半家私，舍入尼姑庵中，自己朝夕看经念佛，追荐亡魂，尽老百年而绝。有诗为证：

善恶无分总丧躯，只因戏语酿殃危。
劝君出话须诚信，口舌从来是祸基。

【注释】

① 本篇选自《京本通俗小说》，被编入《醒世恒言》第三十三卷，题为《十五贯戏言成巧祸》，题下注“宋本作《错斩崔宁》”。

② “颦有为颦”二句：皱眉头有皱眉头的缘由，笑有笑的缘由，不会平白无故。

③ 德胜头回：也作“得胜头回”或“得胜利市头回”。宋代说书开始时，先讲一段与正书相类似或相反的小故事，一是为了等候迟到的听众，一是引入正书。头回即开讲的第一回。

④ 春榜动：春试临近。
⑤ 不索：不需。
⑥ 书程：书信和程仪（送给远行者的财物）。
⑦ 官人：宋以后对男子的美称，妻子对丈夫也可这样称谓。直恁（nèn）：竟如此。
⑧ 甫能：刚刚。
⑨ 端的：究竟。
⑩ 同年：同在一榜考取的人，彼此互称同年。
⑪ 风闻：传闻。言事：向皇帝奏事。
⑫ 清要：地位高尚，职位重要。
⑬ 蹭蹬：潦倒，不得意。
⑭ 撒漫：抛洒。
⑮ 本等伎俩：本来的本领。
⑯ 齐眉：形容夫妻相敬如宾。
⑰ 员外：原为官职名称，后用作对有财势者的尊称。
⑱ 日逐：每天。
⑲ 泰山：指岳父。
⑳ 须索：必定。
㉑ 常便：长远的考虑。
㉒ 李存孝：五代李克用养子，屡立战功，后李克用信谗，将其车裂而死。
㉓ 彭越：汉初名将，归刘邦后屡建战功，被人诬告谋反，被刘邦处死，剁成肉酱。
㉔ 计结：了结。
㉕ “呜呼”二句：旧时祭文结尾的套语，表示哀悼并请死者来享用祭品，这里指其人死亡。
㉖ 失晓：天亮了还没醒来。
㉗ 执命：偿命。
㉘ 叉手不离方寸：拱手当胸表示恭敬。方寸，心，此处指胸前。
㉙ 地方：地保。
㉚ 皂丝麻线：牵连、纠葛。
㉛ 干连：牵连。
㉜ 天网恢恢，疏而不漏：语见《老子》，“漏”原作“失”。古人把天比作一张罗网，无所不见，任何坏人坏事都逃不脱。
㉝ 把臂：根据，凭据。
㉞ 帝辇之下：指京城。
㉟ 部复申详：由刑部查明向皇帝申奏。
㊱ 凌迟：古代一种残酷的死刑，零割犯人肉体致其死亡。
㊲ 市曹：闹市。
㊳ 黄蘖（bò）：黄柏，树皮和果实可入药。
㊴ 捶楚：杖刑。
㊵ 阴骘（zhì）：这里是因果报应的意思。

㊶ 转身：改嫁。
㊷ 小祥：指服丧满一年。
㊸ 落路：离开道路。
㊹ 剪径：拦路抢劫。毛团：骂人的话，犹如畜牲。
㊺ 做这老命着：拿这老命。兑：相拼。
㊻ 牛子：骂性情执拗的人。
㊼ 梁园：汉梁孝王刘武在商丘所建庭园，又称梁苑，接待各方文士、宾客，但毕竟不能久留。
㊽ 功德：念佛诵经超度冤魂。
㊾ 准：比照。
㊿ 没入官：没收归官府所有。

【赏析】

这篇小说故事情节曲折巧妙，细节描写真实细致，人物性格生动鲜明，批判封建官吏草菅人民、率意断狱，是一篇具有现实主义色彩的文学作品。小说真实细腻的描写，令人赞叹。说话人没有故弄玄虚，而是层层展开事件。对这段冤案的发生、发展及结果写得入情入理，对“错斩崔宁”的原因分析得全面细致。

通过描写人的对话及内心活动，塑造了陈二姐这一被封建制度摧残的善良妇女的艺术形象，勾画出陈二姐这一贫苦女子典型的小市民特征。

情节“巧”是这篇小说的一大特色。它通过一系列巧合的事件构成整篇小说。一连几个巧合就促成了一场冤案。整个事件的发生都是偶合的，但又无不反映了社会的必然。作者有意运用偶合，编织出新颖、奇巧、引人入胜的故事，通过故事映衬和谴责了当时的社会现实。

公安机关必须秉公执法、严肃执法，严格按照法律规定和程序办案，做到“以事实为依据，以法律为准绳”，对违法犯罪行为要依法追究，依法处罚，自觉抵制“关系执法”“人情执法”等不当执法方式。

刑警本色(节选)

张成功　杨海波

张成功(1958—),安徽宿州人,著名警察作家,中国作家协会会员。代表作品有《苦海中的泅渡》(改编为电影《天国逆子》,在东京国际电影节获两项金奖)、《天府之国魔与道》(改编为电视剧《刑警本色》,获中国电视金鹰奖)、黑色三部曲《黑冰》《黑洞》《黑雾》等。并在国内外多次获大奖。

《天府之国魔与道》最先改编成电视剧《刑警本色》,后张成功、杨海波根据电视剧《刑警本色》出版了小说《刑警本色》。

警队新人

一切始于毕业。

对于萧文来说,在那之前的20年光景不过是一场冗长的序幕,而真正的生活是从那一天起才开始的。

虽然天有些阴,但空气却无比清新。一枚警徽、两枚警徽……一张条桌上,摆放着几十本警校学员的毕业证书;一只脚、两只脚……每只脚上都是擦得锃亮的皮鞋和裤线笔直的警礼服裤腿。

萧文至今仍能听见校长的致辞:同学们,两年的学习生活转眼就过去了,明天,你们将奔赴各自的工作岗位,成为一名正式警察。学校能教的已经都教给了你们,你们也通过了每一科的考试。可是,我要提醒大家,一个正式警察不等于一个真正的警察,你们将要面对的社会,比任何教材都要复杂得多!能不能成为一名真正的警察,全看你们自己!真正的考验从明天开始,警校的毕业证只能证明你们有资格接受这种考验,我希望你们能考好这一科,能证明自己是一个真正的警察!

在萧文的记忆里,那一天永远充满了喧嚣、激昂的铜管乐声……

市局的老楼看上去总是那么破旧和安稳,人们忙着进进出出,又总是无视着它的存在。也许只有当冯局长捧着茶杯凝望窗外那棵老槐树的时候，才会产生某种欣慰和坚定的感觉，因为老楼，更因为自己是老楼的一部分。

潘荣进门的时候，冯局正拿着贴有萧文、张平和常闯照片的3张表格在看。

“冯局，你找我?”潘荣开门见山地问。说起刑警队长潘荣，他可是局里的老同志了，从警二十多年来，在潘荣的手中不知侦破了多少重大案件。说潘荣是江洲市公安局的栋梁之才，那是再贴切不过了。冯局跟潘荣基本上是一起入的警队，到了现在，之所以冯局已经坐到局长的位置，而潘荣仍然还是个小小的刑警队长，正是因为潘荣的脾气向来耿直，他对下属要求极其严格，可跟上级的关系却总是不甚融洽。潘荣素来脾气冲、说话直，即使跟冯局也不例外。

冯局把手里的档案递给潘荣，告诉他警校刚分来3个毕业生。潘荣却并不接档案，他心里也料到冯局找他来是为了这事，说实话，这几个人潘荣真不想要。刑警队缺人是不假，但想想这两年，局里前前后后倒也分给潘荣不下十个人。可现在留下来的有几个？一个没有！每次说得都挺好听，来了人先尽着刑警队挑，挑是挑了，可干个一年半载刚能独挡一面，就又被局里调走了。潘荣早跟冯局甩过这话：“我都不知道自己到底是刑警队长，还是警校校长！”

冯局看出潘荣的心思，却故意问：“怎么，连看都不看了？现在抓公安队伍建设，正规院校培养不过来，让你这老刑警带一带不对吗?”

潘荣一听冯局打官腔就来气，这话里也就带了出来：“我没说不对，可我这儿是刑警队，不是警校啊。今天分来人，明天又调走，你让我怎么办案子？我可折腾不起!”

像这么着顶撞冯局，在潘荣还真算不上什么稀奇的事，几十年了，冯局把潘荣的脾气早摸熟了，他知道潘荣要真跟谁顶起牛来，别说是八匹马，就是八十匹、八百匹马也拉不回来。于是，冯局主动跟下级缓和起来：“坐，坐。来一根儿。”说着递给潘荣一根烟，“要说呢，还真是有点难为你了。我知道，这些年你为局里承担了不少，可我也是没办法呀。你看看，现在什么地方都需要人手，你再不帮我，咱们局好多科队所可就瘫痪了。唉，我这个局长也难哪。”

冯局了解潘荣，潘荣又何尝不了解老冯呢。潘荣心里明白，什么时候当领导的跟自己一诉苦，他潘荣就算是上了套了，就是自己再难接受的要求，也得勉强应承下来。潘荣抽着烟故意不搭冯局的话茬。冯局看潘荣这反应，又起身翻抽屉说：“来，尝尝我的明前茶!”说着就要给潘荣沏茶，潘荣忙拦住说：“你就别拉拢我了，你分给我的人，我要就是了。”冯局挺高兴：“真的?”潘荣满脸严肃道：“可有一样……”话一出口，冯局忙说：“这三个人，我完全交给你，不论什么时候，只要你不同意，我绝不调一个人走，你看怎么样？”听了这话，潘荣终于笑了。

像是打了一场莫名其妙的仗，表面是潘荣占了上风，实际上却是冯局控制住了局面。想到了这一层，回到刑警队办公室的时候，潘荣心里就觉得有点儿烦。

队员们却不知道潘荣的心情，大家都笑呵呵地跟潘荣打着招呼说：“潘队早！”

潘荣问大刘：“你那个案子怎么样了？”大刘答说：“差不多了。”潘荣说：“该抓就抓吧，别让那小子跑了。”大刘马上说：“队座放心，跑了他我顶缸。”潘荣上下打量着大刘，一点儿笑模样都没有地说：“你顶缸，你是杂技团的？”大刘嘿嘿一笑说就是让潘荣放心的意思。潘荣严肃地说：“你别给我稀里马虎的，跑了人我可六亲不认！”大刘忙应着说他今天就把那嫌疑犯给抓回来。

潘荣又问另一刑警五子：“你那个结案报告今年还能不能写出来？”五子一愣答道：“能……”案子结了有一阵子，可结案报告五子却一直拖着没写，潘荣也一直没催过，不知道今天潘荣怎么突然把这事想起来了。潘荣连训斥带嘱咐地对五子说：“你别又弄得错别字连篇啊！让人家秘书科笑话咱们刑警队。”五子连忙答应着说：“不会，我照着字典一个字一个字对！”

于是大家都赶紧各忙各的去了。潘荣环顾四周一片忙碌的景象，心中略微感到了一丝满意，剩下的事就是接见那三个新分来的警校毕业生了。潘荣刚推队长室的门进来，早已等在屋里的三小伙子唰地站起来，把潘荣吓一跳。三人都比潘荣高，一个身材瘦高目光犀利叫萧文，一个文质彬彬面容清秀叫张平，而另一个皮肤黝黑身形魁梧叫常闯。

潘荣看着三张年轻陌生的面孔问道：“谁在警校是班长？”

张平向前一步打了个立正：“我是。报告潘队，我叫张平。”

潘荣揶揄地：“乖乖，整个一美国电影里的海军陆战队啊，成，警校教得不错。”旁边的另一个小子立时就笑出了声。潘荣打量着他，等着他打立正，可这小子却没反应，潘荣笑了：“叫什么？”

萧文方立正道：“萧文。”

潘荣捏捏他的胳膊：“多少斤？”

萧文答道：“64 公斤。”

潘荣故意地又问：“多少？”

萧文顿时尴尬起来，嘟囔着：“进刑警队好像没有体重要求吧？”

没想到这小子胆敢顶嘴，潘荣愣了一下又说：“没明文规定。不过你这体格动起手可吃亏。”

萧文也不示弱，大声说：“我以为，对付犯罪主要用智力，而不是体力。”

潘荣打量着萧文心里说：“看不出来，这小子还是个冲脾气，刚进警队就不服，这还了得。”心里想着，嘴上更加严厉地说：“那要非用体力不可呢？”

轮到萧文没词了。旁边常闯早耐不住了，鼓起身上的肌肉问潘荣：“队长，您看我怎么样？”

潘荣看看常闯道：“你在警校是不是没怎么上课，专练健美了？”

常闯嘿嘿笑着辩解道：“可我毕业考试排全班第五呢！”

潘荣一个擒拿动作，差点把常闯放翻，潘荣连忙拉住摇晃的常闯。

常闯不服地说：“再来！”

“你都死了，还来什么！”

“不带玩阴的！”

“你跟罪犯商量去吧，看他们答不答应。”说着潘荣向自己的办公桌走去。常闯从背后偷袭，被潘荣很利索地制住。常闯疼得直叫。潘荣赞赏地说：“学得还挺快。”

常闯终于傻眼了。潘荣悠然自得地坐到自己的办公桌后面，望着眼前的三人说：“从今天起，你们三人跟着我。”

常闯抢着答道：“是，师傅！”

没想到潘荣却说：“什么师傅不师傅的，公安机关又不是武术门派，不兴那一套。”

几个人面面相觑中，潘荣对自己这三个新徒弟的召见就这样结束了。

开始虽然不甚圆满，但也不算太坏，总之将来会越来越顺的，萧文在心里这样安慰自己。过了几天大伙才知道，同后来的事相比，潘荣的那次召见，实在算不上什么考验。

夏秋之交的江洲，天气依然燥热，当梅莉下了公共汽车走进江洲宾馆的大门时，周身的暑气一下就被宾馆强劲的空调驱散了，看着外面那些顶着酷暑疲于奔命的人们，梅莉再次在心里叹息道：“这真是两个世界啊。”

梅莉步态完美地穿过江洲宾馆的大堂，吸引着人们的视线。然而她心里清楚，这表面上的从容是经过很大努力才保持住的，实际上，自从去年底梅莉被提升为公关部经理开始，她就没有一天过得不是小心翼翼的，总是有麻烦的人和事发生，又总是有那么多钦羡或嫉妒的目光投来。梅莉微微昂起她精致而俏丽的头颀,她很清楚什么才是自己拥有的武器——勇气和自信。

一个满脸惶惶然的女服务员紧跟着梅莉,向她汇报着突发事件的情况。此刻,5楼正有一个被开除的员工在梅莉的办公室里咆哮着,他愤怒地极尽污言秽语大骂梅莉和方总。很显然,那家伙处于歇斯底里的状态,依据经验,梅莉对这一点有十足的把握。同样依据经验,梅莉认为在动用酒店的保安之前,凭她的智慧,打发掉那个讨厌的家伙并非什么难事。

但是梅莉的判断恰恰错了。

当她和那个捣乱分子进行了几句例行的交涉之后,那个面目可憎的男人突然冲过来勒住了梅莉的脖子,甚至还用一把刀指向梅莉的咽喉。

男人声嘶力竭地吼着:“别过来! 我身上有炸药!”

所有在场的人都被吓傻了,包括梅莉。等到梅莉在窒息中回过神来,她已经被那疯狂的男人掠到了酒店的天台上。梅莉竭力告诫自己镇静,可她还是除了自己的心跳听不见任何别的声音……

后来,她看见保安们冲了上来,可他们满脸的无奈。而后,她看见人群开始骚动,勒着她的男人似乎更加紧张了,梅莉已经分不清到底两人中是谁在挣扎。再后来,梅莉似乎看见对面的大厦上隐约的有人在向这里瞄准,那一定是警察,可他们却没有开枪,因为绑架者也看到了对面的人影。再往后她看见几个警察上了平台,为首岁数大些的警察跟绑架者说着说着,情况突然更加混乱起来,人们开始移动。最后,梅莉看见一个消瘦而清秀的年轻警察冲自己的方向瞄准,“砰!”梅莉终于听到了那声枪响……

扣动扳机的是萧文。

也许是太紧张了,萧文也不知道自己是怎么胆敢开枪的。他记得路上潘荣一直在嘱咐没有命令不得开枪,他还记得潘荣说他的那支枪跑偏两厘米,之后是潘荣和绑架者谈判,有人喊酒店老总来了,分散了绑架者的注意力,就在这刹那,萧文掏出枪射击,他甚至不记得自己是怎么瞄准的。

时间似乎静止在萧文开枪的刹那,直到潘荣劈手夺下萧文手中的枪骂道:“谁他妈让你开枪了?”

常闯跑过去看倒在地上满脸是血的两个人,他擦去梅莉脸上的血,探探梅莉的鼻息,大叫:“她没死!”

萧文擦擦额头上的冷汗,长出了一口气。

至于梅莉后来的表现也着实令人奇怪。

当救护车鸣着警笛，把装着绑架者的尸袋拉走的同时，梅莉吐出一口气醒了过来。她睁开眼睛的第一件事就是迅速地辨认出开枪的萧文并破口大骂："你这个混蛋！我差点让你打死了！"

萧文讷讷地不知所措，一愣是因为梅莉终于醒了过来，这二愣却是因为想不到被自己救下的人质竟对自己破口大骂。

梅莉摸到自己耳朵上残存的半截耳环："你自己看看！"

萧文接过半截耳环："我瞄的就是你的耳环。"

梅莉简直不相信自己的耳朵："什么？你瞄着我开枪？"

萧文耐心地解释着："罪犯即将引爆，我是一个警察，我不能不……"

梅莉怒道："警察了不起呀？警察就能拿人命不当回事？"

面对梅莉的刁蛮，萧文能做的也只有道歉了。突如其来的事件使梅莉显得不可理喻，那一刹那，萧文真的后悔起来。

因为萧文的莽撞，局里决定对他进行内部处分。消息传来，萧文倒也不觉得意外，毕竟这事是太悬了，要是那天萧文的枪打偏一点儿伤了梅莉，那后果真是不堪设想啊。

让萧文倍感意外的是，在局长面前力保自己免受处分的人竟是潘荣。为了这事，萧文他们专门在潘荣家聚了一次。酒过三巡，话也说开了，萧文端着杯子真诚地对潘荣说："潘队，谢谢您！要不是您拦着，我这个处分是挨定了。"

萧文的尊敬和感激令潘荣格外的受用，于是潘荣顺情大度地说："我还要谢谢你哪！要不是你打死绑匪，他真把江洲宾馆炸了，那时候别说我保不住你，第一个挨处分的肯定是我！"张平、常闯也端起杯子凑热闹，四个人碰了一下，又干了一个。

常闯问萧文："现在心里什么感觉？"照说常闯平时是三个人里最愣的，所以事后常闯怎么想怎么觉得开枪的应该是自己，而不该是萧文。

萧文老老实实地说："还真有些后怕。"

张平接着问："你当时没想过万一……怎么办？"以张平素来的稳重、谨慎，对萧文出人意料的鲁莽就更是不理解了。

"当时没想那么多，只记得潘队说这枪偏右两公分，我瞄人质的左耳环，应该没事。"萧文说的虽然是实话，但却是有所隐瞒的。事实上，他后来细想那天的经过，发现有一点也许连他自己都不愿意承认，那就是，当时他强烈地意识到如果不能有效地制止罪犯，在那种千钧一发的危急时刻，如果真发生了爆炸，后果将是不堪设想的。假如沿着这个思路分析萧文自己，则只能证明那天梅莉的愤怒是有道理的，因为也许在萧文开枪的时候他自己并没有意识到。实际上，当时梅莉确实被萧文摆在了某种类似“牺牲”的境地中，尽管萧文自己也随时准备为了正义而付出生命的代价，但那是一个人民警察的职责，却不是梅莉应当承担的。正是想到了这一层，萧文才深刻地意识到一个警察身上肩负的责任，也才理解了那天潘荣给他的那一记耳光。

正想着，刚好潘荣举杯和他碰了一下说：“我带过那么多新手，还没见过像你这么生的。”

萧文笑道：“以后不会了。我现在才知道，能不开枪最好别开枪。”

在潘荣家徒四壁的小屋里，四个人干了一个又一个。

潘荣对晚辈的呵护，令萧文他们几个心中十分感动。后来他们又听说，其实那天江洲宾馆出事的时候，正好赶上潘荣的爱人出了车祸被送进了医院，潘荣的弟弟潘誉打电话到警队来，值班的女警刘泷又忙打电话通知潘荣。当潘荣用警车上的对讲机接听后，却向刘泷发火说：“胡闹！谁允许你用车台谈私事的？”刘泷焦急地说：“嫂子伤势严重……”潘荣更加恼火地吼道：“再谈私事我处分你！马上关掉！”从始至终，对自己爱人的伤情，潘荣连一句都没问。再后来，潘荣的弟弟潘誉为了嫂子住院的事跑到警队来找潘荣，说潘荣的爱人大腿骨折，不过还好命保住了，但手术费却差了500元，潘荣掏钱包翻了半天也只有300元，就让弟弟先给垫上。可潘誉一直没有工作，哪来的钱呀？最后还是刘泷看不过去掏钱垫上了。像这样的事还有很多，潘荣虽然严厉，但他的为人做事，却赢得了萧文他们几个由衷的尊重和爱戴。

开枪事件平息以后，惟有那天梅莉的态度，却让萧文始终耿耿于怀。怎么能拿另外一个人的生命去冒险呢，连萧文都无法原谅自己。于是，就有个女服务员给梅莉送来一束鲜花，鲜花里面有张纸条，上面写着：我不求你原谅我，只希望你不要因此误解警察。再次说声对不起。——萧文

梅莉把那半截耳环放在了鲜花的旁边，平静地回想起那天的事来。她也知道，如果这样的事发生在别人的身上，她一定会坚定地认为萧文是个好警察，是美国电影中的那种救美的英雄。但是当时，梅莉实在是吓坏了。没有做过人质的人，根本无法理解那种恐惧的心情。尽管劫持梅莉的人身上绑着足以炸掉江洲宾馆的炸药，但当时，梅莉却认为唯一的生存希望就是妥协，就是由方总出面跟那人谈判满足他的一切要求。所以当萧文开枪击中自己耳环的刹那，梅莉以为自己已

经死了。如果自己真的被那一枪打死了，谁来照顾上高中的弟弟梅英呢？正是这种强烈的责任感，使得梅莉在劫后余生清醒过来之后，向萧文发了那么大的脾气。

萧文并不知道，梅莉的父母常年在国外工作，家里就只有她和弟弟梅英俩人，梅莉除自己要在社会上打拼之外，还要照顾尚未成年的弟弟。梅莉的心中自有一番苦楚和辛酸。

连着几天，梅莉的弟弟梅英下学的时候都绕着集市街那条路走。可即便是这样，梅英还是有些提心吊胆的，总觉得快躲不过去了，想着书包里沉甸甸的砖头，梅英强迫自己定了定神。可偏偏就是这天，当梅英和两个男学生骑车转过一个街角的时候，李刚出现了，像往常一样，身后还跟着几个手下。

李刚径直问梅英："钱带来了吗？"

接下来照例是一场混战。打着打着，不知谁喊了句"警察来了"，李刚他们一听就跑得没影了。梅英从地上爬起来的时候，却看见除了自己，打架的人都跑光了，他晕头晕脑地也想跑，却只听一声断喝："站住！"

一个警察堵住了梅英的去路，是萧文。

回去一审梅英可不得了，世上的事偏偏就那么巧，这个梅英原来正是梅莉的弟弟。萧文他们看着梅英鼻孔里塞着棉球的那副模样，还真和梅莉联系不到一块去。常闯马上出去打电话通知梅莉了。

萧文接着问梅英："为什么打架？"

梅英答道："他们要我们交保护费，不交就打我们。"

萧文有些意外，照梅英说的，这是一个抢劫团伙，而且，勒索像梅英这样的学生已经有几个月了。"为什么不报案？"萧文又问。

梅英有点儿委屈地说："我们以前跟派出所说过，可他们说事情太多，我们这个是小事，顾不过来。"

轮到萧文他们几个面面相觑了，心里说派出所也太不负责任了，即使一时忙不过来，也不能跟这半大小子这么说呀，这要传出去，老百姓还不得骂咱们警察无能啊。看着梅英满脸无辜的样子，萧文又问抢钱的是什么人。梅英说有一个叫李刚的，听说他的老大是集市街的宋涛。大家都认为这个情况很重要，就让梅英把知道的情况都写下来。这时候，梅莉来了。梅莉一见萧文愣了一下，而后问道："梅英他干什么坏事了？"

梅莉和梅英的父母都在国外，平时，就他们姐弟两个相依为命。梅莉这个姐姐当得不易，为梅英没少操心。这些情况，刚才在对梅英问话的时候，萧文他们就掌握了。因此，在萧文心里，对梅莉又多了一重了解，所以萧文对梅莉的态度格外的好："你先别急，他也没干什么，主要是别人欺负他。请坐下说。"

可梅莉哪能不急呢？直到她在手续上签完字，萧文告诉她可以马上带走梅英时，梅莉才彻底放下心来。梅莉带着梅英出大门时，才想起因为自己急着带弟弟走耽误了萧文吃饭。她不好意思地对送出来的萧文说："对不起，我刚才……脾气不好。"萧文也说："没关系，这种事谁碰上都着急。"

话说得都很客气，可梅莉心里却没有真的原谅萧文，只是这次看在梅英的份上，算对萧文有了点好脸，这一点萧文心里很清楚。

在潘荣爱人的病房里，萧文他们几个向潘荣汇报了从梅英那里摸来的情况。没想到潘荣一开口便说知道这个宋涛，早几年，宋涛不知跟谁学了几手三脚猫的功夫，就喜欢打架，潘荣抓过他几次，也拘留过，算是老交道了。眼下的事，潘荣说，他要真指使人抢劫，够送劳教了。潘荣让他们三人这两天先查查看，要是能砸实，就动动这个宋涛。潘荣指派萧文为这个小组的组长，可临了又叮嘱了一句："你可当心啊，别再捅娄子。"萧文不好意思地笑了："您放心，有事我会多跟您请示汇报。"

萧文他们三个忙了几天，先找片警跟几个居民坐在一起聊聊，又和几个中学生谈话，但都没有取得什么突破，好多被抢过的学生都矢口否认这事。大伙都明白这是宋涛威胁的，于是当潘荣问起进展时，常闯就把这话实说了，没想到潘荣又不满意了，潘荣问："这是他们说的？"常闯老老实实答："我猜的。"潘荣："猜还要我们刑警干什么？"萧文赶紧说一定要尽快查实，潘荣这才放过了常闯。

话说着容易，事办起来可挺难。有一回，萧文在街上碰上了梅英和他的几个同学，没想到梅英竟然都不敢认萧文，一见着萧文他们就跑得没影了。这可把萧文气坏了，他咬咬牙，索性一不做二不休了。当天晚上，萧文他们直扑梅家。本来，梅英正躺在沙发里戴着耳机，喝着饮料，看着晚报，把自己弄得挺舒服的。门铃一响，梅英走到门边从门镜向外看，一见是萧文三人，赶紧蹑手蹑脚地走回去关上了灯。这么一来，就是萧文他们再着急，也拿梅英没什么办法。

逼得萧文只好再去江洲宾馆找梅莉。两人刚在大堂的咖啡座坐下，梅莉倒先责问起萧文来："梅英的事为什么你上次不跟我说清楚？"

萧文没理会梅莉的语气，耐心地说："希望你劝劝他跟我们合作，再这样下去，他可能有危险。"

梅莉却并不领情，说："我知道该怎么做，用不着你吓唬我。"

萧文没辙了，只好告辞。可就在他转身要走的时候，梅莉又喊住了他。“还有什么事？”萧文问。梅莉笑笑说：“明天我请你吃饭。”梅莉这么一说倒把萧文弄糊涂了，萧文看着梅莉，竭力地想从她的眼睛里捕捉点什么，可除了些许捉狭，萧文一无所获。

第二天中午12点，萧文到江洲宾馆的西餐厅赴约。走进餐厅，萧文心里还真有些发毛。说实话，和女孩子在西餐厅吃饭，对萧文来说还真是头一回。但转念一想，这毕竟是为了工作，本来也算不上什么约会，想到此，萧文心里才有了底。不远处，梅莉已经等在那里了。他们的餐台位于餐厅中最好的一个角落，紧挨着窗边。如此环境，如此光线，梅莉看上去尤其令人心动。萧文竭力克制着自己以免分心，他将注意力转移到桌上的第三副餐具上，像学生时代考试那样琢磨着问题的答案。服务员把餐巾展开给萧文铺上的时候，梅莉开了腔：“请。”

萧文问：“还有个人没来，我们不等一等？”

梅莉反问：“你怎么知道还有个人？”

萧文笑笑指指第三套餐具。其实，萧文早猜出这是给梅英准备的，梅莉显然还没有原谅自己。“你不会为了谢我请我吃饭，”萧文对梅莉说，“昨天我还看出，你很关心你弟弟的事。”

梅莉笑了：“跟你们警察在一起，可真没劲！”

萧文也笑了，趁势说：“原谅我了？”可梅莉的答案却着实令萧文愕然，她说：“除非让我也打你一枪！”

不管怎么说，两个人算是就此和解了。可饭吃得虽然有情有调，梅英却到底没来。不仅如此，梅莉还有些喝醉了，萧文只好送她回家。两人一起上了一辆公共汽车，萧文找了个能抓靠的地方让梅莉站好，自己去买票。等他买完票回过头，只见一个小偷正把手伸进梅莉的挎包。说时迟那时快，萧文把手铐咔地一声铐在小偷的手腕上，另一头铐在车的扶手上，周围的乘客都吓了一跳。萧文本以为自己在梅莉面前立了一功，不想梅莉的钱包上拴了根铁链，反而是梅莉得意非常。

回到梅家，梅英却不在，萧文只好空手而归了。接下去的几天里，为了接近梅英，萧文和梅莉倒是经常见面。有一回两人路过一家通讯器材营业部，梅莉突然说想看看BP机，可她挑了半天也没挑好，萧文就问她怎么还没挑好。梅莉指指旁边的广告：“人家卖的是情侣机，买一对儿便宜不少呢！”

可梅莉显然不只是为了图便宜，于是萧文心里就琢磨着，梅莉怕是对自己有点意思。但这只是一闪念，萧文不敢深想，总之是稀里糊涂高高兴兴的，萧文也跟着感觉走了。又一回，梅莉非让萧文大晚上带她去射击场，他们去的时候射击场里没人，就只有他们这一对儿。萧文站在梅莉身后手把手教她打枪，嘴里念念有词："两腿要站稳，手臂举平，呼吸均匀。眼睛不能眨，直视目标……对，就这样。手指慢慢扣动扳机……"

梅莉打了一枪，震得她往后一缩，靠在萧文怀里。萧文深吸一口气，稳定一下情绪说："别紧张……"梅莉回头笑道："我感觉好像是你在紧张啊。"梅莉的咄咄逼人总是让萧文觉得尴尬，可萧文却没能清楚地意识到，梅莉的个性对自己来说深具魅力，自己正被梅莉深深地吸引住。不久，两人恋爱了。

就在萧文和梅莉的关系突飞猛进的当口，案子也有了新的进展，突破口还是着落在梅英身上。萧文他们拿梅英没辙，梅莉可有的是办法，梅莉最终说服了梅英跟萧文他们配合，去做了调查证言。掌握了梅英提供的情况，萧文他们立刻去向潘荣汇报。萧文告诉潘荣，据梅英反映，3个月前，宋涛组织了一批流氓专门抢劫中小学生。他先找喜欢逃学的学生，以教他们武功为名，从他们那里了解其他学生的情况，然后根据每个学生的家庭收入，制定抢劫的数额。经多方调查，可以确认，宋涛有指使抢劫中学生的重大嫌疑。张平补充说，除了抢劫中学生，宋涛还在集市街欺行霸市。萧文他们想借抢劫中学生这件事，彻底铲除宋涛团伙。潘荣听了却说："宋涛团伙？这个团伙有几个人？都是干什么的？谁是老大？"萧文他们没词了，他们还没来得及调查。

潘荣严厉地命令他们查实了再来汇报。其实潘荣并不是成心刁难他们几个，可办案不是个简单的事，萧文他们还欠着火候呢。潘荣有时想，现在的年轻人自尊心都挺强，也担心萧文他们吃不消，可不经点摔打又怎么能成材呢？其实潘荣的苦心，萧文他们也慢慢明白了。聊起来也都说，潘队可是咱们局刑侦第一高手，这几年的大案子，都是他破的，咱要学就跟最好的学，挨点骂不算什么，只要咱自己长进。

说起来，萧文家过去就住在集市街附近，所以他对这一带的环境比较熟悉。就在萧文他们按部就班地展开调查的同时，那边宋涛一伙依旧在集市上称王称霸。

这天，小贩陈树明正在向一老农民推销电子表，宋涛一伙人凑了过来。

宋涛生得虎背熊腰，天生一副好勇斗狠的身板。宋涛从小打到大，走到哪儿就成了哪儿的混世魔王。宋涛只知道拳头才是真道理，现在这集市街就是他率领手下统治的一片天地。

最近，听说有帮小子不服要和自己对着干，宋涛就派人去打听了一下，果然有个叫周诗万的正在串通一伙小贩在反对他，其中就有陈树明。

陈树明这人已经三十好几了，他头脑活络，听说经常给周诗万出点子，但他生就瘦小枯干，是个不禁打的“软柿子”。宋涛查明白了这事，就先挑陈树明下手，给周诗万来个杀一儆百。

此刻，宋涛跟陈树明招呼着：“小明，买卖不错嘛！”陈树明忙应着：“宋哥！”于是，宋涛带着手下上演了最拿手的一幕——生抢陈树明卖的表不肯给钱，还扬言：“想在这儿发财，就得守这儿的规矩。”

这时候，一个叫马卫东的晃着膀子走过来搭话：“谁定的规矩？”

“你是谁？”宋涛问，心里纳闷如今在集市街居然有不怕死的敢插手我宋爷的事，今天一定得摆平这小子，否则会影响自己在街面上的威严。

这马卫东正是周诗万的哥们，是个进入集市街没几天的卖肉的小贩。早先，他仗着自己魁梧强壮，也想学宋涛的样子跟人收保护费，却被周诗万和陈树明阻止了。对于宋涛，马卫东心中一直不服，总觉得自己要是早些来集市街混事，就绝没有让宋涛称王称霸的道理。此刻，见陈树明被围攻，马卫东马上按捺不住地出来向宋涛正面挑战。

就在马卫东面无惧色地答道“别管我是谁，凭什么给你们交钱”的时候，宋涛冷不防一刀向马卫东刺去，发狠地说：“就凭这个！”马卫东急忙闪开，可他的屁股上已中了一刀。陈树明想冲上来，可宋涛的两个弟兄也都拔出刀子。众人吓得往后躲。宋涛举刀冲向马卫东，马卫东掉头就跑，陈树明也跟着跑了。

宋涛见得了手也就无心苦战，追了两步又停下说：“没事了，没事了，大家该做什么还做什么吧！”众人散去，继续做生意，这种场面在集市街见得多了，哪个不服宋涛的能讨得了便宜走！

集市街另一角，小贩周诗万、郑海几个人看着这边。其实，周诗万早就看着宋涛不顺眼了，但他吃亏就吃亏在进市场比宋涛晚。眼看着那么多小贩被宋涛欺负，周诗万实在是咽不下这口气，周诗万最近经常咬牙切齿地念叨：“总得有人出个头！”周诗万是个相貌堂堂的精壮汉子，他岁数不大，办事却很老成。自幼，因为父母早逝，周诗万就拉扯着一个年幼的妹妹在社会上闯荡。这几年，随着舅舅孙启泰的地位不断高升，周诗万兄妹的日子才算好转了许多。好不容易东拼西凑地借了几个钱在集市街开了个小买卖，却还要被宋涛一伙欺负。每月光是保护费就是一大笔，还不算宋涛的人平日白吃白拿的那些，辛辛苦苦赚来的钱到了周诗万的手里也就所剩无几了。于是他就和郑海、马卫东等几个哥们儿商量,决定联合一批小贩跟宋涛对抗。

此刻,见宋涛拿陈树明和马卫东下了手,一直远远旁观的郑海小声问旁边的周诗万怎么办。周诗万心想,马卫东是自己的兄弟,宋涛欺负他就等于是欺负到自己头上来了,于是他发狠地说:“今天不灭了宋涛,咱们在集市街就站不住!”

集市的另一边,一个其貌不扬的叫罗阳的青年在摆摊卖水果。周诗万的妹妹周莲路过认出了他。两人是中学里的同学。这时,宋涛一伙又过来捣乱。罗阳是利用暑假在市场卖水果,不知道宋涛的厉害,见宋涛调戏周莲,不禁血往上涌,单枪匹马和宋涛一伙打起来。

正在这时周诗万带着几个兄弟杀到,他一马当先向宋涛扑去。宋涛急忙躲闪,一把西瓜刀擦着他的头皮砍过。宋涛急忙拔刀在手,回头,只见周诗万和郑海提刀怒视着他,马卫东和陈树明站在他们身后。

周诗万喝道:“王八蛋,敢调戏我妹妹,我今天非劈了你不可!”

说着两边人马一团混战。

不远处拐角,萧文和常闯骑着车过来,两人是来集市摸情况的。突然只见几个摊贩从街里跑出来,身上还流着血,显然集市里面有人闹事。萧文和常闯忙放下自行车就往街里跑。

集市里,宋涛和周诗万两伙打得不可开交。周诗万和郑海这边人少,处于不利的位置,宋涛他们围住狂攻。周莲急得够呛,突然看见萧文和常闯跑过来便大叫:“萧大哥!那些流氓打我哥!”萧文家就住在附近,认识很多邻居,其中就有周诗万兄妹。萧文和常闯冲过去一声断喝:“住手,我们是警察!”两边没人听他们的。

“常闯,你快去报警!”萧文说着冲进打架的人群中隔开双方喝道:“都住手!我是警察!不许在公共场所打架斗殴!”

宋涛和周诗万他们都停了手。周诗万认出萧文意外地叫着:“文哥?”没想到宋涛一听萧文跟周诗万认识顿时急红了眼,大叫:“好啊姓周的!连警察一起灭!”说着冲向萧文。萧文急忙应战。常闯跑出几步见萧文有难,急忙叫周莲去报警,自己又返回来。这边,周诗万等人冲向宋涛一伙,两边又打了起来。宋涛放过萧文,又冲向周诗万和郑海。罗阳也从肉摊上拿起把刀,拦住宋涛。

宋涛骂道:“没你事,滚一边去!”

“天下人管天下事!”罗阳说着一刀劈向宋涛。宋涛闪过,一脚把他踢飞出去。

罗阳在地上滚了几下，想爬起来，可实在爬不起来。

双方的刀在萧文身边挥来舞去。周诗万一刀劈向宋涛，宋涛闪过。周诗万收不住手，刀劈向萧文，萧文眼看着躲不过去了，正这时，常闯冲上来，把萧文撞到一边，自己挨了一刀。周莲吃惊地掩住嘴。所有的人都愣了。周诗万吓呆了。

萧文扑过去抱住常闯大叫："常闯！"

街口传来警笛声，宋涛愣了一下喊："撤！"带着手下撒腿就跑。周诗万见势不妙，也拉起郑海就跑。马卫东和陈树明跟在后面。

常闯挣扎着起身说："快追……"话没说完，他昏了过去。萧文急忙扶住他喊道："常闯！"

【赏析】

《刑警本色》是一部反映 20 世纪 90 年代刑警生活的长篇小说。从警校毕业的青年警官萧文、张平和常闯，是刑警队长潘荣亲自带出的高徒，当他们独立展开工作后，便面临了犯罪团伙内外勾结、上下联手的考验，在亲情、友情、私情、敌情的交织网中他们始终保持人民刑警的本色。小说以公安刑警与黑社会的犯罪团伙的斗争为主线，展现了改革开放背景下公安队伍的发展变化和新一代刑警的风貌，折射了社会变革在人们思想、生活和事业上的影响。小说故事情节曲折紧张、扣人心弦，具有浓厚的 20 世纪 90 年代都市生活气息。

不忘初心，才能牢记使命。作为公安队伍未来的预备警官，我们要向本文中优秀警官学习，在未来的工作中知敬畏、存戒惧、守底线，要严格、规范、公正文明执法，打击犯罪，保障人权。

便衣警察(节选)

海　岩

海岩(1954—　),原名侣海岩,北京人。主要从事小说、散文以及剧本创作,其代表作品有:长篇小说《便衣警察》《一场风花雪月的事》《永不瞑目》《你的生命如此多情》《玉观音》《深牢大狱》《平淡生活》《河流如血》等,中篇小说集《死于青春》,并出版《海岩文集》。海岩的小说及根据小说改编的电视剧多次获奖,如:《便衣警察》获首届金盾文学一等奖、全国首届侦探小说佳作奖;电视剧《便衣警察》获飞天奖、金鹰奖和金盾影视剧奖;《永不瞑目》获金盾文学奖、第六届中国人口文化奖。海岩是中国影视行业最具个人品牌号召力的作家,被誉为中国"现代言情剧教父""大陆男琼瑶",享有中国"言情大师""故事大王"之称,被称为中国收入最高的作家之一。

周志明服从地站起来,目光在她脸上停了一下,她蓦然感到这一刹那的眼神是那么熟悉,一下子把她心中无数记忆都连接起来了。

"同志,还不到十分钟,还不到啊,你让我们再说几句吧。"

"怎么不到?是按你的表还是按我的表?怎么得寸进尺呀,让你见一面本来就已经是破例照顾了。周志明,你先出去。"

周志明望着她,后退着蹭到通向院内的那个门边上,用背把门顶开,却没有立即出去。

"同志,求求你了,能不能再让我们谈五分钟,再谈五分钟……"

"不行,你这人怎么这么赖呀?"

"小萌!"周志明突然放大了声音,他终于放大了声音!她的心酸酸的,快要从嗓子眼儿里跳出来了。

"你回去吧,好好地生活,再别来了,一定不要再来了,就算最后听我这句话,你自己好好地生活吧。"

他走了,声音留在屋子里,她双手捂住脸,双肩剧烈地抽动,泪水涌泉一般濡湿了手掌，她用全部力气压抑着哭声，只能听到一阵尖细的呜响在胸膛里滚动，如同遥远的天籁！

在941厂，坐办公室的“白领阶级”都在星期天休息，而在车间、仓库卖力气的“蓝领”们则是挨日轮休的，施季虹得轮上七个星期天，才能和卢援朝凑到一块儿。

碰上这种星期天，卢援朝照例早上九点钟来。今天施季虹家里恰巧很清静，她在里屋一边看书一边等他，萌萌一个人待在外屋，一大早就没听到她的声响。

萌萌从自新河回来已经三天了。在这三天里，除爸爸还和她说说话以外，季虹和妈妈全都不理她。萌萌自己呢，也不说话，老是一个人发呆，像傻了似的，看着也怪可怜。

卢援朝从外屋进来的时候，施季虹没听见他同萌萌打招呼，一进了里屋，他放下肩上的书包就指指外面，问：

“回来啦？”

她放下书，轻轻说了句：“早回来啦。”

卢援朝在椅子上坐下来，没精打采地问：“你爸爸妈妈呢？”

“我妈腰疼，爸陪她上医院了。”

他又指指外屋，“净干这种随心所欲的事，你妈能不病吗，没病也得气出病来。”

“你小声点。”

“没事儿，她睡着了。”

对卢援朝的话，施季虹心里是感到一丝痛快的。萌萌的确是办了件触犯众怒的事情，这事眼下虽然还没张扬在外，但以后会不会被劳改农场捅出来，可就是没准儿的事了。厂保卫处那几个凶神本来见了她就老是横眉冷对的样子，要是这件事再让他们知道了，瞧吧，还不晓得怎么狂呢。卢援朝大概也有了这种预感，不然何以会口出怨言呢？他过去是从来不说萌萌坏话的，对于萌萌那个同情弱者的观念，甚至还抱了一种相当理解、相当赞赏的态度。她望望卢援朝沉郁的脸色，问了句：

“是不是听到谁说什么了？”

“没有。”

卢援朝烦躁的表情，更增加了她的疑心，同时也把她自己的心情搞得烦躁起来，忍了忍，她说：“出去走走吧。”

还不到九点半，外面的太阳已经开始烤人了，出胡同走了好半天，仍然看不到一个卖冰棍的。卢援朝低头不响地只顾往前走，她也不急于找话说，她知道卢援朝是个无事不出门的闷性子，平时要叫他陪着逛逛大街，就像宰他一样，今天之所以老老实实地跟出来，显然是有话要说的。她等他说。

果然，走了一会儿，他忍不住了。

“昨天下午，厂里保卫处找我谈了。”

“什么?”虽然是意料中事，但施季虹还是一下子站住了，她胸口一阵跳，表面上却很快镇定下来，“你怎么不早说呀!”

“刚才萌萌在外屋躺着，我能说吗?”卢援朝突然厌恶地抬高了声音，几乎是在冲她叫喊了，她的火儿也腾地蹿上来，要不是急于想知道保卫处都对他说了些什么，她非发泄一通不可!

“找你谈什么啦?”

“还不是为萌萌!”卢援朝又喊了一声。

附近没人，她的声儿也狠起来了，“你跟我发什么火儿?”见卢援朝不吱声了，她又问:“他们到底谈什么啦，你直说好不好?”

“问萌萌是不是有个男朋友给抓起来了，问究竟是什么性质的问题。”

“周志明的事他们怎么知道? 再说这和你有什么关系，连我都没问，问得着你吗?”

“怎么没关系? 我和你可不一样! 我在技术部工作，有人就眼红，跟保卫处说我政治上不可靠，和反革命有亲戚关系，不适合在保密部门工作，因为这，连我去年到法国当随团翻译的那些屁事都扯出来了，说我违反外事纪律，在旅馆住了单间客房，那能赖我吗? 人家就只有单间了，我们好几个人都住过单间……”

“你没事就没事呗，扯个没完干吗!”她不耐烦地打断他，“你跟保卫处怎么说的?”

卢援朝闷了半天，才说:“保卫处就问萌萌的事来着，我说萌萌和周志明早没关系了，谁知道他是什么性质的问题。哼，幸亏人家不知道萌萌上自新河的事儿，要是知道了……我真是跟你们担连累，你们家本来就这么不顺，萌萌还不消停点，想干吗就干吗，也不知道考虑考虑别人。”

她不清楚卢援朝今天是怎么了，这么气不打一处来，仿佛把沉默许久的话都一泻无余地倒出来了，显得反常的暴躁。她甚至也形容不出自己此时的心情，她一向最怕的，最忌讳的，恰恰就是被人看不起，尤其不愿意被卢援朝看不起。家庭无论怎样倒霉，她内心里始终是把自己看得比他优越的，落难公主被樵夫爱上，可公主总归要比樵夫高上一格。现在倒好，连一向持重内向的卢援朝也开始给她甩脸子了，她委屈、气愤！说不清心里是什么滋味。可冷静想想，这能怪援朝吗？自己爸爸仕途失意，妹妹又找了个劳改犯，谁能没一点怨言，没一点反感？人之常情，实在是难怪的。她竭力在感情上宽容援朝，说服自己。

在另一方面，她又转念。如果说，卢援朝刚才在她家里数落萌萌的时候，她还感到一丝痛快的话，那么现在，她却不由自主地要钦佩萌萌了，当一个人有难时，仍然被另一个人忘我地爱恋着，岂不也是一种令人心颤的幸福吗？她自己是做不到这一点的，卢援朝呢？

卢援朝似乎还想说什么，看着她的脸色，没说出来。两个人默默走了一段路，然后在一片不大的树阴下站住了。也许因为双方心里都需要安静片刻，所以谁也没说话。这是他们以前就有的默契。"冰棍儿——"街对面，有人拖着哑哑的长音儿，由远及近而来，卢援朝这才开口问：

"买根儿冰棍吧，你吃吗？"

她疲乏地摇了一下头。

"今天中午你怎么吃饭？你妹妹现在还管不管做饭了？"

"这两天我一直在厂里吃，今天回家再说吧，你中午有事？"

"没有，我和家里说了中午要回去的。"

这几句话说完，就又没话了，施季虹只好闷闷地说了句："那你回去吧。"

卢援朝点点头刚要走，她又把他叫住了，眼睛并不看他，声音低低地说道：

"援朝，如果……如果将来我们俩当中有一个人倒了霉，另一个会怎么样？"

卢援朝没有说话。

她苦笑了一下。

"季虹，"卢援朝低着头，声音仿佛是从一个很深很深的洞穴里发出来似的，可在施季虹的感觉上，他的声音却从来没有像此时这么真实过！"我们都是正常人、普通人、凡人，大多数人做不到的事，我们也同样做不到。人，首先是为自己才活着的，要温饱、要工作、要休息和娱乐、要社交和名誉，都是替自己要而不是替别人要，是自己的生理心理需要而不是别人的。只要能和别人好好相处，能互相关心、互相帮助、互相尊重就行了，但要为别人而过分妨碍和牺牲自己，就超出了我们这些凡夫俗子的本性了。你是这样，我也是，还是彼此都别苛求对方，别要求太高了吧。"

这段坦诚的剖白，听得施季虹周身寒彻。她并不是害怕自己万一有不幸时会被卢援朝抛弃，她和他谁也不能像萌萌那样至死钟情，这本来就是不宣亦明的事，但是她仍然控制不住一种生理上的恐惧，人生实在太冷酷了！她一面打寒战，一面又要自嘲，她嘲笑自己还是那么迂腐，也许世界上本来就没有那种让人热血沸腾于长久的东西。就说清明节去十一广场纪念总理吧，大家当初不都激情满怀，高声呐喊地去了？可是，上头一揪一批，不过几个月的间隔，大伙儿还不是你揭发我，我揭发你，搞得变友为仇了吗？并不是所有人都能像安成那样嘴紧的。可仔细想想，难道能说这些人都是属疯狗的，从此不可交了吗？不，卢援朝说得很对，大家都是凡夫俗子，是为了自己，或者说首先是为了自己而活着的。

和卢援朝分了手，她心绪空茫地走回家来。还不错，萌萌已经起来了，正在洗米做饭，看了她一眼，没说话。这一眼使施季虹的心忽地软了，觉得妹妹确实很可怜，也很可敬，她甚至后悔这几天过分冷淡了妹妹，未免太残酷，可她也没有说话，径自走进里屋去了。

在床上稍躺了一会儿，就听见外屋有人敲门。萌萌去开门了，有个女人说了句什么便走了进来。静了一会儿，那人又说了几句什么，萌萌突然低低地哭起来了。怎么了？施季虹吓了一跳，连忙从床上坐起来，想到外屋去看看，走到门口又停住了，她只把门打开一条虚缝，使外屋的声音能清楚地传进来。

“你要把实话告诉我，他是不是出了什么事？”

“没有，没有……”

“那你为什么哭？他是不是出了什么事？”

“他，很苦……”

“那你，哭也没有用啊。”

那女人的口气比刚才柔软多了，施季虹把门缝再开大点，能看见那人的后背，一个年轻姑娘轮廓很美的后背。

“他都说了什么？”

“他叫我……叫我不要再去了。”

“他还说了什么？”

“叫我不要再去了……”

萌萌压着声音，越哭越伤心，完全控制不住了似的。三天了，这是萌萌回来以后第一次哭出来。那个姑娘等了一会儿，才用一种很慢很深沉的语调问道：

“你还相信他是好人吗？”

“我相信，相信，可我不知道，他以后会变成什么样，十五年，那个地方会把他变成另一个人，他永远不再是他了。”

“不，不对，不对！如果是我进了监狱，我可能不知道自己会变成什么样儿。可是他，他会越变越好的，他是一个真正的公安人员，无论到了哪儿都不会埋没掉他的本色，肯定不会的，我相信他胜于相信自己！”

施季虹还从来没有在一个女人的嘴里，听到过这样果断自信、这样富于感染力的语言。不行，这对萌萌可不好。她想拉开门，走出去打断她们，可那姑娘下面的一句话，又使她收住了自己的脚。

“你在农场的时候，是不是有个什么调查组去了？你听别人说过吗？”

“调查组？不知道。”

短暂的沉默。

“以后你打算怎么办？”

“我要给他写信。”

“他不一定能看得到，看到了也不一定回信。”

“那我也要写，我也要写。”

“听我说肖萌，你的责任尽到了，你不必再等着他了。十五年，绝不是你想象得那么短，只要你相信他不是坏人，永远相信他，也就算没白白和他相处一场了。现在不用再等他了，你可以放心，他是好人，以后一定会得到幸福的，我可以向你保证！”

那姑娘的声音是非常激动的，连施季虹心里也禁不住一阵颤抖，不知道是出于什么联想，她的眼睛竟然微微发潮了，这是为什么？唉……人心不可比，人心不可量。但是，她现在无论如何得出去，到外屋去，叫那姑娘走，告诉她，萌萌现在和周志明没有任何关系了，一点没有！告诉她，萌萌现在该做饭了！

在自新河农场第八副场长的职位上，马树峰已经呆了将近三个月了，而位于全场最西缘的砖厂，他还是头一次来。

据场里一个熟人私下里的透露，对他的到任，在场党委常委的会议上甚至连提都没有被提一句，只是在一次例行的场务会将要结束的时候，才向大家草草宣布了一下。尽管他不进常委、在副场长的座次中排在沉底儿的位置，是在他来之前就已经内定的事情，但是对于一个在市局当了十几年局长的人来说，被冷落到这个地步，显然是连面子也不愿替他维持了。

对这些事情，他倒很想得开；安排他抓生产，他也心甘情愿。失意遭谴的境遇，一生中亦非一次，而精神上通达乐观并且保持锐意，却是他一直没有丢弃的态度。人，难得的就是荣辱不惊，就怕那种一逢逆境就萎靡丧志的软包，没出息！

近一个月来，四分之三的时间在各分场跑。他才知道，生产工作在这个农场的位置，和他在副场长中的位置差不多，是次而又次的。在有的分场，他甚至都找不到一个管生产的干部来谈一谈。上个星期，他发了通知，开各单位主管生产工作的负责人会议，结果到会的人数不满五成，搞得他连拍桌子的心情也没有了。他简直搞不清这么多头头们整天都在忙什么。昨天，甘向前的突然“临幸”，才把所有的场领导都牵引调动起来；场部各科室、下面各单位，也都在手忙脚乱地为这位局长大人的视察做着临阵磨枪的准备。

甘向前从参加军管到现在，到这个偏僻的劳改农场来还是第一次。作为全局实际上的第一把手，居然有闲垂巡至此，无论如何使马树峰感到有些不寻常，直到昨天晚上农场领导向甘向前的汇报会一开，才最后证实了他的猜测。甘向前此行的兴趣，果真是在3·11案的调查工作上。

3·11案调查组下到农场已经快一个星期了，不知查出什么结果没有。作为前任局长，马树峰是参与了这个案子最初的决策工作的，可调查组到今天也没有找他问问意见，似乎有点不近情理。徐邦呈的脱逃，他是进了市委批邓学习班以后才听说的，初闻时惊讶不已，细一想又觉得绝非偶然。凭甘向前这样的外行挂帅，岂有战而不败的道理？说徐邦呈潜入的目的是破坏批邓，岂不滑天下之大稽？不过，3·11案的专案组里还混着一个内奸，而且徐邦呈恰恰就是从这个人的手里逃之夭夭的，这一段奇而又奇的情节则是他在昨晚的会上才知道的。真是天下巧事何其多，而事情太巧了，常常反倒让人疑心。他今天早上醒来时还在琢磨，这些年局里不断地进新人，乱世之上，鱼龙混杂，侦查队伍中掺进个别沙子，也非咄咄怪事。但是如果单讲这个案子的话，即便徐邦呈是内部的不纯分子放跑的，也不能就此把指挥员判断上的失误全盘抵消了呀！要是指挥上不出大错，不让徐邦呈牵着鼻子上了仙童山，一个普通侦查员就算有通天的手眼，能放得跑他？见鬼去！

昨天晚上的会，调查组的同志也参加了。甘向前对农场各方面情况的汇报无大兴趣，而扯起3·11案的调查工作来，却一句一句地问个不停。调查组不得不喧宾夺主，无形中倒成了3·11案调查工作的汇报会了。

“已经审了几次，犯人态度消极抵触，我们准备再审。”

“那封信的事有着落了吗？”

“问了，犯人开始说没写过，后来我们向他点破这封信不但他写了，而且还是托他科里那个女的寄出去的，这样一点他才不得不承认。”

“承认是写给什么人的？”

“给他爸爸。”

“哗——”几个知道个中情况的人都笑起来了。

“他妈的，这个家伙，可赖得很呢，把事情往死人身上推，越这样越说明他有问题。”

“还有个情况，很可疑，前两天突然来了一个女的找他，到砖厂和他见了一面。那女的走后，他回到工地就打了一个同班的犯人，伤得挺厉害的。”

“嘴都打烂了。”有人补充说。

“那女的是什么人？”

“不知道，已经不知去向了。”

“审他，叫他说！”

啰啰嗦嗦，一直扯到晚上十点钟才散会。马树峰心里倒十分不安起来，那个姑娘，是坐了他的车去砖厂的，难道她有什么问题吗？她好像姓……姓史？

今天早上，他正在食堂吃早饭，狱政科长捧着个粥碗走了过来。

“马副场长，今天早上甘局长指示，让场部派人跟调查组一起下到砖厂去，陈政委的意思是叫你去，让我通知你一下。”

“好吧，”他迟疑一瞬，问，“那个犯人叫什么来着？周志明，他的情况，你了解吗？”

“间接地了解一点。咳，不是个省油灯！”

“是十一广场事件抓进来的？”马树峰特别要问一下这个。

“不是，他是刑事犯。他们处办一个什么案子，他把证据给销毁了。”

马树峰也不禁皱眉头了，“噢？有这种事？”

看他感兴趣，狱政科长索性在桌边坐下来了，说：“上次砖厂于教导员来汇报管教工作，还专门说了说他的情况，真能把你气死，那个反改造情绪呀，大得没边儿，凭着他在五处学了两套拳脚，前两天无缘无故把一个犯人打得满嘴见红，现在已经把他收到反省号关押了，不收怎么行！”

“这么野蛮！”马树峰的声音不禁抬高了一点，“他家里是干什么的？”

“是个高干子弟。”狱政科长苦笑着摇摇头，“五处不知道是怎么搞的，这种人，居然还给他入了党。”

又闲扯了几句，狱政科长走了。马树峰默默地洗了碗筷，然后又一个人默默地往招待所走，心里泛着股苦涩的感慨。一个高级干部的儿子，又做了七年的公安工作，而且还有那么一位漂亮的姑娘在痴恋着他，怎么就会坏到了这个地步呢？家庭的熏陶，组织的教育，爱情的温暖，难道都不能挽回他的恶习吗？他一定不是一开始就这么堕落的。人的变迁，有时看上去真是种难以理喻的现象。他虽然没有见过这个犯人，但闭眼一想，脑海里便立即能浮出一张被凶残和颓顽败坏了的亡命徒的嘴脸来。

到了招待所，和公安部的人见了面。这些人对他的名字当然不陌生，所以十分客气。寒暄过后，他们一起坐上车子，一路往北，直奔砖厂来了。

……

【赏析】

《便衣警察》描写的是20世纪70年代发生的事情。本书主人公周志明是一名人民警察。周志明为了保护老干部施伯伯一家，不惜冒渎职的危险，毁掉了作为“证据”的胶片，锒铛入狱，被判了15年。他在监狱试图劝阻许多横行霸道、不知悔改的犯人，虽然一次又一次地失败，但他还是不放弃。他同时也做到了不被当时的环境所改变，一直保持着人民警察应有的坚强、善良品质。粉碎“四人帮”后，周志明也得到了平反，又回到了公安机关。

小说以周志明在1976年到1979年的一段坎坷经历为线索，叙述了我国公安机关在那段特定历史背景下错综复杂、艰苦卓绝的反特斗争故事，塑造了一批具有鲜明特色的公安民警的形象，谱写了一曲共和国卫士的英雄赞歌。

小说成功地利用各种矛盾冲突，展现人物的性格特征；独具匠心的故事情节安排，展示了公安侦查人员的聪明才智和优良素质。

禁毒专班之决战龙口(节选)

刘楚仁

刘楚仁(1970—),安徽宿州人。安徽省作家协会副主席,宿州市作家协会主席,中国作家协会会员。先后出版报告文学作品集《神秘的木乃伊》《看守所长手记》《剑胆琴心》、散文集《岁月留痕》、长篇报告文学《追逃风暴》、长篇小说《亡命天涯》等。荣获安徽省"社科奖"、安徽省"我们的沃土我们的梦"千名文艺家下基层采风文学创作类二等奖等奖项。

潘多拉的盒子

8月初的一天,天一直阴着,空气雾蒙蒙的,能拧出水来。

禁毒专班的刘保民带队到龙口市已经等候了七天七夜,箭已上弦,弓已拉满,然而毒贩子始终没有交易的迹象。刘保民四十多岁,是省厅禁毒总队副总队长,身材魁梧,沉着稳重,做事缜密严谨。

刘保民心想,他们临时取消了这次交易?还是改变了交易地点?

龙口市是山东省烟台市下属的县级市,东与蓬莱市毗邻,南与栖霞市、招远市接壤,西、北濒临渤海,隔海与天津、大连相望,是山东省重要的沿海旅游城市、水产品基地之一。

龙口市历史悠久,商末建莱国,秦设黄县,1986年撤县设市。是秦代著名方士徐福的故里,2200多年前徐福带着三千童男童女东渡日本,就是从这里启航的。

刘保民没有闲情逸致去欣赏沿海城市那独有的风光,更没有心情去海边品尝水产品独特的风味,他在临时指挥部的房间里眉头紧锁,来回踱步……

这起毒品案件还要从几个月前说起。

阜阳市公安局驻滇办事处的民警在工作中发现,临泉县庙岔镇有一姓石的男子,多次通过银行向缅甸大笔汇款,情况异常,便将这一情报转给了临泉县公安局。

临泉县公安局禁毒大队接到情报后,对姓石的男子进行秘密调查,经过大量的工作，终于摸清了这个家伙的底细。

此人叫石娃，三十七岁，庙岔镇某村农民。石娃初中没读完，父母就不让他上了。父母当然有他们的考虑，主要是儿子不好好学习，常和社会上不三不四的人瞎混，担心沾染上毒品。父母老年得子，视如心头肉。父母虽然没有文化，却知道毒品的危害。

烟枪一杆，不见炮声震天，打得妻离子散。

锡纸一张，不见火光冲天，烧得家毁人亡。

的确如此，毒品像魔鬼一样，吸食了第一口，就犹如打开了希腊神话中所说的“潘多拉的盒子”，痛苦与绝望、堕落与沉沦、疾病与死亡就会接踵而至，从残害自身躯体，到导致家庭破碎，最终祸延整个社会。

什么叫毒品？传统毒品是指鸦片、海洛因、吗啡、大麻、可卡因等以及能够使人形成瘾癖的麻醉药品和精神药品。

在荷马史诗中，罂粟被称为“忘忧草”。

1830年，德国化学家泽尔蒂纳从鸦片中分离出一种白色结晶粉末。他以希腊神话睡梦之神的名字“吗啡”为其命名。

1860年，奥地利医学家韦莱尔从古柯叶中提炼出了可卡因。

那么为什么吸毒会成瘾呢？人脑中本来就有一种类吗啡肽的物质，维持着人体的正常生理活动。吸毒者吸了海洛因，外来的类吗啡肽的物质进入人体后，减少并抑制了自身吗啡肽的分泌，最后达到靠外界的类吗啡肽物质来维持人体的生理活动，自身的类吗啡肽物质完全停止分泌。那么一旦外界也停止了供应吗啡肽物质，则人的生理活动就会出现紊乱，出现医学上说的“反跳”或“戒断症状”。此时，只有供给吗啡物质，才可能解除这些戒断症状，这就是所谓的“上瘾”。

传统毒品的吸毒者在毒瘾发作时，轻者头晕耳鸣、呕吐、涕泪交流、小便失禁、浑身打颤；重者有如万蚁啮骨、万刃刺心、万蛆吮血、万刃裂肤，求生不得，求死不能。这时，吸毒者往往是丧失人性，丧失理智，他们四肢痉挛，鬼哭狼嚎，或撞墙或自伤，弄得鲜血淋漓，甚至自杀。

长期吸食海洛因、吗啡、大麻、可卡因等毒品严重影响身心健康。毒品对人体的作用首先损害人的大脑，影响中枢神经系统的功能，其次是影响心脏功能、血液循环及呼吸系统功能，还会影响正常生殖能力，并使免疫功能下降，容易感染各种疾病。吸毒者往往面色蜡黄，身体消瘦，嘴唇焦黑，神色漠然。严重的则丧失劳动能力，以至日渐衰竭而死亡。

小镇庙岔

石娃的父母对毒品深恶痛绝。然而，在新中国成立后销声匿迹几十年的毒品现象却死灰复燃，悄然出现在庙岔镇街头小巷，像瘟疫一样迅速传播开来，田间地头的空气中似乎都弥漫着毒品的酸腥味……

就是这个小镇，随着毒品不断地蔓延到姜寨、瓦店等周边乡镇，毒情愈发严重起来，很快引起了上层的关注。1999 年，国家禁毒委首次将临泉县列为全国十三个毒品重点整治地区。临泉县成为媒体关注的对象，一度被外媒称为大陆三大毒品集散地。

可以说庙岔镇成为了临泉县毒品问题的发源地，是导致全县毒品泛滥成灾的罪魁祸首。那么毒品问题在庙岔镇又是怎样生根发芽、一步一步地祸害到全县的呢?

庙岔镇位于临泉县最西部，面积 59 平方公里，近 7 万人口，与河南省平舆县、新蔡县接壤，106 国道穿镇而过，是一个人口众多、经济落后的皖北小镇。

新中国成立前，庙岔镇由于交通便利、地势特殊，这里曾经是全国闻名的皮张、毛发集散地，商贾云集，繁荣一时。就在那时，伴随着商业的兴盛，毒品如影随形，悄然而来。新中国成立后，贩毒吸毒就像卖淫和赌博一样，在中国大陆销声匿迹了。然而，20 世纪 80 年代后期，伴随着中国改革开放的大潮，一些早已绝迹的社会丑恶现象又沉渣泛起。

80 年代末和 90 年代初，随着中国经济改革开放的不断深入，掀起了一波又一波打工潮，内地大量农民工涌向南方，赚取外快，补贴家用。作为人口密集的庙岔镇，许多农民随着打工大军走向全国各地。有一部分农民带着种子和技术，长途跋涉来到云南，承包土地种植西瓜。当遇到年景不好，当地人无法支付工资时，有些人就拿毒品作为工资折抵。

“金三角”地区的毒品纷纷借助便利的交通条件，不断对周边地区进行渗透，云南首先成为毒品流通、集散、中转、消费于一体的毒品重灾区。这就为云南部分地区获取廉价的毒品，提供了便利的条件。

当这样的“工资”被带回庙岔镇后，村民发现其回报竟然远远超过工资的报酬。2 万元的毒品，在当地市场上能卖到 10 万元。一来二去，在暴利的诱惑下，有人就走上了贩毒的道路。

据相关部门统计，1999 年小小的庙岔镇已有 100 多人因走私、运输、贩卖毒品被判处死刑或无期徒刑，毒品泛滥成灾，由此可见一斑。

中国刑法规定，走私、贩卖、运输海洛因 50 克以上的就可以判死刑。尽管中国政府一直严厉打击毒品犯罪，然而依然还有一些人无视法律的尊严，前赴后继，重蹈覆辙。

毒品交易中巨大利润的诱惑，是产生毒品犯罪的重要原因之一。正如马克思所说，如果资本有 50%的利润，它就会铤而走险；如果有 100%的利润，它就敢践踏人间法律；如果有 300%的利润，它就敢犯下任何罪行，甚至冒着被绞死的危险。

毒品与贫穷有时是一对孪生兄弟。毒品会使一个地区更加贫穷，贫穷有时会滋生毒品。所以说“脱毒”必须“脱贫”。

1998 年，临泉县委、县政府为了促进当地经济发展，充分利用庙岔镇的地方优势，重点投资扩建了“庙岔皮张市场”。一时间，庙岔街头店铺林立，车水马龙，呈现一派欣欣向荣的景象，“安徽皮都”的美名也不胫而走。

然而，后因受种种因素的影响，兴盛一时的皮张生意陡然下滑，加上环保长期不达标，终于在国家淮河治污“零点行动”中轰然倒塌。

此后，对于庙岔皮张市场，政府再无资金投入。皮张市场曾经的辉煌也随着时间的推移，渐渐淡出人们的视线。取而代之的是毒品在该镇悄然兴起，恶名远扬。

毒品在打击中发展，在整治中蔓延。庙岔镇有不少农民与云南人结婚生子，并定居在云南当地。这种血缘关系构筑的毒品通道，具有一般渠道没有的稳定性，给毒品整治工作带来极大的困难，毒品整治工作的长期性、复杂性和艰巨性也可见一斑。

石娃的父母做梦也没有想到，儿子还是沾染上了毒品。起初他们并不知道，石娃被政府送到戒毒所强戒后，老两口才如梦初醒，心如刀割。

强制戒毒两年后，父母把儿子接回了家，几乎是带着乞求的口气说：“娃，咱不出去打工了，爹教你种菜，挣的钱全都是你的。”石娃点了点头，答应了。就这样，石娃跟着父亲学起了种菜。

接着，母亲开始给儿子张罗婚事。母亲想，儿子也该成个家了，有了家心才能安，家最能拴住一个人的心。邻村有个姑娘叫夏小芳，眉清目秀，大大方方。在媒婆的牵线搭桥下，二人一见钟情，互有好感，相处一段时间后，很快走进了婚姻的殿堂。

石娃的父母没有想到，“家”并没有拴住儿子的心，他不仅变本加厉地吸食，还贩起毒品来；他不仅自己干，还带着老婆孩子一起干……

在庙岔镇，毒品不仅侵害人的身体，也侵害着人的思想，扭曲了人的价值观、道德观，这种不良的“毒文化”不断渗入人们的血脉和骨髓。

过去女孩找婆家时，家人首先要打听一下男孩家族里可有从事毒品生意的人。他们认为土坷垃里永远扒不出一个金娃娃来，家族里有做毒品生意的人，就会有发家致富的机会。在这个偏远落后的乡村，许多人笑贫不笑“毒”。

一些毒贩子明知道贩毒是“打头”的生意，却抱着“杀了我一个，幸福几代人”的错误理念，前赴后继，铤而走险。

龙口用兵

一周前，专班在工作中发现，近日石娃通过家人，分五笔向缅甸汇款 260 多万元。这笔巨款很可能是用来购买大宗毒品的。专班迅速做出安排，一组人员前往云南开展工作；另一组人员由刘保民带队，前往石娃目前的落脚点——山东龙口。

8 月 7 日，刘保民带领县局禁毒大队长彭大伟、副大队长李强到达龙口，立即与当地警方取得了联系。龙口市公安局抽调了 20 多名民警配合此次行动。警方当时只掌握石娃在龙口做建筑外墙粉刷生意，具体住处尚不清楚。后根据石娃的一部本田越野车，锁定了石娃的住所——和平小区。刘保民安排一组人员进行蹲守跟踪，盯了两天两夜，没有发现石娃的异常情况，他平时交往的人员大多是生意场上的朋友。

这时，专案组接到云南工作组传来的重要情报，近日，一个绰号“黑妹”的缅甸籍女子将安排一个名叫吴秋水的男子携带一批毒品，驾车从云南出发，前往山东省龙口与石娃进行交易。刘保民分别在石娃租住处和龙口高速路口设伏守候。三天后，在高速路口守候的民警首先发现情况，石娃的一个“狱友”李歪驾驶一辆皖牌起亚轿车来到龙口。

李歪，男，35 岁，家住临泉县姜寨镇某村，曾在蚌埠强制戒毒两年，在戒毒所认识了石娃。从戒毒所出来后，李歪农忙时打理庄稼，农闲时就贩点儿蔬菜。一天傍晚，李歪正要收摊，一个男子走过来问道：“你是歪子吧？”

李歪抬头打量对方，只见此人衣着光鲜，油头粉面，手里拎着时尚的皮包，一副大老板的气派。他难以置信地揉揉眼睛：“这不是石娃兄吗？”

石娃拍了拍李歪的肩膀：“你小子还没忘记哥。走，我们找个馆子喝两杯。”

二人来到一个小酒馆，要了几样小菜，一边喝一边唠。石娃问：“那东西（毒品）戒了没有？”

李歪点了点头，“戒了，出来后再没吸过。你也戒了吧？”

“戒不掉。”石娃摇着头说，“我也想通了，戒不掉就吸呗。咋样过不是一辈子，只要活得开心、舒服就好。”

李歪叹了口气：“我不戒也不行啊，家里穷得叮当响，吸不起呀。”

“靠卖青菜赚钱，抽烟都不够，更别说吸粉了。”石娃盯着李歪说，“你要是跟着哥哥一起干，我保证你有粉吸。”看李歪的表情，石娃知道他被说动了，“走，哥带你开开荤（吸毒），庆祝一下！”

从此，李歪成了石娃的马仔，走上了贩毒之路。这次李歪听说石娃要搞一次大买卖，心里就痒痒起来。他已不甘心当一个鞍前马后的马仔，想参一股，多捞点儿油水。他把这个想法告诉了石娃，石娃当即表态：“没问题。你抓紧筹钱，货到龙口后，你开车来接应。”

李歪筹集了20多万元，通过银行打给了石娃。隔了一周，他便接到石娃的电话：“货这两天就到，你尽快开车来龙口。”

亮　剑

李歪的出现，更坚定了民警的信心。刘保民又派了一组民警暗中跟踪李歪，适时实施抓捕。但是，云南送货方迟迟不现身，这让蹲守民警有些煎熬。

这天中午，彭大伟终于接到了刘保民的电话：“守候在高速出口的李强发现了可疑车辆，是一辆云南牌照的凌志越野车，但跟踪到薛家村时突然不见了。你赶紧带人到薛家村附近搜寻。”

彭大伟在薛家村转了几圈，没有找到嫌疑车辆。正准备返回时，突然发现路边停了一辆凌志越野车，一个男子正在收拾后备厢。彭大伟打开手机，在刘保民专门为此案建立的“亮剑”群里发出信息：“各组人员请注意，我们在薛家村发现了云南牌照可疑车辆。”

刘保民回复：“保持距离，秘密跟踪。”

不久李强汇报：“石娃驾驶的白色本田车正朝薛家村方向驶去。”

不一会儿，两辆嫌疑车在薛家村的一个路口会合。原来，凌志迷路了，石娃是专程来接应的。会合后，石娃在前带路，凌志车紧随其后，朝郊区方向驶去。彭大伟请示刘保民：“现在能动手吗？”

刘保民果断作出收网决定。接着，他又通知跟踪李歪的那组民警同时动手。在石娃的租住处，李歪被顺利抓获。

彭大伟接到指令后，拨通了李强的手机：“手机不要挂，我说‘行动’，你们就立即下车抓捕。”他利用这种方法抓捕毒贩子，屡试不爽，如果挂了电话再重新拨打，别看只有几秒钟的时间，有时也会错失良机。

机会来了，两辆嫌疑车行驶到郊区一个十字路口时，遇到了红灯，先后减速停了下来。彭大伟发出指令：“动手！”说罢，他迅速超到两辆嫌疑车的前面，李强堵住了他们的后路。民警们以迅雷不及掩耳之势持枪冲了过去，同时高喊：“警察，下车接受检查！”

两辆车里的人员都没有反抗，分别抱着头下了车。民警将石娃等人控制住，分别戴上了手铐。接着就对凌志车进行搜查，然而，车上没有发现毒品。驾驶凌志车的司机是吴秋水，云南省普洱市人。彭大伟就地对吴秋水进行讯问：“货放在哪儿了？”

“什么货？我不清楚你在说什么。”吴秋水面不改色，“你们搞错了吧，我们是来龙口旅游的。”

“你们来几个人？”

“两个。”

“那个人去哪儿了？”

“他提前下车，到市内找宾馆住下了。”

“他叫什么名字？”

“陈家。”

民警同时对石娃进行了讯问，石娃也是一问三不知。毒品会不会被陈家转移了？在当地警方的配合下，陈家在汽车站附近的酒店被抓获，但在其住宿的房间里也没有找到毒品。彭大伟调取了宾馆录像，观看陈家入住宾馆时的视频资料，很快否定了其携带毒品的可能。毒品哪里去了？看来，还是要从吴秋水身上找答案。

龙口市看守所的提审室里，吴秋水低着头一言不发。彭大伟说：“把头抬起来，看着我说话。”

吴秋水慢慢地抬起头，两眼空洞地望着眼前冰冷的铁栅栏。

“吴秋水，看着我的眼睛！”彭大伟用食指敲了敲桌子。

但吴秋水依旧目光游离。

“我这是给你机会，希望你能好好把握。”彭大伟死死盯着吴秋水的眼睛，“你把毒品放哪儿了？”

吴秋水嘴角嚅动，目光里流露出一丝不易察觉的恐慌。就是这一丝不易察觉的表情，被彭大伟捕捉到了。他一下坚定了信念，毒品应该还在车上。

请示刘保民后，凌志车被送到汽车修理厂进一步检查。修车师傅带着两个徒弟把凌志车里里外外细细地检查了一遍，摇摇头说：“车里车外都没有撬动的痕迹，不太可能藏在车上。”

彭大伟上了车，说：“大家辛苦一下，请按照我的要求，把车一层层地拆开。先拆掉第一层，把座椅、地板皮垫全部清理出去。”

第一层物品全部清理出车厢，没有找到毒品。一个修车的小伙子有点儿不耐烦：“这么多东西，又不是一根针，塞哪儿看不见？”

“有，肯定有！”彭大伟给他们打气，“谁找到了毒品，我有重奖！”

三个修车工本来有些不情愿，听到有重奖，又来了劲头。他们返回车上继续拆卸。第二层被打开后，依然没有发现毒品。两个修车的小徒弟互相对视，一脸失望。彭大伟始终蹲在车厢里，仔细地检查着被拆除的每一个部件，以及车厢里每一处沟沟坎坎。透过一条不明显的细缝，他突然发现了一段黄色的胶带。这种东西，彭大伟再熟悉不过了，毒贩子为了便于运输，常常将块状的海洛因用黄胶带缠绕固定在一起。他的心一下子就跳到了嗓子眼，连声说道：“快快，把这个撬开！”

修车工用螺丝刀将那条细缝撬开，果然，毒贩子把毒品藏匿在经过改装的油箱附近。当场称重，共查获海洛因 120 块，合计 44.15 公斤。

有了犯罪证据——毒品，案件审讯工作迎刃而解，石娃很快交代了犯罪经过……

（文中人物均为化名）

【赏析】

有学者曾言，这是一部有“温度”的作品。它既有作者的情怀与担当，又有着浓厚的人情味。作者的“温度”满溢在整个作品中，在描写违法犯罪的吸毒贩毒者时，作者立场客观，详细地介绍了他们过去的历史，而非开篇就持以批判态度，体现了作者倾注其中的温度，这使人物的形象相对丰满。同时在描写警察与吸毒贩毒者之间的关系时也有着情理的交流与交往。既体现了教育意义，也增强了文本的丰富性与可信度，因此有了润物细无声的作用。

作为“长篇纪实文学”，虽重在“真实”，但又不仅仅在于“真实”。通过地名、案件、相关资料等纪实信息，增强了可信度。同时通过个性鲜明的人物形象及人物对白等增强了作品的趣味性和可读性。

这部作品的叙事角度新颖独特，耐人寻味，有效克服了一般性纪实文学的呆板问题，其生动活泼，文学性强。全书每章都叙述了一个故事，每章由若干小节构成，环环相扣，但又相对独立，很像中国古典小说中的“集锦”。作者以多角度、多线条的叙述方式，展现不同人物的心路历程和错综复杂的故事情节。

另外，作者语言干净简练、不蔓不枝、利于剧情的推进。虽是纪实，但不失文学性。

尼罗河上的惨案(节选)

阿加莎·克里斯蒂

阿加莎·克里斯蒂(1890—1976),英国侦探小说家、剧作家,三大推理文学宗师之一,她是侦探文学史最伟大的作家之一。1890年,阿加莎·克里斯蒂生于英国德文郡托基的阿什菲尔德宅邸。她几乎没有受过正规的教育,但酷爱阅读,尤其痴迷于夏洛克·福尔摩斯。第一次世界大战期间,她参加了英国红十字志愿队,从事救护工作。战争结束,她创作了自己第一部侦探小说《斯泰尔斯庄园奇案》,并于1920年发表,该书第一次出现了侦探波洛这个人物形象,由此开启了克里斯蒂的创作生涯。1926年,《罗杰疑案》出版,奠定了她在侦探文学领域不可撼动的地位。此后,她又陆续出版了《东方快车谋杀案》《ABC谋杀案》《尼罗河上的惨案》《无人生还》《阳光下的罪恶》等脍炙人口的作品。时至今日,这些作品依然是世界侦探文学宝库里最宝贵的财富。根据她的小说改编的三幕惊险剧《捕鼠器》,在英国舞台连演几十年不衰,成为世界公演场次最多的剧目。据吉尼斯世界纪录统计,阿加莎·克里斯蒂是人类史上最畅销的作家,她的作品畅销全世界100多个国家。若将所有形式的著作算入,只有《圣经》与威廉·莎士比亚的著作的总销售量在她之上。其著作曾被翻译成超过100种语言,总销量突破20亿本。1971年,英国女王授予克里斯蒂爵士称号,以表彰其不朽的贡献。

雷斯上校用好奇的眼光望着他的同事。他尊重——他有理由尊重——白罗那聪明的脑袋。但此刻他却无法追随这老朋友的想法。不过,他没有发言;事实上,他向来甚少追问;他只知直截了当地解决眼前的事务。

“下一步该怎么办?查问鄂特伯恩小姐?”

“不错,这样我们可以推近一点。”

罗莎莉·鄂特伯恩很不礼貌地走进来,脸上没有丝毫紧张或恐惧,只有不乐意和愠怒。

“到底什么事?”她问。

答话的是雷斯。

“我们正在调查道尔太太的死因。”他解释。

罗莎莉点点头。

“你能告诉我昨晚你做些什么事吗?”罗莎莉想了一会。

“母亲和我很早就休息——大概是十一点以前。我们没有听到什么特别的声响,只是贝斯勒医生门外似乎有点扰攘。我听见那老医生沉重的德国口音。到了今天早上,我才知道发生了事情。”

“你有没有听见枪声?”

“没有。”

“你可曾离开房间?”

“不曾。”

“你很确定?”

罗莎莉瞪着他。

“你什么意思? 当然我确定。”

“譬如,你并没有走过船的右舷,抛东西进河里?”

罗莎莉的脸色骤变。

“有法令规定不准丢东西进河里吗?”

“噢,当然没有。但你的确曾抛东西进河里,是吗?”

“没有。我已经说过,我半步也没有离开过房间。”

“那么,倘若有人说曾经见到你……”

她打断了雷斯的话。“谁说见到我?”

“梵舒乐小姐。”

“梵舒乐小姐?”她确实非常惊讶。

“是的。梵舒乐小姐说她从房间外望,见你把东西抛进河里。”

罗莎莉清晰地说:“那是他妈的谎言!”接着,好像突然想起什么似的,她问道,“是什么时候?”

答话的是白罗。

“是一点十分,小姐。”

她若有所悟地点点头。“她还见到什么别的没有?”

白罗好奇地望着她,一面摸着下巴说,“见到? 嗯,没有。不过,她只听到一些声音。“她听到什么?”

“有人在道尔夫人的房里走动。”

“哦。”罗莎莉喃喃地道。

此刻她的脸色苍白，简直像死灰一样。

“小姐，你仍然坚持没有丢东西进河里吗？”

“我干吗三更半夜跑来跑去，乱把东西丢进河里？”

“可能是某种原因——清白的原因。”

“清白？”罗莎莉尖声地重复道。

“正是。你知道吗，小姐？昨晚有些东西给抛进河里，而这些东西却不清白。”

雷斯静静地取出那绒布包，打开里面的物件。

罗莎莉·鄂特伯恩退缩了一下。“这……这就是……用来杀死她的吗？”

“不错。”

“而你们以为是我……我干的？真是弥天大谎！我干吗要杀死林娜·道尔？我根本不认识她！”

她大笑着，蔑视地站起来。“这整件事情实在太荒谬了。”

“请记住，鄂特伯恩小姐，”雷斯说，“梵舒乐小姐将会发誓她曾经在月色下清楚看见你的脸。”

罗莎莉再次笑起来。“那只老猫？她差不多半瞎了。她看到的不是我。”她顿了一顿，“我可以走了吗？”

雷斯点点头，罗莎莉·鄂特伯恩走了出去。

两人的目光接触一下。雷斯燃起一根香烟。

“嗯，就是如此。明显的矛盾。我们该信哪一个？”

白罗摇摇头。“我总觉得他们都不很坦白。”

“我们的工作最麻烦的就在这里。”雷斯泄气地说，“人们总是为了某些缘故而隐瞒事实。下一步做什么？继续查问旅客？”

“是啦！按程序和方法办事总是最妥善的。”

雷斯点点头。

穿着有蜡染图案的摆裙的鄂特伯恩太太是下一个被查问对象。她证实了罗莎莉所说的：她们是在十一点以前上床休息的。她自己在夜里倒没有听到什么特别的声响，也无法说出罗莎莉究竟有没有离开房间。对于凶案，她倒有不少意见。

“犯罪的欲望！”她激动地说，“那女孩子，贾克琳，一半拉丁血统，冲动，在她自己杀人欲念的驱使下，悄悄地摸索向前，手握着枪……”

“不过，贾克琳·杜贝尔弗小姐并不是杀道尔夫人的凶手。这点我们已确定，而且证实了。”白罗解释道。

“那么就是她先生了。”遭受挫折的鄂特伯恩太太，重新采取攻势。“嗜血和性欲——是性罪行。有不少著名的案例。”

“道尔先生腿部中了一枪，无法动弹，骨头也折断了。”

雷斯解释道，“他整晚都在贝斯勒医生房中。”

鄂特伯恩太太更失望了。她在脑中极力搜索。

“噢，对了！”她说，“我真笨！是鲍尔斯小姐！”

“鲍尔斯小姐？”

“对，自然是她。从心理学上看，很明显。压抑！一个性压抑的处女！一见这对年轻的恩爱夫妇，就疯狂起来。当然是她！她正是这种类型——缺乏性感，却摆出庄重的模样。在我那本《不孕的葡萄》中……”

雷斯上校技巧地截住她的话，“你的意见对我们很有启发性，鄂特伯恩太太。我们现在得继续工作。非常感谢。”他礼貌地送她走出房门。回来时，一边抹着额上的汗。

“好恶毒的女人！呼！为什么没有人想到要杀她？”

“倒不是没有可能的。”白罗安慰他道。

“这还有点道理。还剩下几个人？潘宁顿——我想我们把他放到最后，黎希提——斐格森。”

黎希提先生显得很困扰，说话滔滔不绝。

“多恐怖、多丑恶的一回事啊！一个如此美貌、漂亮的女子竟然给谋杀了——真是没人性的罪行！”他一面说，一面舞动双手。

他回答问题很爽快。他很早便上床，事实是晚餐过后，他在床上看一本书——一本最近出版的考古学资料 *Prahistorische Forschung in Kleinasien*，对安那托里亚山丘的彩陶有许多新发现。

约十一点以前，他便熄灯就寝。没有，他没有听到任何枪响；也没有听到像瓶塞开启的声音。他唯一听到的是……

是后来，午夜时分的一阵水溅声；很大的水声，就在他的舷窗附近。

“你的房间是在下层甲板，右舷那边，对吗？”

“对，对，没错。我听到很响的水溅声。”他用手比划着巨浪。

“你可以告诉我，那是什么时候吗？”

黎希提想了一会。

“可能是我入睡后一两个小时，大抵是两小时吧！”

“譬如一点十分？”“可能。啊！不过，真是太残忍——太不人道了……那么可爱的女子……”

黎希提走了出去，仍然做着手势。

雷斯望着白罗。白罗扮个鬼脸，然后耸耸肩。

“我们还是试试潘宁顿吧！”雷斯说。

安德鲁·潘宁顿的表现是悲哀和震惊。他像往常一样穿戴整齐，脖子上结了一条黑色领带；长而刮净的脸上带着困惑的神色。

“先生们，”他哀伤地说，“这件事使我极为震动。小林娜——我把她看做美丽可爱的小东西。老梅尔�htmlfrom·黎吉薇一向多么以她为荣啊！唉，现在多说也没有用了，我只想知道我能够做些什么。”

雷斯说：“首先，潘宁顿先生，你昨晚曾听到什么特别的声响吗？”

“没有，先生。我的房间就在贝斯勒医生的隔壁，四十……四十一号，大约是在夜半时分，我听到那儿好像有片刻的扰攘。当时我当然不晓得发生了什么事情。”

“你没有听到别的声音？没有枪声？”

潘宁顿摇摇头。

“没听见这类的声音。”

“你是几点上床休息的？”

“一定是十一点过后。”

他身子前倾。

“我相信你们早已知晓船上满布的谣言。那个一半法国血统的少女——贾克琳·杜贝尔弗——确实有点古怪。林娜没有告诉我什么，但我既不瞎也没聋。希蒙跟那少女曾经有过一段关系。我想你们的目标也不需放得太远。”

“你意思是你认为是贾克琳射杀了道尔夫人？”白罗问道。

“事情看来是这样。不过，当然我一点也不知道……”

“不幸的是，我们却知道一点事实！”

“哦？”潘宁顿显得惊讶。

“我们知道，贾克琳小姐几乎不可能去杀道尔夫人。”

他详细解释当时的情况。潘宁顿似乎极不愿意接受这些事实。

“我同意表面上看来没有什么不妥——可是，那护士，我敢打赌她没有整晚醒着。贾克琳可以趁她打瞌睡时，偷偷溜出来又溜进去。”

“很不可能，潘宁顿先生。请记住，她给打了大量吗啡。况且，护士们是习惯睡得很浅的，病人醒来的时候，她们也会同时惊醒。”

“依我看来，一切都似乎很不寻常。”潘宁顿坚持说。

雷斯以婉转而稍带官方的口吻说：“我想你可以相信我的话，潘宁顿先生，我们已经谨慎调查分析过一切可能性。结果是颇为肯定的——贾克琳·杜贝尔弗并非杀道尔太太的凶手。所以我们才被迫转移目标，这正是我们希望你能帮忙的地方。”

“我？”潘宁顿语带紧张。

“不错。你是被害者的亲密朋友，你了解她的生活情况，在各方面，你比她丈夫更能深入了解她，因为他只认识死者几个月。譬如，你应该知道她跟什么人有过节，又或许谁有杀她的动机。”——潘宁顿舔一舔干裂的嘴唇。

“我向你保证，我一点头绪也没有……你知道，林娜是在英国长大的。我对她身边的朋友和各方面的联系知道的不多。”

“不过，”白罗若有所思地说，“船上却有人极欲除掉道尔夫人。你应该记得，她曾经逃过一次大难：就是这个地方——那滚下来的石头！噢！你或许当时并不在场？”

“是的。当时我在圣殿里，事后才听到消息。生死关头。不过可能是意外，你不认为吗？”

白罗耸耸肩。

“当时是这般想。现在——可值得怀疑。”

“嗯，嗯……当然。”潘宁顿用丝帕抹着脸说。

雷斯上校继续道：“道尔太太提及船上有人跟她家（不是跟她）有宿仇。你知道这人是谁？”

潘宁顿真的很惊讶的样子。

“不，我一点也不晓得。”

“道尔太太没有跟你提及？”

“没有。”

“你是她父亲的亲近朋友——你不记得他曾在生意上严重地打垮过任何

对手?”

潘宁顿绝望地摇摇头。“没有特别的事件。当然这类事经常发生,不过我记不起有谁曾经恶意恐吓黎吉——完全没有这回事。”

“简单说来,潘宁顿先生,你不能协助我们?”

“似乎如此。我向两位表示歉意。”

雷斯跟白罗交换一下眼色,然后说:“我也深感遗憾。我们原来是满怀希望的。”

他站起来,表示询问终结。

安德鲁·潘宁顿说:“由于希蒙行动不便,我想他希望我照料一切事情。上校,请问事情如何安排?”

“船开航后,将直驶雪莱尔。明早可以抵达。”

“尸体呢?”

“将移往冷藏室。”

潘宁顿鞠一个躬,走出房间。

雷斯与白罗再度交换眼色。

“潘宁顿先生,”雷斯点燃香烟,说:“似乎很不自在。”

白罗点点头说:“潘宁顿先生更在极度不安之下撒了一个笨拙的谎言。大石滚下来的时候,他并不在阿布·席姆贝尔神殿内。这点我可以发誓,当时我刚好从殿内走出。”

“很笨拙很明显的谎言。”雷斯说。

白罗再度点点头。

“然而目前,”他微笑着说,“我们就当他是清白者般对待他吧!”

“就这样。”雷斯同意地说。

“老友,我和你的默契真是天衣无缝!”

脚下开始震动,一阵微弱的磨擦声响了起来。“卡拿克”号回头朝雪莱尔行驶。

“那珍珠项链,”雷斯说,“下一步要澄清。”

“你有计划了?”

“对。”他看看腕表。“半个钟头后便是午餐时间。我打算在餐后宣布——公开声明项链不见了,要求每人留在餐厅里,以便我们展开搜索。”

白罗同意地点点头。

“绝妙的安排。拿了项链的显然仍然赃物在手，在毫无事先警告之下，他是没有机会在惶恐中把珍珠抛进河里的。”

雷斯拿出一叠白纸放在面前，然后满怀歉意地喃喃道：

“我想边查边把所得的资料作一简短总结，免得搞混了。”

“这样做很好。方法与程序，万事所系。”白罗答道。

雷斯以细小干净的字迹书写了一会，最后把工作的成果推到白罗面前。“有什么不同意的地方吗？”

白罗拿起纸张，只见标题是：

林娜·道尔太太被杀案最后见到道尔太太的是她的女佣，露易丝·蒲尔杰。时间：约十一点半。

十一点三十分至十二点二十分，只有下列各人有不在场证明：珂妮亚·罗柏森、吉姆·芬索普、希蒙·道尔及贾克琳·杜贝尔弗。没有其他人。但凶案几可确定是在这段时间后发生，因为凶枪查明是贾克琳·杜贝尔弗的，而在此之前，一直放在她的手提袋里。虽然这点并非百分之一百确实，还需验尸及专家鉴定弹头，但这可能性甚大。

事件发生的大致过程：X(凶手)目睹贾克琳跟希蒙·道尔在了望厅内争吵的一幕，注意到手枪被踢进沙发底下。

厅内空无一人时，X取得该手枪——意图将罪嫌推在贾克琳身上。根据这个推理，若干人等自动被列为不受嫌疑之列。

珂妮亚·罗柏森——在吉姆·芬索普回去寻找手枪时，她并没机会取得凶枪。

鲍尔斯小姐——理由同上。

贝斯勒医生——理由同上。

附注：芬索普并不绝对清白，因为他可能把手枪收起，佯称找不着。

其余各人都可以在那十分钟空档内去取手枪。

谋杀的可能动机：

安德鲁·潘宁顿——设想根据是此人犯下诈欺行为。已有若干对他不利证据，但尚不足指控他。倘若他是推石下崖的人，他确实懂得把握机会。这宗凶案显然不算早有预谋。

昨晚枪伤事件系一良机。

反证是：他何必把手枪丢进河里？凶器上的J·B缩写显然是指控贾克琳的

最有力线索。

胡利伍德——动机：报复。此人认定自己为林娜·道尔所害。可能无意中听到那幕争吵，并看到手枪的位置。他取走手枪，因为枪是最便利的武器，然而他心中并未想到要嫁祸贾克琳。这点颇吻合枪被抛掉的理由。但如果属实，他又为什么要沾血在墙上写下“J”字。

附注：跟凶枪一起被寻获的廉价手帕，比较符合胡利伍德的身份，而不适于富有的旅客。

罗莎莉·鄂特伯恩——该接受梵舒乐小姐的指证，或罗莎莉本人的否认呢？当时的确有物件被抛进河里，而该物件初步断定是用绒布围巾包裹的手枪。

值得注意的几点：罗莎莉有杀人动机吗？她可能不喜欢林娜·道尔，甚至嫉妒她——但这显然不足以构成谋杀动机。只有找到充分的动机，对她的不利证据才能有说服力。

就我们所知，罗莎莉·鄂特伯恩跟林娜·道尔以前并不认识。

梵舒乐小姐——包裹凶枪的绒布围巾系她所有。根据她本人所说，最后看见围巾是在了望厅。当晚她曾声称围巾失踪了，但大家遍寻不着。

围巾如何落在X手中？是X傍晚时分便偷得？倘若仅此，到底为什么？没人预知贾克琳会跟希蒙起冲突。是X在取手枪时，无意中发现了围巾？既然如此，为什么早些时候却没人能找到？是围巾根本没离开过梵舒乐小姐的身边？

这就说：梵舒乐小姐是杀林娜·道尔的凶手？她对罗莎莉的诬告，是编出来的谎话？如果她是凶手，动机又是什么？

其他可能性：

动机是偷窃——有可能。因为珍珠项链不见了，而林娜·道尔昨晚还戴在身上。

跟黎吉薇家有宿仇的人——有可能，但缺乏证据。

船上还有一危险人物——一个杀手。凶案与杀手之间有无关联？但我们得证明林娜·道尔拥有对此人不利的资料。

结论：我们可以把船上旅客分成两组：一是有杀人动机及明显证据的；二是直至目前所知，仍属清白的。

第一组　安德鲁·潘宁顿　胡利伍德　罗莎莉·鄂特伯恩　梵舒乐小姐　露易丝·薄尔杰（偷窃？）

斐格森（政治因素？）

第二组　艾乐顿太太　提姆·艾乐顿　珂妮亚·罗柏森　鲍尔斯小姐　鄂特伯恩太太　吉姆·芬索普　贝斯勒医生　黎希提

白罗把纸推回给雷斯。

“你所写的一切都很正确、很公允。”

“你同意吗?”

“同意。”

“现在你能贡献什么意见?”

白罗慎重地站起来。

“我?我问自己一个问题:凶枪为什么给丢进河里?”

“如此而已?”

“目前为止就这个问题。直到我找出满意的答案,否则任何推论都是徒然。这就是说,总得找出头绪。老友,你应该留意到,在你那份简表里,并没针对这问题企图找出答案。”

雷斯耸耸肩。

“棘手啊!”

白罗困惑地摇着头,一边拿起那块湿透的围巾,摊开铺在桌面上。他的手指勾划出围巾上的灼过的痕迹和烧穿的小洞。

“老友,告诉我,”他突然说:“你对军火比我更有研究。用这样一块布来包手枪,可以减低很大声量吗?”

“不,不会。远不如一个灭声器。”

白罗点点头,然后往下说:“一个男人——显然一个对枪械很熟悉的男人——会懂得这个道理。但是一个女人——一个女人未必晓得。”

雷斯好奇地望着他。“很可能如此。”

“是的,女人可能从侦探小说中取得一知半解的知识。”

雷斯玩弄着那支珍珠柄手枪。

“这小东西无论如何不会发出多大响声。”他说,“顶多是‘扑’的一声。在其他声响掩盖下,十之八九不会被听到。”

“是的,我也想过这点。”

白罗拿走手帕,检查了一遍。

“男人手帕——但不是高级男士用品。顶多值三便士。”

“很吻合胡利伍德的身份。”

“不错，我留意到潘宁顿用的是丝质手帕。”

“我想，是用来当手套，以免留下指纹。”雷斯半开玩笑地补充说，“粉红手帕破案记？”

“啊，很迷人的颜色，是吗？”白罗放下手帕，再度检查围巾上的火药痕迹。

“一样，”他喃喃地道，“还是蹊跷……”

“怎么样？”

白罗柔声地说：“道尔夫人安详地躺在那儿……头上小小的弹孔。你记得她死时的神态吗？”

雷斯好奇地望着他。“你知道吗？”他说：“我感觉到你在试图说明某个问题——但我却一点也不晓得那该是什么。”

一阵敲门声。

“进来。”雷斯应道。一个侍应生走进来。

“对不起，先生。”他对白罗说，“道尔先生想见你。”

“好，我去一下。”

白罗站起来，走出吸烟室，沿着甲板通往船舱的梯路，来到贝斯勒医生的房间。

脸颊不知是羞赧抑或发高烧而通红的希蒙，背靠着枕头。他有点不好意思的样子。

“白罗先生，你来了真好。我有点事情想请你帮忙。”

“什么事？”

他脸上红得更厉害。

“是……是有关贾克琳的。我想见见她。你认为——你会介意——介意她吗，如果你叫她来一趟？你知道我一直躺在这儿想着……那可怜的孩子——她从来只不过是一个孩子——而我竟如此对待她……我……”他结结巴巴了。

白罗有趣地看着他。

“你想见贾克琳小姐？我去找她来。”

“谢谢你。你真是太好了。”

白罗应他的请求而去，发现贾克琳·杜贝尔弗蜷缩在了望厅的一个角落里，膝上放着一本书，但她看也没看。

白罗温柔地说：“小姐，请跟我来。道尔先生想见你。”贾克琳蓦地坐直身子，脸色泛红——接着变为苍白。她显然感到很困惑。

“希蒙？他要见我……见我？”

白罗发觉她半信半疑。

“你会来吗，小姐？”

“我……嗯，当然我会来。”

她像个温顺的孩子跟着他走，一个困惑的孩子。

白罗踏进贝斯勒医生的房间。

“贾克琳小姐来了。”

她跟在他身后走进来，身子晃了晃，站住了……呆呆地立在那儿，双眼瞪着希蒙的脸。

“你好吗，贾克琳？”希蒙显得同样尴尬。他继续道：“你肯来真是太好了。我想跟你说一句……我的意思是……”

她打断了他的话，急促而绝望地说：

“希蒙……我没有杀林娜。你知道我没有那样干……我……昨晚确实发疯了。噢，你能原谅我吗？”

希蒙这时说话较顺畅了。

“当然我会原谅你。没事了，完全没事了！我要说的就是这句话。我想你会有点担心，你知道……”

“担心？一点点？噢，希蒙！”

“我见你就是想告诉你，现在什么事也没有了。瞧，你昨晚只是有点神经紧张心弦稍微绷紧了，那是很自然的事。”

“噢，希蒙！我可能已经杀了你！”

“不会的。那小小的家伙……”

“你的腿！或许你再也不能走动……”

“看着我，贾克琳，不必过虑。到亚思温，他们会立刻替我照X光，拿走弹头，一切便会恢复正常。”

贾克琳抽咽了两下，接着冲上前，跪倒在希蒙床边，掩着脸啜泣起来。希蒙尴尬地拍摸着她的头。当他的目光跟白罗接触的时候，后者叹一口气，走了出去。

离去时，白罗断断续续听到：

“我怎会这般狠毒？噢，希蒙……我真正抱歉。”

外面珂妮亚·罗柏森正斜倚船杆。她转过头。

“哦，是你，白罗先生。今天天气这样好似乎有点怪异。”

白罗仰头看天。

“太阳照耀时你见不到月亮，”他说，“但当太阳消失……噢，当太阳消失……”

珂妮亚嘴唇微张。

“抱歉，我不懂。”

“我是说，小姐，当太阳沉下，我们就会看见月亮。事实就是这样吧？”

“怎么……怎么，当然是啊。”她怀疑地看着他。

白罗哂然一笑。

“我不小心几乎说出了蠢话。”他说。

他漫步走向船尾，经过隔壁房间时，他停住了一会，听到房内片段的谈话：

“真没良心——也不想想我为你所做的事——一点也不体谅你可怜的母亲——一点也不晓得我所受的苦……”

白罗的嘴角紧绷起来。他举手敲门。

房内突然静默下来，鄂特伯恩太太应道，“谁？”

“罗莎莉小姐在吗？”

罗莎莉在门口出现，她的样子吓了白罗一跳：眼圈黑黑的，嘴边布满皱纹。

“什么事？”她充满敌意地问道，“你想做什么？”

“可以跟你谈几分钟吗，小姐？请随我来。”

她的脸色立刻沉下来，怀疑地扫了白罗一眼。

“我干吗要？”

“算我请求你好吗？”

“哦，好吧。”她走出甲板，顺手关上房门。

“怎样？”

白罗轻轻挽着她的臂膀，沿甲板走向船尾。他们经过舱房，拐个弯，船尾就只剩下他们两人了。身后尼罗河起伏不定。

白罗把肘搁在栏杆上，罗莎莉则笔直站着。

“怎样？”她再度问道，仍然充满敌意。

白罗选择词句缓缓说道：“小姐，我可以问你一些问题吗？但我想你是不愿回答的。”

“那你带我来这儿似乎是多此一举了。”

白罗一根手指顺着栏杆慢慢移动。

“小姐，你习惯于承担一切……但不能坚持太久的。压力实在太大了。小姐，对你而言，压力太大了。”

“我根本不知道你在说什么。”罗莎莉说。

“小姐，我所说的都是事实——明显而丑恶的事实。就让我直截了当地说出来吧！小姐，你的母亲是个酒徒。”

罗莎莉没有答话。她的嘴张开，又合上。她看来首次感到不知所措。

“你不必说什么，小姐，让我来替你说！早在亚思温的时候，我已经很留意你们母女的关系，立刻体会到，尽管你用尽一切不孝之词，实质上你却在设法维护自己的母亲，免得她遭受某种东西的伤害。我很快便知悉那东西是什么。事实上，早在我碰到你母亲喝得醉醺醺的那天早上之前，我已知晓了。而且，更发现她是属于偷喝的类型，因而显得更难应付。虽然你已步步为营，但所有酒鬼都是那么狡猾，她设法购得一批酒，并且顺利地不被你发觉。我想你是昨天才知道她的藏酒处。所以昨晚，你母亲一睡着，你便悄悄把那些酒拿到船的另一边（因为你们的房间恰巧靠近岸边），抛进尼罗河里。”

白罗停下来。

“我说得对吗？”

“不错，你说中了。”罗莎莉突然激动地说。“我想，我真不该不说出来。但我不愿弄得人人皆知。这似乎太……太荒谬了……我是说……我……”

白罗替她说完。

“你被怀疑作杀人凶手，是太荒谬了，对吗？”

罗莎莉点点头。

接着她又哭起来，“我尽了最大的……免得每个人知道……真的这不是她的过错。她实在很灰心。她的作品不再受人欢迎，人们早已厌倦了那些无聊的性故事……这打击太大了，所以她才开始酗酒。有很长一段时间，我无法谅解她的怪诞行为，后来我发现了，我尝试去阻止她。她一阵子很正常，然后突然又开始狂饮起来，跟人大吵大闹。真可怕！”

她打了一个冷颤。“我得随时监视着——制止她……然而，由于这个原因她开始不喜欢我。她……她讨厌我。我想她有时甚至憎恨我。”

“太不幸了！”白罗说。

她猛地转向他。

“不要替我难过，不要同情我。这样容易得多。”她叹口气，长长的、心碎的叹气。“我好疲倦……彻底的疲倦。”

“我了解。”白罗说。

“别人以为我很可怕。傲慢、愤怒、坏脾气。我实在不能自已。我已经忘记了怎样……怎样善待别人。”

“正如我所说，你独自承担这重担太久了。”

罗莎莉缓缓地说：“能够说出来——是个很大的解脱。你……你一直对我很好，白罗先生。我恐怕自己却时常很粗暴地对待你。”

“朋友之间是不需要过分有礼貌的。”

怀疑的神色骤然重回她脸上。

“你……你要去告诉每个人吗？我想你必定会说出去，因为我抛下船的那些该死的瓶子。”

“不，不，没有必要。只要告诉我一件事：当时是几点钟？一点十分？”

“大概是吧！我记不清楚。”

“现在告诉我：梵舒乐小姐见到你，你见到她了吗？”

罗莎莉摇摇头。

“没有。”

“她说她从房门口望见你。”

“我想我不会见到她。我只是沿着甲板向河面张望。”

白罗点点头。

“那么，当你望向甲板时，看见其他人了吗？”

接着是一片沉默。罗莎莉皱起眉，似乎在努力思索。

最后她肯定地摇摇头。

“没有，”她说，“我没有见到任何人。”

白罗缓缓地点点头。但他的眼神是沉重的。

【赏析】

一艘由英国驶向埃及尼罗河的豪华游轮上载着来自世界各地的豪绅、名媛、没落贵族……本是一场迷人、浪漫、奢华的旅游，却因扑朔迷离的连环凶杀，几乎变成“死亡之旅”。

拥有巨大财富的林娜小姐同新婚丈夫一起登上了“卡拿克”号游艇，开始她的蜜月旅行。但是当游船在迷人的尼罗河溯江而上的时候，在一个不平静的夜晚，林娜在睡梦中遭到了枪杀。她的头部中了一枪，而且是致命的一枪，桌上那条价值五万英镑的项链也不翼而飞了……

凶手是谁？为什么要杀林娜？船上的人陷入了恐慌之中，因为谁都有嫌疑。正在船上度假的著名侦探波洛先生立即在船上的游客中间进行调查。他的临时助手——一位为了一名背负五条人命的杀人犯而头疼的波洛的老相识雷斯上校递过一份船上游客的名单。

航行于尼罗河上的豪华游轮里，在一件精心策划的谋杀案发生之后，接着又出现了第二个、第三个死者……谋杀案都发生在一个相当封闭的空间中。看上去，游船上的每个人好像都有杀死林娜以及其他受害者的嫌疑，其中有一个人的动机特别强烈，那就是林娜的情敌——贾克琳·杜贝尔弗。唯一没有凶嫌的，是死者的新婚丈夫——希蒙·道尔。而出乎众人意料的是，凶手竟是希蒙·道尔和贾克琳·杜贝尔弗。两人联手作案，最后都自杀了。

波洛根据通常易被人忽视的蛛丝马迹，运用他严谨的逻辑推理，把错综复杂的线索摘理清楚，最后终于揭露了这一离奇曲折的尼罗河大惨案的真相，还给了死者一个公道。

李昌钰曾说，“要做一个称职的警察，光靠学来的刻板办案方式是无济于事的，重要的是要培养科学的态度、敏锐的观察力及逻辑推理的能力”。新时代公安院校的大学生，要自主培养逻辑推理能力，不能盲目照搬书本知识。

古代律法篇

吕刑(节选)

《尚书》

《尚书》，最早书名为《书》，约成书于前5世纪，是重要的核心儒家经典之一。“尚”即“上”，《尚书》就是上古的书，它是中国上古历史文献和部分追述古代事迹著作的汇编，是我国最早的一部历史文献汇编，它保存了商周特别是西周初期的一些重要史料。《尚书》相传由孔子编撰而成，但有些篇目是后来儒家补充进去的。

武王去世，成王继位，周公辅政。周公“制礼作乐”制定等级制度。到周昭王时，出现“王道微缺”的现象，即文王、武王的治国之道开始缺失不完整。周穆王时，诸侯国之间不睦，“王命”失灵，穆王不得不令伯夷、太公的后辈，当时吕国的国君吕侯重新整理、修治伯夷遗法，于是制定了《吕刑》。

王曰：“吁！来，有邦有土[①]，告尔祥刑[②]。在今尔安百姓，何择，非人？何敬，非刑？何度，非及[③]？两造具备[④]，师听五辞[⑤]。五辞简孚，正于五刑[⑥]。五刑不简，正于五罚[⑦]；五罚不服，正于五过[⑧]。五过之疵：惟官，惟反，惟内，惟货，惟来[⑨]。其罪惟均[⑩]，其审克之[⑪]！”

五刑之疑有赦[⑫]，五罚之疑有赦[⑬]，其审克之！简孚有众，惟貌有稽[⑭]。无简不听，具严天威[⑮]。墨辟疑赦，其罚百锾[⑯]，阅实其罪[⑰]。劓辟疑赦，其罪惟倍[⑱]，阅实其罪。剕辟疑赦，其罚倍差[⑲]，阅实其罪。宫辟疑赦，其罚六百锾[⑳]，阅实其罪。大辟疑赦，其罚千锾[㉑]，阅实其罪。墨罚之属千[㉒]。劓罚之属千，剕罚之属五百，宫罚之属三百，大辟之罚其属二百。五刑之属三千[㉓]。

“上下比罪[㉔]，无僭乱辞[㉕]，勿用不行[㉖]，惟察惟法，其审克之[㉗]！上刑适轻，下服[㉘]；下刑适重，上服[㉙]。轻重诸罚有权[㉚]。刑罚世轻世重[㉛]，惟齐非齐[㉜]，有伦有要[㉝]。罚惩非死，人极于病[㉞]。非佞折狱，惟良折狱，罔非在中[㉟]。察辞于差，非从惟从[㊱]。哀敬折狱[㊲]，明启刑书，胥占[㊳]，咸庶中正[㊴]。其刑其罚，其审克之。狱成而孚[㊵]，输而孚[㊶]。其刑上备，有并两刑[㊷]。”

王曰："呜呼！敬之哉！官伯族姓[43]，朕言多惧[44]。朕敬于刑，有德惟刑[45]。今天相民[46]，作配在下[47]。明清于单辞[48]，民之乱，罔不中听狱之两辞[49]，无或私家于狱之两辞[50]！狱货非宝[51]，惟府辜功[52]，报以庶尤[53]。永畏惟罚[54]，非天不中，惟人在命[55]。天罚不极，庶民罔有令政在于天下[56]。"

【注释】

① 有邦：指有封国的诸侯。有土：指有采邑的大臣。

② 祥刑：善用刑当。

③ 度：谋划，考虑。及：应作宜，适中。

④ 两造：也可说成是两遭，意指诉讼双方。

⑤ 师：士官，相当于今之法官。听：审理。五辞：入五刑之辞，即证据言辩。

⑥ 简：核实。孚：真实，符合。

⑦ 五刑不简，正于五罚：经简核而罪不合于五刑，则正于五罚。

⑧ 五罚不服，正于五过：不服，不应罚也。五过，五种过失。不至于罚。正于五过，从赦免。故下文有五刑、五罚，而无五过。

⑨ "五过之疵"六句：五过的弊病，在于狱吏故意出入人罪，应刑不刑，应罚不罚，致之五过而妄赦免之，故谓"五过之疵"。疵，弊病。惟官，忌畏官势；惟反，思报恩怨；惟内，内亲用事，接受私情；惟货，行贿枉法；惟来，因与吏旧相往来，故吏念旧情而枉法。

⑩ 其罪惟均：谓狱官犯上述"五过之疵"出入人罪，其罪与犯法者同。

⑪ 其审克之：其当审慎核查，使这种情形不发生。

⑫ 五刑之疑有赦：正于五刑而又有疑，就从轻处治，赦免其刑而从罚。

⑬ 五罚之疑有赦：正于五罚而又有疑，就从轻处治，赦免其罚而从过。

⑭ 简孚有众，惟貌有稽：断狱要简核诚信，符合民心，要考察囚犯之气色形貌，更须有所考合，考合复同，乃从众议断之。此句谓要慎重判刑。

⑮ 无简：没有经过核实。具：全。

⑯ 墨辟疑赦，其罚百锾：罪当墨刑但有疑问的，则赦免肉刑而处以罚金一百锾。墨，古代"五刑"之一，在罪犯额头刺字之刑。辟，法。锾，古代的货币单位，六两为一锾。

⑰ 阅实其罪：检阅核实所犯之罪，要使与罚名相当。

⑱ 劓辟疑赦，其罪惟倍：罪当劓刑但有疑问的，则赦免肉刑而处以罚金的一倍，即二百锾。劓，古代"五刑"之一，割去犯人鼻子之刑。

⑲ 剕辟疑赦，其罚倍差：罪当剕刑但有疑问的，则赦免肉刑而处以罚金的一倍半，即五百锾。剕，砍去膝盖骨的刑罚。倍差，一倍半。

⑳ 宫辟疑赦，其罚六百锾：罪当宫刑但有疑问的，则赦免肉刑而处以罚金六百锾。宫，宫刑。

㉑ 大辟疑赦，其罚千锾：罪当大辟但有疑问的，则赦免肉刑而处以罚金一千锾。大辟，死刑。

㉒ 属：刑罚的条目。

㉓ 五刑之属三千：五刑五罚的条款共三千条。

㉔ 上下比罪:根据罪行轻重上下比对刑条,处以相应刑罚。
㉕ 无僭乱辞:不要听信不实惑乱的言辞。僭,不诚实。乱,惑乱。
㉖ 勿用不行:不用已经废除的法律。
㉗ 惟察惟法,其审克之:要仔细考察案情并以刑法衡量之,就能详审地断狱了。
㉘ 上刑适轻,下服:那当重刑但情节略轻,可以减等至轻罪,服下一等刑罚。
㉙ 下刑适重,上服:罪当轻刑但情节恶劣,可以加至重罪,服上一等刑罚。
㉚ 权:权宜;变通。
㉛ 刑罚世轻世重:根据社会情况决定刑罚的轻重。
㉜ 惟齐非齐:有同有不同。指判刑有统一的标准,但又有权宜变通。
㉝ 伦:道理。要:要求。
㉞ 罚惩非死,人极于病:刑法所以惩过,不是为了杀人,欲使恶人痛恶刑罚的痛苦而不敢犯法。极,疾,痛恶。
㉟ 非佞折狱,惟良折狱,罔非在中:不要让奸恶小人断狱,要让品行端正的好人断狱,就没有不公正了。
㊱ 差:不同的,此处指供词的矛盾。
㊲ 哀敬折狱:要用哀怜敬慎之心断狱。
㊳ 明启刑书,胥占:翻开法典刑书,诸典狱官共同推敲,使刑当其罪。启,打开。胥,相与;共同。占,揣度。
㊴ 咸庶中正:差不多都可以判刑准确而得中正之道。咸,皆,都。庶,庶几,差不多。
㊵ 狱成而孚:断狱审判结果可以取信于人。
㊶ 输而孚:即使改变判决人们也信服。输,变更。
㊷ 其刑上备,有并两刑:其断刑文书上报应当完备,如有犯两罪者,也要合并上报。
㊸ 官伯:诸侯。族姓:同姓大臣。
㊹ 朕言多惧:我的这些话你们要多多戒畏。
㊺ 有德惟刑:治理之德在于刑罚。
㊻ 相:扶助。
㊼ 作配在下:人君在下要配合天意。
㊽ 明清于单辞:对单方的讼辞要明察。
㊾ 民之乱,罔不中听狱之两辞:人民之所以得到治理,是由于典狱官之无不公正地审理诉讼双方的讼辞。意谓刑狱清则民治。乱,治理。
㊿ 无或私家于狱之两辞:对于双方的讼辞,不要私心偏袒。
51 狱货非宝:审理案件接受的贿赂不是真正的宝贝。
52 惟府辜功:只是聚积罪过之事。府,聚积。辜,罪。功,事。
53 庶尤:众怨。
54 永畏惟罚:永远可畏的是上天的惩罚。畏,敬畏。
55 非天不中,惟人在命:(若上天降罚)不是天道不公正,只是被罚者自作自受。中,公平。
56 令政:善政。

【赏析】

本文总结了勤政慎刑的历史经验，强调了慎刑慎罚的意义，告诫诸侯效法伯夷以合理用刑。文中系统规定了以五刑与赎刑制度为核心的刑罚体系及适用制度，提出根据罪行轻重的程度而分别给予三种不同的惩罚方式，也就是五刑、五罚、五过，并把五刑细目归纳为三千条。另外还规定了一些司法诉讼程序和审判原则等。

“明德慎罚”的法律思想贯穿全文，《吕刑》作为一部刑事法律文献，是研究中国早期法律思想与法律制度的重要材料。

举贤良对策(节选)

董仲舒

董仲舒(前179—前104年),广川(今河北省景县)人,西汉思想家。汉景帝时任博士,讲授《公羊春秋》。元光元年(前134年),汉武帝下诏征求治国方略,董仲舒在著名的《举贤良对策》中将儒家思想与当时的社会需要相结合,并吸收了其他学派的理论,创建了一个以儒学为核心的新的思想体系。《举贤良对策》共3篇,保存在班固《汉书·董仲舒传》中。这是集中反映董仲舒思想的重要著作,也是表达他的教育思想大纲的代表作。儒学的真正复兴和走俏是在窦太后死后,而为儒学的走红作好理论准备和舆论准备的,则是次年董仲舒的《举贤良对策》。以窦太后去世作为汉代学术崇尚的转折点,董仲舒的《举贤良对策》是儒运宏昌的开端。董仲舒在《举贤良对策》中提出"春秋大一统"和"罢黜百家,独尊儒术"的主张,宣扬"君权神授""三纲五常",受到汉武帝的赏识,使儒家思想成为中国古代的正统思想。

臣谨案《春秋》之文,求王道之端[①],得之于正。正次王,王次春。春者,天之所为也;正者,王之所为也。其意曰,上承天之所为,而下以正其所为,正王道之端云尔。然则王者欲有所为,宜求其端于天。天道之大者在阴阳[②]。阳为德,阴为刑;刑主杀而德主生。是故阳常居大夏,而以生育养长为事;阴常居大冬,而积于空虚不用之处。以此见天之任[③]德不任刑也。天使阳出布施于上而主岁功[④],使阴入伏于下而时出佐阳;阳不得阴之助,亦不能独成岁。终阳以成岁为名[⑤],此天意也。王者承天意以从事,故任德教而不任刑。刑者不可任以治世,犹阴之不可任以成岁也。为政而任刑,不顺于天,故先王莫之肯为也。今废先王德教之官,而独任执法之吏治民,毋乃任刑之意与[⑥]!孔子曰:"不教而诛谓之虐[⑦]。"虐政用于下,而欲德教之被[⑧]四海,故难成也。

【注释】

① 端:头绪。

② 阴阳:古代哲学概念。《易》:"一阴一阳谓之道。"

③ 任:主张。

④ 岁功:一年的收成。

⑤ 名:古代的一个哲学范畴,与实相对。

⑥ 毋乃:大概。

⑦ "不教而诛"句:语出《论语・尧曰》。虐:残暴,狠毒。

⑧ 被:遍布。

【赏析】

董仲舒在《举贤良对策》中论述了其政治主张。公元前 134 年,汉武帝下诏征求治国方略。董仲舒在《举贤良对策》中系统地提出了"天人感应""大一统"学说和"罢黜百家,独尊儒术"的主张。他认为天是有意志的,天意决定国家的乱治兴衰、人君的福祸寿夭,强调顺应天意的重要性。本文把王道与天象四季联系起来,提出"阳为德,阴为刑""天之任德不任刑",主张政治要以教化为主,以刑罚为辅,并引用圣人之言反对虐政酷刑,反映了儒家仁政德治的思想。

赏 刑

商 鞅

商鞅(约前390—前338年),公孙氏,名鞅,亦称卫鞅,卫国人。初为魏相公叔痤家臣,后自魏入秦,辅秦孝公变法。为秦相十九年,以封于商。商鞅辅佐秦孝公,积极实行变法,使秦国成为富裕强大的国家,史称“商鞅变法”。政治上,改革了秦国户籍、军功爵位、土地制度、行政区划、税收、度量衡以及民风民俗,并制定了严酷的法律;经济上,主张重农抑商、奖励耕战;军事上,统率秦军收复了河西之地,赐予商于十五邑,号为商君,史称商鞅 。孝公死,太子即位,为政敌以谋反罪追捕,车裂而死,全族被杀。

圣人之为国也①,壹赏②,壹刑③,壹教④。壹赏则兵无敌,壹刑则令行,壹教则下听上⑤。夫明赏不费⑥,明刑不戮⑦,明教不变⑧,而民知于民务,国无异俗⑨。明赏之尤至于无赏也⑩,明刑之尤至于无刑也,明教之尤至于无教也。

所谓壹赏者,利禄官爵,抟出于兵,无有异施也⑪。夫固知愚、贵贱、勇怯、贤不肖⑫,皆尽其胸臆之知,竭其股肱之力⑬,出死而为上用也⑭;天下豪杰贤良从之如流水⑮;是故兵无敌而令行于天下。万乘之国⑯,不敢苏其兵中原⑰;千乘之国,不敢捍城⑱。万乘之国,若有苏其兵中原者,战将覆其军;千乘之国,若有捍城者,攻将凌其城⑲。战必覆人之军,攻必凌人之城,尽城而有之⑳,尽宾而致之㉑,虽厚庆赏,何费匮之有矣㉒?昔汤封于赞茅㉓,文王封于岐周㉔,方百里㉕。汤与桀战于鸣条之野㉖,武王与纣战于牧野之中㉗,大破九军㉘,卒裂土封诸侯㉙,士卒坐陈者㉚,里有书社㉛。车休息不乘,从马华山之阳㉜,从牛于农泽㉝,从之老而不收㉞。此汤、武之赏也。故曰:赞茅、岐周之粟㉟,以赏天下之人,不人得一升㊱;以其钱赏天下之人,不人得一钱。故曰:百里之君而封侯,其臣大其旧㊲;自士卒坐陈者,里有书社;赏之所加,宽于牛马者;何也㊳?善因天下之货以赏天下之人㊴。故曰:明赏不费。汤、武既破桀、纣,海内无害,天下大定,筑五库㊵,藏五兵㊶,偃武事㊷,

行文教[43]，倒载干戈[44]，搢笏作为乐，以申其德[45]。当此时也，赏禄不行，而民整齐[46]。故曰：明赏之犹至于无赏也。

所谓壹刑者，刑无等级[47]，自卿相、将军以至大夫、庶人[48]，有不从王令、犯国禁、乱上制者，罪死不赦。有功于前，有败于后，不为损刑[49]。有善于前，有过于后，不为亏法[50]。忠臣孝子有过，必以其数断[51]。守法守职之吏有不行王法者[52]，罪死不赦，刑及三族[53]。同官之人知而讦之上者[54]，自免于罪，无贵贱，尸袭其官长之官爵田禄[55]。故曰：重刑，连其罪，则民不敢试[56]。民不敢试，故无刑也。夫先王之禁，刺杀，断人之足，黥人之面[57]，非求伤民也，以禁奸止过也[58]。故禁奸止过，莫若重刑。刑重而必得[59]，则民不敢试，故国无刑民。国无刑民，故曰：明刑不戮。晋文公将欲明刑以亲百姓[60]，于是合诸卿大夫于侍千宫[61]，颠颉后至[62]，吏请其罪[63]，君曰："用事焉[64]。"吏遂断颠颉之脊以殉[65]。晋国之士稽焉皆惧[66]，曰："颠颉之有宠也，断以殉，况于我乎！"举兵伐曹、五鹿[67]，及反郑之埤[68]，东卫之亩[69]，胜荆人于城濮[70]。三军之士止之如斩足，行之如流水，三军之士无敢犯禁者。故一假道重轻于颠颉之脊而晋国治[71]。昔者周公旦杀管叔、流霍叔[72]，曰："犯禁者也。"天下众皆曰："亲昆弟有过不违，而况疏远乎[73]！"故天下知用刀锯于周庭[74]，而海内治，故曰：明刑之犹至于无刑也。

所谓壹教者，博闻、辩慧、信廉、礼乐、修行[75]、群党、任誉、请谒[76]，不可以富贵，不可以辟刑[77]，不可独立私议以陈其上[78]。坚者被，锐者挫[79]。虽曰圣知、巧佞、厚朴，则不能以非功罔上利[80]。然富贵之门，要存战而已矣[81]。彼能战者践富贵之门[82]。强梗焉，有常刑而不赦[83]。是父兄、昆弟、知识、婚姻、合同者[84]，皆曰："务之所加，存战而已矣[85]。"夫故当壮者务于战[86]，老弱者务于守，死者不悔，生者务劝[87]，此臣之所谓壹教也。民之欲富贵也，共阖棺而后止[88]，而富贵之门必出于兵，是故民闻战而相贺也，起居饮食所歌谣者，战也。此臣之所谓明教之犹至于无教也。

此臣所谓参教也[89]。圣人非能通，知万物之要也[90]。故其治国，举要以致万物，故寡教而多功[91]。圣人治国也，易知而难行也。是故圣人不必加，凡主不必废[92]；杀人不为暴，赏人不为仁者，国法明也。圣人以功授官予爵，故贤者不忧；圣人不宥过[93]，不赦刑，故奸无起。圣人治国也，审壹而已矣[94]。

【注释】

① 圣人：英明的国君，指代表新兴地主阶级利益的最高统治者。为：治理。

② 壹赏：统一赏赐。

③ 壹刑:统一刑法。
④ 壹教:统一教诲。
⑤ 以上三句的意思是统一了赏赐,军队就所向无敌;统一了刑法,政令就畅行无限;统一了教诲,下边的就能服从上边的。
⑥ 夫:语首助词,无意。明:严明。费:浪费。
⑦ 戮(lù):杀。
⑧ 变:变更。
⑨ 民务:人民的事务。俗:习俗、风气。这里指异端邪说。以上两句的意思是人们知道自己应该做的事,社会上就没有其他异端邪说。
⑩ 尤:至,最。至于:在这里相当于"等于"。
⑪ 利禄:财产俸禄。官爵:官职爵位。抟(zhuān):专一。兵:战功。以上四句的意思是所说的统一赏赐,就是把财产俸禄、官职爵位,只赏给立战功的人,不赏给其他的人。
⑫ 固:在这里用作"故",所以、因此的意思。知:通"智"。贤不肖:有才能的和没有才能的。
⑬ 竭:尽。股肱之力:指全身的力量。股,大腿。肱,胳臂。
⑭ 出死:拼死。
⑮ 从:跟从。之:代词,这里指国君。
⑯ 乘(shèng):古时四匹马拉的一辆兵车为一乘。
⑰ 苏其兵:进兵。苏,通"傃",朝向,进攻。
⑱ 捍:保卫,抵抗。
⑲ 凌:攻破、占领。
⑳ 城:这里指钱财、土地。
㉑ 宾:这里指对方的人。致:来,归服。
㉒ 庆赏:庆贺,赏赐。匮:乏。以上两句的意思是虽然大庆大赏,哪会有什么钱财的缺乏呢?
㉓ 汤:商汤王,奴隶制社会的商朝开国帝王。赞茅:地名,在今河南省修武县北。
㉔ 文王:周文王,姓姬,名昌。岐周:地名,在今陕西省岐山县。
㉕ 方:方圆,指面积。
㉖ 桀:夏朝最末一个帝王。鸣条:地名,一说在今山西省运城市夏县之西。
㉗ 武王:周文王的儿子,名发,灭殷即帝位。纣:即殷纣王,商朝最后一个帝王。牧野:地名,今河南省新乡市境内。
㉘ 九军:指桀、纣与其诸侯的军队。
㉙ 卒:终于。裂土:划分土地。
㉚ 坐陈:临阵。陈,通"阵"。
㉛ 里:古时二十五家为里,又叫社。书社:将社里人名写在户籍上。以上两句的意思是士兵打完仗后回家安居乐业。
㉜ 从:通"纵",放。华山:山名,又称太华山,在今陕西省华阳县内。阳:朝阳坡。
㉝ 农泽:田野水边。
㉞ 之:代词,这里指牛马。老:指时间很长。
㉟ 粟:小米。这里指粮食。

㊱ 不人得一升：每人得不到一升。

㊲ 这两句的意思是：仅占有方圆百里的汤、武取得天下后，封他的臣下为诸侯，臣下的封地比汤、武原有的土地还大。

㊳ 以上三句的意思是不仅打完仗复原回家的士兵，而且连牛马都得到国君的赏赐，这是为什么呢？

㊴ 因：利用。货：钱财。

㊵ 五库：即车、兵、祭、乐、宴库。

㊶ 五兵：即矛、戟、殳、戈、弓矢五种兵器。

㊷ 偃武事：停止战争。偃，停止。

㊸ 行文教：实行教化。

㊹ 干戈：古代兵器，即矛和盾。全句意为干戈倒置。

㊺ 搢笏：把笏插在腰间，这里指贵族士大夫。搢（jìn），插。笏（hù），古代大臣朝见国君所持的记事手板。乐：乐章、诗歌。申：歌颂。以上两句的意思是贵族士大夫都写诗作乐，来歌颂他们国君的功德。

㊻ 整齐：这里指守法不乱，行动一致。

㊼ 刑无等级：刑法没有等级，指不区分犯罪者的尊卑贵贱，统一用刑。

㊽ 大夫：官名，职位较低。庶人：老百姓。

㊾ 损：损害。以上三句意思是先前有功，后来有罪，也不能因此而损害法令。

㊿ 亏：破坏、减少。

51 数：这里指罪行的轻重。断：判断、论处。以上两句意思是忠臣孝子有了罪过，也一定要按照他的罪恶轻重来论处。

52 守法守职：执行法律，承担职务。

53 三族：父族、母族、妻族。

54 同官之人：指同僚。讦（jié）：揭发。上：上级。

55 尸袭：这里指承袭、接替。以上四句意思是官长周围的，能向上揭发其官长犯法行为的，就可以免除自身的罪过，并不分贵贱，都可以承袭其官长的职位和财产。

56 试：冒犯、触犯。

57 刺杀、断足、黥面：都是古代的刑法。黥（qíng）：又称墨刑，是以刀刻凿人面（体）再用墨涂在刀伤创口上，使其永不褪色。

58 禁奸止过：禁止奸邪，杜绝罪过。

59 得：恰当。

60 晋文公：春秋时晋国国君，名重耳。亲百姓：使百姓亲近自己（即使百姓服从自己）。

61 合：召集。侍千宫：晋国一宫名。

62 颠颉：春秋时晋国的大夫，曾随晋文公出奔十九年，是晋文公的宠臣。

63 吏请其罪：吏向晋文公请问如何定颠颉的罪。

64 用事焉：按法令办事。

65 断脊：腰斩，古代的一种酷刑。吏：这里指执法官。殉：示众。

66 稽：议论。

67 曹：同下边的郑、卫都是春秋时的国名。五鹿：卫国地名。

㊸ 反：拆掉。埤(pì)：城上的矮墙。这句的意思是拆掉郑国的城墙。
㊹ 东卫之亩：把卫国的田间垅埂改为东西向，以便晋国的战车向东方进军。
㊺ 荆人：楚国人。濮：卫国地名。
㊻ 一：仅。假：借。这句话的意思是晋国仅借对颠颉轻罪重罚这个事件而使国家得到了治理。
㊼ 周公旦、管叔、霍叔：都是周文王的儿子。武王死后，其子成王继位，因为年幼，由周公旦辅政。这时管叔、霍叔等挟商代后裔武庚叛乱，周公旦派兵把他们平定，杀了管叔，流放霍叔(此霍叔当为蔡叔)。流：流放。
㊽ 昆弟：兄弟。以上两句的意思是周公旦的兄弟有了罪过，也能依法处置，又何况和他关系疏远的人呢?
㊾ 锯：指刑法。周庭：周王室内部。
㊿ 博闻、辩慧、信廉、礼乐、修行：都是儒家所宣扬的奴隶主贵族应有的才能和品德。
76 群党：结党营私。任誉：随便吹捧。这句话的意思是儒家一伙结党营私、互相吹捧、颠倒是非。
77 辟，通“避”，躲避。
78 陈：陈述，说明。
79 被：当为“破”。挫：挫伤，挫败。这句意思是对那些反对法治的顽固分子，要坚决铲除，对于带头违法闹事的，要坚决挫败他。
80 巧佞(nìng)：能言善辩的人。罔：欺骗。这句的意思是不论什么人都不能因为没有战功，而欺骗国君，得到奖赏。
81 以上两句是指有战功的人，才能得到富贵。
82 践：踏入、进入。
83 强梗：顽固不守法的人。常刑：一般的刑法。
84 知识：这里指知心朋友。婚姻：即婚姻、亲戚。合同：志同道合的人。
85 以上两句的意思是国君给我们的任务，只是打仗罢了。
86 当壮：年轻力壮。
87 劝：勉励、鼓励。
88 阖(hé)：关闭。阖棺：这里指战斗到死的意思。
89 参教：指赏、刑、教三个方面。参，通“叁”。
90 要：纲要。以上两句的意思是英明的国君，不能什么都知道，但应该掌握一切事物的纲要。
91 寡教而多功：教令少而功效大。
92 不必加：指上述三教之外不必增加其法令。不必废：即对三教不必废除。以上两句的意思是英明的国君，论功授予官职爵位，有才能的人就不必担忧。
93 宥：原谅、宽恕。
94 审：考虑、审察。以上两句的意思是英明的国君治理国家，只要认真考虑统一的赏、刑、教怎样执行就行了。

【赏析】

《商君书》主要记载了商鞅的变法理论和具体措施，是法家学派的代表著作之一。本文选自《商君书》，主要阐述了治理国家要推行“三教”政策，即“壹赏”“壹刑”“壹教”。

“壹赏”，指赏赐只能给有战功的人和积极告发犯罪的人，这样人民就会用尽自己的智慧、竭尽自己的全部力量而为君主所用。

“壹刑”，指刑罚不分等级，从卿相、将军，一直到大夫和平民百姓，有不听从君主命令、违反国家禁令、破坏法律的，决不赦免。即使从前立过战功，但后来触犯了刑法，也不会因此而减轻刑罚；从前做过好事，但后来又犯错误，也不能因此而破坏法令；忠臣、孝子犯了罪，也一定根据他们罪过的大小来判刑；掌管法令的官吏及担任现职的官吏，有不执行君主法令的，即是死罪，决不赦免。

“壹教”，指取消所有违背法令和不利于农战的思想言论。对那些博学诗书、富有辩才、诚实廉洁、论说礼乐、有道德修养、集结朋党、互相标榜、颠倒黑白的人，不能让他们得到富贵，不能让他们躲避刑罚，不能让他们独自创立私人的学说并向君主陈述私家学说。对那些顽固不化的人要摧垮他，对那些锋芒毕露的人要挫败他。

《商君书》的法治思想，对秦文化的发展及秦国政治实践产生了很大的影响。战国末年秦国之所以能统一六国，建立了我国历史上第一个中央集权制的国家，这与商鞅在秦国进行的变法实践和其法治理论有着必然联系。然而，这种思想也必然带有时代和阶级的局限性。

刑、礼、道 迭相为用

白居易

白居易(772—846年),字乐天,号香山居士,祖籍山西太原,生于河南新郑。贞元十六年(800年)进士,历任翰林学士、左拾遗。在这一时期,白居易以极高的参政热情,“有阙必规,有违必谏”。他还创作了《秦中吟》《新乐府》等大量讽喻诗,锋芒所向,权贵近为之色变。元和十年(815年),白居易任太子左赞善大夫,因宰相武元衡被盗杀而第一个上书请急捕贼,以越职言事贬为江州司马。自这次被贬,他决计急流勇退,避祸远害。元和十五年(820年)穆宗继位后,被召回朝,先后任主客郎中、知制诰、中书舍人。长庆二年(822年),出刺杭州。武宗会昌二年(842年),以刑部尚书致仕,闲居洛阳履道里,自号“醉吟先生”“香山居士”。会昌六年(846年),年七十五卒。白居易关心民众疾苦,卓有政绩。倡导“新乐府运动”,创作现实主义诗歌。有《白氏长庆集》,存诗二千八百余首。

问:圣王之致理也,以刑纠人恶,故人知劝惧;以礼导人情,故人知耻格[①];以道率人性,故人反淳和;三者之用,不可废也。意者将偏举而有耶?将并建而用耶?从其宜,先后有次耶?成其功,优劣有殊耶?然则相[②]今日之所宜,酌今日之所急,将欲致理,三者奚先?

臣闻:人之性情者,君之土田也。其荒也,则剃[③]之以刑;其辟[④]也,则莳[⑤]之以礼;其植也,则获之以道。故刑行面后礼立,礼立而后道生。始则失道而后礼,中则失礼而后刑,终则修刑以复礼,修礼以复道。故曰:刑者,礼之门;礼者,道之根。知其门,守其根,则王化[⑥]成矣。

然则王化之有三者,犹天之有两曜[⑦],岁之有四时,废一不可也,并用亦不可也;在乎举之有次,措之有伦而已。何者?夫刑者,可以禁人之恶,不能防人之情;礼者,可以防人之情,不能率人之性;道者,可以率人之性,又不能禁人之恶。循环表里,迭相为用。故王者观理乱之深浅,顺刑礼之后先,当其惩恶抑淫,致人于劝惧,莫先于刑。铲邪窒欲,致人于耻格,莫尚于礼。反[⑧]和复朴,致人于敦厚,莫大于道。是以衰乱之代，则弛礼而张刑；平定之时，则省刑而弘礼；清净之日，则杀礼而任道。亦如祁寒[9]之节，则疏水而附火；徂暑之候[10]，则远火而狎[11]水。顺岁候[12]者，适水火之用；达时变者，得刑礼之宜。适其用，达其宜，则天下之理毕矣，王者之化成矣。将欲较其短长，原其始终，顺其变而先后殊，备其用而优劣等。离而言之则异致，合而理之则同功。其要者，在乎举有次，措有伦，适其用，达其宜而已。

方今华夷有截[13]，内外无虞[14]，人思休和，俗已平泰：是则国家杀刑罚之日，崇礼乐之时。所以文易化成，道易驯致者，由得其时也。今其时矣，伏惟陛下惜而不失焉。

【注释】

① 人知耻格：人们知道廉耻，而且心悦诚服。
② 相：审察。
③ 剃：除发。
④ 辟：开垦。
⑤ 莳（shì）：栽种，种植，引申为引导。
⑥ 王化：王道教化。
⑦ 两曜（yào）：指日、月。曜，光芒。
⑧ 反：返归。
⑨ 祁：大，盛。
⑩ 徂（cú）暑：盛夏的开始。徂，开始。
⑪ 狎：亲近。
⑫ 岁候：《素问·藏象论》："五日谓之候，三候谓之气，六气谓之时，四时谓之岁。"
⑬ 截：整齐，整治。
⑭ 虞：忧患。

【赏析】

白居易以自己的远见卓识，在许多大政方针上提出了自己独到的见解。本文总结了汉代以来以儒为主、杂取各家学说的统治经验，提出了刑、礼、道迭相为用的主张，既改进了传统的"先教后刑"思想，又反映出兼收并用诸家学说的开明态度。

文章主要分三部分，首先以提问引出对于刑、礼、道的作用和关系的议论。指出治理国家的基本手段是刑、礼、道，但性质不同，用途各异，由此提出三者如何运用、何者为先的问题。其次即对于这些问题给予了精辟的回答。文中运用形象的比喻，以开垦、种植田地类比教化、治理人心，阐述刑、礼、道所发挥的不同作用。

只有儒家的礼，才是实现王道教化的根本所在。三者紧密联系，废一不可，并用亦不可，关键在于顺应社会情势的发展变化而灵活采取相应的对策。在社会动荡、道德败坏的时代，应当缓用礼乐而注重刑罚；在社会稳定、人心思安之时，则应当减缓刑罚而弘扬礼乐教化；在疲于乱世急需清静修养之日，应当减少礼乐而崇尚无为而治，这就是“迭相为用”的要旨。最后指出目前国家内外平和，应当减轻刑罚，崇尚礼乐教化，以实现国泰民安。